BIBLIOTHÈQUE
LATINE-FRANÇAISE

PUBLIÉE

PAR

C. L. F. PANCKOUCKE.

IMPRIMERIE DE C. L. F. PANCKOUCKE,
RUE DES POITEVINS, N° 14.

OEUVRES

COMPLÈTES

DE SÉNÈQUE

LE PHILOSOPHE

TRADUCTION NOUVELLE

PAR MM. AJASSON DE GRANDSAGNE, BAILLARD,
CHARPENTIER, CABARET-DUPATY, DU ROZOIR, HÉRON DE VILLEFOSSE,
NAUDET, C. L. F. PANCKOUCKE, ERNEST PANCKOUCKE,
DE VATIMESNIL, ALFRED DE WAILLY,
GUSTAVE DE WAILLY, ALPH. TROGNON, ETC.

PUBLIÉES

PAR M. CHARLES DU ROZOIR

PROFESSEUR D'HISTOIRE AU COLLÈGE ROYAL DE LOUIS-LE-GRAND,
PROFESSEUR SUPPLÉANT A LA FACULTÉ DES LETTRES, ACADÉMIE DE PARIS.

TOME TROISIÈME.

PARIS
C. L. F. PANCKOUCKE
MEMBRE DE L'ORDRE ROYAL DE LA LÉGION D'HONNEUR
ÉDITEUR, RUE DES POITEVINS, N° 14

M DCCC XXXII.

DE LA
CONSTANCE DU SAGE

TRADUCTION NOUVELLE

PAR M. J. BAILLARD

PROFESSEUR DE RHÉTORIQUE, MEMBRE DE LA SOCIÉTÉ ACADÉMIQUE DE NANCY

PUBLIÉE ET ANNOTÉE

PAR M. CH. DU ROZOIR.

ARGUMENT.

Ce livre de *la Constance du sage* est une belle apologie du stoïcisme. Après avoir exalté les sectateurs de cette doctrine bien au dessus de tous les autres philosophes, et montré dans Caton le modèle du stoïcien, l'auteur avance ce paradoxe de l'école, que le sage ne peut recevoir aucun mal : il peut être frappé, mais non blessé; il est inaccessible à l'injure comme à l'outrage; et ici Sénèque annonce que, dans ce qui va suivre, il séparera l'injure de l'outrage (i-iv). Sur le premier point : l'injure est un mal qui ne tombe point sur le sage : il peut tout perdre sans recevoir aucun dommage, et la fortune ne saurait rien lui ravir, parce que tous les biens qu'il possède sont en lui. A ce propos, l'auteur cite l'exemple de Stilpon, dont il fait un modèle d'insensibilité plutôt que de sagesse (v-vii). Le fort n'a pas à craindre les attaques du faible, et la perversité ne peut avoir prise sur la vertu. L'exemple de Socrate injustement condamné vient encore à l'appui de cette vérité (viii). Le sage, à qui personne ne peut nuire, est au dessus des services; l'espoir n'a pas plus de pouvoir sur lui que la crainte (ix-x). Cette première série de raisonnemens épuisée, Sénèque s'occupe de prouver que le sage n'est pas plus accessible aux affronts qu'au mal qu'on peut lui faire. Le mépris ne peut pas plus l'atteindre que l'injustice ou le malheur; et que lui importe le mépris du méchant? S'offense-t-on des insultes d'un enfant ou des sottises d'un esclave formé au métier de bouffon? Mais quoi! est-ce un motif pour que le sage ne réprime pas les offenses? Il les réprime, mais comme on corrige les enfans, sans colère, et non pour se venger. Semblable au médecin, qui jamais ne se fâche contre un malade en délire, le sage est dans la même disposition pour tous les hommes qui, étrangers aux préceptes de la philosophie, sont, à ses yeux, des malades de l'âme. Il ne s'émeut donc point des affronts, de quelque part qu'ils viennent, soit des pauvres, soit des riches, soit enfin d'une femme. Ici, Sénèque trace le tableau d'une femme vivant dans l'opulence, la vanité et la dissipation; et ce portrait pourrait bien être une allusion (xi-xiv). Plus loin, mettant ensemble et l'injure et l'outrage, il va jusqu'à dire qu'un sage recevrait-il un soufflet, perdrait-il un œil au milieu des insultes d'une multitude ameutée contre lui, ne saurait encore être atteint par de tels excès. Épicure avait dit que le sage peut supporter les injures; Sénèque va plus loin : selon lui, le sage ne peut en recevoir (xv). Qu'on ne dise pas qu'une telle insensibilité n'est point dans la nature. Nous ne prétendons point que les coups, que la perte d'un membre, ne soient pas accompagnés du sentiment de la douleur; mais le sage ne leur donne point le nom d'injure, qui ne peut être admis sans blesser la vertu. Dans les maux qui l'atteignent, il doit être semblable au gladiateur qui, blessé, se tourne avec grâce vers le peuple. Au surplus, la plupart des injures et des affronts ne sont rien pour celui qui estime les choses à leur juste valeur. Des railleries sur vos défauts corporels peuvent-elles vous affecter? doit-on s'irriter de s'entendre reprocher ce qui saute aux yeux de tout le monde? Il est même d'un homme d'esprit d'aller au devant de ces fades railleries : vous ôtez par là aux autres le moyen de vous plaisanter. Au surplus, celui qui se plaît à insulter finit par rencontrer quelqu'un qui vous venge de lui. Vient ici l'exemple de Caligula, qui périt sous les coups des courtisans qu'il avait plaisantés. (xvi-xviii). Sénèque termine par une exhortation au sage sur la manière dont il doit supporter les injures.

Rien ne fixe positivement la date de ce traité : on y voit seulement qu'il fut écrit après la mort de Caligula. Comme il est adressé à Annæus Sererus, ainsi que le traité qui précède (*de la Tranquillité de l'âme*), on croit généralement qu'il appartient à la même époque.

Traducteurs français de ce traité : Chalvet, Du Ryer, Lagrange.

C. D.

DE CONSTANTIA SAPIENTIS

SIVE

QUOD IN SAPIENTEM NON CADIT INJURIA.

LIBER UNUS.

I. Tantum inter Stoicos, Serene, et caeteros sapientiam professos interesse, quantum inter foeminas et mares, non immerito dixerim: quum utraque turba ad vitae societatem tantumdem conferat, sed altera pars ad obsequendum, altera imperio nata sit. Caeteri sapientes molliter et blande, ut fere domestici et familiares medici aegris corporibus, non qua optimum et celerrimum est, medentur, sed qua licet. Stoici virilem ingressi viam, non ut amoena ineuntibus videatur curae habent, sed ut quamprimum nos eripiant, et in illum editum verticem educant, qui adeo extra omnem teli jactum surrexit, ut supra fortunam emineat. At ardua per quae vocamur, et confragosa sunt. Quid enim plano aditur excelsum? Sed ne tam abrupta quidem sunt, quam quidam putant:

DE LA CONSTANCE
DU SAGE

OU

QUE LE SAGE N'EST PAS ATTEINT PAR L'INJURE.

LIVRE UNIQUE.

1. Il existe, Serenus, entre les stoïciens et les autres sectes qui font profession de sagesse, la même différence qu'entre l'homme et la femme[1], je crois avoir lieu de le dire : car bien que les deux sexes contribuent chacun également dans la vie sociale, l'un est né pour commander, l'autre pour obéir. Les autres philosophes, pleins d'indulgence et de douceur, ressemblent presque à ces médecins domestiques[2] et faisant partie de nos esclaves, qui donnent à leurs malades, non les meilleurs et les plus prompts remèdes, mais ceux qu'on veut bien souffrir. Les stoïciens, prenant une voie plus digne de l'homme, ne s'inquiètent point qu'elle paraisse riante à ceux qui s'y engagent; ce qu'ils veulent, c'est nous tirer au plus tôt du péril et nous conduire à ces hautes régions tellement au dessus de toute atteinte, qu'elles dominent la fortune elle-même. — Mais la route où ils nous appellent est escarpée, hérissée d'obstacles ! — Est-

prima tantum pars saxa rupesque habet, et invii speciem, sicut pleraque ex longinquo speculantibus abscisa et connexa videri solent, quum aciem longinquitas fallat. Deinde propius adeuntibus eadem illa, quæ in unum congesserat error oculorum, paulatim adaperiuntur; tum illis, quæ præcipitia ex intervallo apparebant, redit lene fastigium.

Nuper quum incidisset mentio M. Catonis, indigne ferebas, sicut es iniquitatis impatiens, quod Catonem ætas sua parum intellexisset, quod supra Pompeios et Cæsares surgentem infra Vatinios posuisset : et tibi indignum videbatur, quod illi dissuasuro legem, toga in foro esset erepta, quodque a Rostris usque ad arcum Fabianum per seditiosæ factionis manus tractus, voces improbas, et sputa, et omnes alias insanæ multitudinis contumelias pertulisset. Tunc ego respondi habere te quod reipublicæ nomine movereris, quam hinc P. Clodius, hinc Vatinius, ac pessimus quisque venumdabat; et cæca cupiditate corrupti, non intelligebant, se, dum vendunt, et venire.

II. Pro ipso quidem Catone securum te esse jussi; nullum enim sapientem nec injuriam accipere, nec contumeliam posse; Catonem autem certius exemplar sapientis viri nobis deos immortales dedisse, quam Ulys-

ce par la plaine qu'on arrive au sommet des montagnes ? Et même cette route n'est pas si impraticable que quelques-uns se la figurent. L'entrée seule nous présente des pierres et des rocs inabordables au premier aspect ; ainsi très-souvent le voyageur croit de loin voir des masses taillées à pic et liées entre elles, et la distance abuse ses yeux. Mais, à mesure qu'il approche, ces mêmes lieux, dont une erreur de perspective avait fait un seul bloc, insensiblement se dégagent, et ce qui, dans l'éloignement, semblait une pente escarpée, ne se trouve plus être qu'une montée assez douce.

Lorsque dernièrement nous parlions de M. Caton[3], vous étiez indigné, vous que révolte l'injustice, que son siècle eût si peu compris ce grand homme, et qu'un mortel supérieur aux Pompée, aux César, eût été ravalé au dessous des Vatinius[4] ; vous trouviez infâme qu'on lui eût arraché sa toge en plein forum, comme il voulait combattre un projet de loi ; que de la tribune jusqu'au portique de Fabius[5], traîné par les mains d'une faction séditieuse, il eût longuement subi les propos insultans, les crachats et tous les outrages d'une multitude effrénée. Je vous répondais que vous aviez sujet de gémir sur cette république que d'une part un P. Clodius[6], de l'autre un Vatinius, ou tout mauvais citoyen pouvait ainsi mettre à l'enchère. Dans leur aveugle cupidité, ces hommes corrompus ne voyaient pas qu'en vendant la patrie c'était eux-mêmes qu'ils vendaient.

II. Pour Caton, vous disais-je, tranquillisez-vous. Jamais le sage ne pourra recevoir d'injure ni d'humiliation ; et Caton surtout nous fut donné par les dieux immortels comme un modèle encore plus infaillible qu'Ulysse ou Hercule, ces héros des premiers âges, pro-

sem et Herculem prioribus sæculis. Hos enim stoici nostri sapientes pronuntiaverunt, invictos laboribus, contemptores voluptatis, et victores omnium terrorum. Cato cum feris manus non contulit, quas consectari venatoris agrestisque est; nec monstra igne ac ferro persecutus est; nec in ea tempora incidit, quibus credi posset cœlum unius humeris inniti, excussa jam antiqua credulitate, et sæculo ad summam perducto solertiam. Cum ambitu congressus, multiformi malo, et cum potentiæ immensa cupiditate, quam totus orbis in tres divisus satiare non poterat, adversus vitia civitatis degenerantis, et pessum sua mole sidentis, stetit solus, et cadentem rempublicam, quantum modo una retrahi manu poterat, retinuit : donec vel abreptus, vel abstractus, comitem se diu sustentatæ ruinæ dedit : simulque exstincta sunt, quæ nefas erat dividi. Neque enim Cato post libertatem vixit, nec libertas post Catonem. Hinc tu putas injuriam fieri potuisse a populo, quod aut præturam illi detraxit, aut togam? quod sacrum illud caput purgamentis oris aspersit? Tutus est sapiens, nec ulla affici aut injuria, aut contumelia potest.

III. Videor mihi intueri animum tuum incensum, et effervescentem; paras acclamare : « Hæc sunt quæ auctoritatem præceptis vestris detrahant! magna promittis, et quæ ne optari quidem, nedum credi possint : deinde ingentia locuti, quum pauperem negastis esse sapientem,

clamés par nos stoïciens comme de vrais sages, invincibles aux travaux, contempteurs de la volupté et victorieux de toutes les terreurs[7]. Caton ne lutta point contre des bêtes féroces, exercice digne d'un chasseur et d'un paysan grossier ; il ne poursuivit pas de monstres avec le fer et la flamme ; il ne vécut pas dans un temps où l'on pût croire qu'un homme portait le ciel sur ses épaules : déjà on avait secoué le joug de l'antique crédulité, et le siècle était parvenu au plus haut degré de lumières. Caton fit la guerre à l'intrigue, cette hydre nouvelle, au désir illimité du pouvoir, que le partage du monde entier entre trois hommes[8] n'avait pu satisfaire, aux vices d'une patrie dégénérée et s'affaissant sous sa propre masse; seul il resta debout et soutint dans sa chute la république, autant que pouvait faire le bras d'un mortel, tant qu'enfin entraîné, arraché lui-même, après l'avoir long-temps retardée, il voulut partager sa ruine; et l'on vit s'éteindre à la fois ce qui n'eût pas été séparé sans crime : Caton ne survécut point à la liberté, ni la liberté à Caton. Pensez-vous que le peuple ait pu outrager un tel homme, soit en le dépouillant de sa préture[9] ou de sa toge, soit en couvrant d'infâmes crachats sa tête sacrée? Non : le sage est à l'abri de tout : ni injures ni mépris ne sauraient le frapper.

III. Je crois voir ici votre bile qui s'irrite et s'allume; vous êtes prêt à vous écrier : Voilà ce qui ôte crédit à vos préceptes; vous promettez de grandes choses, et l'on n'ose même y aspirer, loin qu'on puisse y croire; et lorsqu'après d'emphatiques paroles vous avez prétendu que le sage n'est jamais pauvre, vous ne niez pas qu'il ne

non negatis solere illi et servum, et vestem, et tectum, et cibum deesse; quum sapientem negastis insanire, non negatis et alienari, et parum sana verba emittere, et quidquid vis morbi cogit, audere; quum sapientem negastis servum esse, iidem non itis infitias, et venum iturum, et imperata facturum, et domino suo servilia præstiturum ministeria. Ita, sublato alte supercilio, in eadem quæ ceteri descenditis, mutatis rerum nominibus. Tale itaque aliquid et in hoc esse suspicor, quod prima specie pulchrum atque magnificum est : nec injuriam, nec contumeliam accepturum esse sapientem. Multum autem interest, utrum sapientem extra indignationem, an extra injuriam ponas. Nam si dicis illum æquo animo laturum, nullum habet privilegium; contigit illi res vulgaris, et quæ discitur ipsa injuriarum assiduitate, patientia. Si negas accepturum injuriam, id est, neminem illi tentaturum facere; omnibus relictis negotiis, stoicus fio. » Ego vero sapientem non imaginario honore verborum exornare constitui, sed eo loco ponere, quo nulla permittatur injuria. « Quid ergo? nemo erit qui lacessat, qui tentet? » Nihil in rerum natura tam sacrum est, quod sacrilegum non inveniat : sed non ideo divina minus in sublimi sunt, si exsistunt qui magnitudinem, multum ultra se positam, non icturi appetant. Invulnerabile est, non quod non feritur, sed quod non læditur. Ex hac tibi nota sapientem exhibeo. Numquid dubium

manque souvent de valet, d'habit, de toit, de pain même;
après avoir dit que le sage ne perd jamais la raison,
vous confessez qu'il tombera comme d'autres dans la folie, tiendra des discours peu sensés et osera tout ce que
la force du mal contraint de faire; après avoir dit que
le sage ne saurait être esclave, vous ne disconvenez pas
qu'il ne puisse être vendu, exécuter les ordres d'un
maître et lui rendre les services les plus vils. Ainsi, des
hauteurs orgueilleuses où vous étiez montés, vous re-
descendez aussi bas que les autres : vous n'avez changé
que les termes. C'est pourquoi je soupçonne quelque
chose de pareil dans votre maxime au premier abord
belle et magnifique : *Le sage ne recevra ni injure ni humiliation.* Or il importe beaucoup de savoir si c'est au
dessus de l'indignation que vous le placez, ou au dessus
de l'injure. Prétendez-vous qu'il se résignera à la souffrir? il n'a là aucun privilège. Il n'obtient qu'un avantage vulgaire, et qui s'acquiert par la continuité même
des outrages, la patience. Mais si vous dites qu'il ne
recevra aucune injure, en ce sens que nul ne tentera de
lui être hostile, toute affaire cessante, je me fais stoïcien.
— Je réponds que je n'ai pas voulu décorer le sage d'attributs pompeux et imaginaires, mais le mettre en un lieu
inaccessible à toute injure. — Eh quoi! personne qui le
harcèle, qui le provoque? — Sans doute rien de si sacré
dans la nature qui ne rencontre un profanateur; mais
ce qui porte un caractère céleste n'en habite pas moins
une sphère sublime, encore que des impies dirigent contre
une grandeur fort au dessus d'eux des coups qui ne l'at-
teindront pas. Nous appelons invulnérable, non ce qui
n'est point frappé, mais ce que rien ne blesse : à ce si-
gne-là reconnaissez le sage. N'est-il pas vrai que la force

est, quin certius robur sit, quod non vincitur, quam quod non lacessitur? quum dubiæ sint vires inexpertæ, ac merito certissima firmitas habeatur, quæ omnes incursus respuit. Sic tu sapientem melioris scito esse naturæ, si nullius illi injuria nocet, quam si nulla sit. Et illum fortem virum dicam, quem bella non subigunt, nec admota vis hostilis exterret; non cui pingue otium est, inter desides populos : hujusmodi igitur sapientem nulli esse injuriæ obnoxium. Itaque non refert, quam multa in illum conjiciantur tela, quum sit nulli penetrabilis. Quomodo quorumdam lapidum inexpugnabilis ferro duritia est, nec secari adamas, aut cædi, vel deteri potest, sed incurrentia ultro retundit; quemadmodum quædam non possunt igne consumi, sed flamma circumfusa rigorem suum habitumque conservant; quemadmodum projecti in altum scopuli mare frangunt, nec ipsi ulla sævitiæ vestigia, tot verberati sæculis, ostentant : ita sapientis animus solidus est, et id roboris collegit, ut tam tutus sit ab injuria, quam illa quæ retuli.

IV. « Quid igitur ? non erit aliquis qui sapienti facere tentet injuriam? » Tentabit, sed non perventuram ad eum. Majore enim intervallo a contactu inferiorum abductus est, quam ut ulla vis noxia usque ad illum vires suas perferat. Etiam quum potentes, et imperio editi, et consensu servientium validi, nocere ei intendent : tam citra sapientem omnes eorum impetus deficient, quam

qui triomphe est plus sûre que celle qui n'a point d'assaillans? Si l'on doute d'une puissance non éprouvée, on doit tenir pour ferme et avérée celle qui a repoussé toutes les attaques. Sachez de même que le sage est de trempe meilleure quand nulle injure ne peut lui nuire, que quand on ne lui en fait aucune. Le brave, à mes yeux, est l'homme que ni les guerres ne subjuguent, ni l'approche d'une force ennemie n'épouvante, et non celui qui s'engraisse d'oisiveté au milieu de peuples indolens. Voilà le sage, voilà l'homme sur qui l'injure est impuissante. Peu importe donc quelle multitude de traits on lui lance, s'il est impénétrable à tous. Il y a de certaines pierres dont la dureté est à l'épreuve du fer; on ne peut ni couper, ni tailler, ni user le diamant[10], qui émousse toute espèce d'outils; il y a des corps incombustibles, qui, enveloppés de flammes, gardent leur consistance et leur figure; des rochers, saillans en pleine mer, brisent la fureur des vagues et ne portent nulle trace des assauts qui les battent depuis tant de siècles : ainsi l'âme du sage est inexpugnable; elle a tellement acquis de forces, qu'elle est aussi assurée contre les injures que les objets dont je viens de parler.

IV. Mais encore, n'y aura-t-il personne qui essaie de l'outrager? — On l'essaiera, mais l'outrage n'arrivera pas jusqu'à lui. Un trop grand intervalle l'éloigne de la portée des choses inférieures, pour qu'aucun pouvoir nuisible étende jusqu'à lui son action. Quand les puissans de la terre, quand l'autorité la plus élevée, forte de l'unanimité d'un peuple d'esclaves, tenteraient de lui porter dommage, tous leurs efforts expireraient à ses pieds, comme

quæ nervo tormentisve in altum exprimuntur, quum extra visum exsilierunt, citra cœlum tamen flectuntur. Quid ? tu putas, quum stolidus ille rex multitudine telorum diem obscurasset, ullam sagittam in solem incidisse? aut demissis in profundum catenis Neptunum potuisse contingi? Ut cœlestia humanas manus effugiunt, et ab his qui templa diruunt, aut simulacra conflant, nihil divinitati nocetur : ita quidquid fit in sapientem proterve, petulanter, superbe, frustra tentatur. « At satius erat, neminem esse qui facere vellet ! » Rem difficilem optas humano generi, innocentiam. Et non fieri, eorum interest qui facturi sunt, non ejus qui pati, ne si fiat quidem, non potest. Immo nescio, an magis vires sapientia ostendat tranquillitatis* inter lacessentia : sicut maximum argumentum est imperatoris, armis virisque pollentis, tuta securitas et in hostium terra.

Dividamus, si tibi videtur, Serene, injuriam a contumelia : prior illa natura gravior est ; hæc levior, et tantum delicatis gravis ; qua non læduntur, sed offenduntur. Tanta est tamen animorum dissolutio et vanitas, ut quidam nihil acerbius putent. Sic invenies servum, qui flagellis quam colaphis cædi malit, et qui mortem ac verbera tolerabiliora credat, quam contumeliosa verba. Ad tantas ineptias perventum est, ut non dolore tantum, sed doloris opinione vexemur : more puerorum, quibus

---

* Legerem libenter : *tranquillitate.*

ces projectiles, qui chassés dans les airs par nos balistes et par nos machines, s'élancent à perte de vue pour retomber bien en deçà de la voûte des cieux. Croyez-vous, alors qu'un stupide monarque[11] obscurcissait le jour par ses nuées de flèches, qu'une seule ait touché le soleil, ou que les chaînes qu'il fit jeter dans la mer aient pu atteindre Neptune? Les êtres célestes échappent aux mains des hommes; ceux qui rasent les temples, qui livrent à la fonte les statues des dieux ne nuisent en rien aux immortels : de même la provocation, l'arrogance, l'insulte sont vaines contre le sage. Il vaudrait mieux, dites-vous, que personne ne voulût l'insulter. Vous souhaitez à la race humaine une vertu difficile, des mœurs inoffensives! Que l'injure n'ait pas lieu, c'est l'intérêt de celui qui l'aurait faite, et non de l'homme qui, en fût-il l'objet, ne peut en souffrir. Je ne sais même si le sage ne montre pas plus clairement sa force par son calme au sein de l'orage, comme un général ne prouve jamais mieux la supériorité de ses armes et de ses troupes, que lorsqu'il est et se juge en sûreté même sur le sol ennemi.

Trouvez bon, Serenus, que je distingue l'injure de la simple offense. La première, de sa nature, est plus grave; l'autre, plus légère, ne pèse qu'aux âmes amollies : ce n'est pas une plaie, c'est une piqûre. Telle est pourtant la faiblesse dépravée des amours-propres, que pour quelques-uns rien n'est plus cruel. Vous verrez maint esclave aimer mieux recevoir des coups de fouets que des soufflets, et juger la mort et les verges plus tolérables que d'offensantes paroles. On en est venu à ce point de déraison que non pas seulement la douleur, mais l'idée de la douleur est un supplice; on est comme l'enfant qui a peur d'une ombre, d'un masque difforme,

metus incutit umbra, et personarum deformitas, et depravata facies ; lacrimas vero evocant nomina parum grata auribus, et digitorum motus, et alia, quæ impetu quodam erroris improvidi refugiunt.

V. Injuria propositum hoc habet, aliquem malo afficere : malo autem sapientia non relinquit locum. Unum enim malum illi est turpitudo, quæ intrare eo, ubi jam virtus honestumque est, non potest : injuria ergo ad sapientem non pervenit. Nam si injuria alicujus mali patientia est, sapiens autem nullius mali est patiens, nulla ad sapientem injuria pertinet. Omnis injuria deminutio ejus est, in quem incurrit, nec potest quisquam injuriam accipere sine aliquo detrimento vel dignitatis, vel corporis, vel rerum extra nos positarum : sapiens autem nihil perdere potest : omnia in se reposuit, nihil fortunæ credit, bona sua in solido habet, contentus virtute, quæ fortuitis non indiget. Ideoque nec augeri, nec minui potest; nam in summum perducta incrementi non habent locum. Nihil eripit fortuna, nisi quod dedit : virtutem autem non dat ; ideo nec detrahit. Libera est, inviolabilis, immota, inconcussa ; sic contra casus indurat, ut nec inclinari quidem, nedum vinci possit. Adversus apparatus terribilium rectos oculos tenet, nihil ex vultu mutat, sive illi dura, sive secunda ostentantur. Itaque nihil perdet, quod perire sensurus sit. Unius enim in possessione virtutis est, ex qua depelli nunquam potest :

d'une figure grimaçante; qui se met à pleurer aux noms qui lui frappent désagréablement l'oreille, à de brusques mouvemens de doigts [12], à toute autre chose imprévue qui le trompe, et devant laquelle une alarme vague le fait fuir.

V. L'injure a pour but de faire du mal à quelqu'un : or, la sagesse ne laisse point place au mal. Il n'est de mal pour elle que la honte, et celle-ci n'a point accès où habitent déjà l'honneur et la vertu : l'injure ne va donc point jusqu'au sage. Car si elle est la souffrance d'un mal, dès que le sage n'en souffre aucun, une injure ne peut le regarder. Toujours elle ôte quelque chose à celui qu'elle attaque, et on ne la reçoit jamais sans quelque détriment de sa dignité, de sa personne ou de ses biens extérieurs : or le sage ne ressent point de pareils torts; il a tout placé en lui, il ne confie rien à la fortune, il a ses biens sur une solide base, il est riche de sa vertu, qui n'a pas besoin des dons du hasard. Et ainsi son trésor ne peut ni grossir ni diminuer; car ce qui est arrivé à son comble n'a plus chance d'accroissement; en outre, la fortune n'enlève rien qu'elle ne l'ait donné : n'ayant pas donné la vertu, comment la ravirait-elle? La vertu est chose libre, inviolable, que rien n'émeut, que rien n'ébranle, tellement endurcie aux coups du sort, qu'elle ne fléchit même pas, loin d'y succomber. En face des appareils les plus terribles son œil est fixe, intrépide; son visage ne change nullement, qu'elle ait de dures épreuves ou des succès en perspective. Le sage donc ne perd rien dont la disparition doive lui être sensible. Il n'a en effet d'autre possession que la vertu, dont on ne le chassera jamais; de tout le reste, il n'use qu'à titre précaire : or, quel homme est touché de

ceteris precario utitur ; quis autem jactura movetur alieni ? Quod si injuria nihil lædere potest ex his quæ propria sapientis sunt, quia virtute sua salva sunt, injuria sapienti non potest fieri.

Megaram Demetrius ceperat, cui cognomen Poliorcetes fuit : ab hoc Stilpon philosophus interrogatus, num quid perdidisset, « Nihil, inquit ; omnia namque mea mecum sunt. » Atqui et patrimonium ejus in prædam cesserat, et filias rapuerat hostis, et patria in alienam ditionem venerat, et ipsum rex circumfusus victoris exercitus armis ex superiore loco rogitabat. Ille victoriam illi excussit, et se, urbe capta, non invictum tantum, sed indemnem esse testatus est ; habebat enim secum vera bona, in quæ non est manus injectio. At ea quæ dissipata et direpta ferebantur, non judicabat sua, sed adventitia, et nutum fortunæ sequentia : ideo non ut propria dilexerat. Omnium enim extrinsecus affluentium lubrica et incerta possessio est.

Cogita nunc, an huic fur, aut calumniator, aut vicinus potens, aut dives aliquis regnum orbæ senectutis exercens, facere injuriam possit, cui bellum, et hostis ille egregiam artem quassandarum urbium professus, eripere nihil potuit. Inter micantes ubique gladios, et militarem in rapina tumultum, inter flammas et sanguinem stragemque impulsæ civitatis, inter fragorem templorum super deos suos cadentium, uni homini pax fuit.

perdre ce qui n'est pas à lui? Que si l'injure ne préjudicie nullement aux biens propres du sage, parce que la vertu les couvre de sa sauve-garde, concluons qu'on ne peut lui faire injure.

Demetrius, surnommé Poliorcètes [13], ayant pris Mégare, demandait au philosophe Stilpon [14] s'il n'avait rien perdu : Rien, répondit celui-ci; car tous mes biens sont avec moi. Et cependant son patrimoine avait fait partie du butin, ses filles étaient captives, sa ville natale au pouvoir de l'étranger, et lui-même en présence d'un roi qui, entouré d'armes et de phalanges victorieuses, l'interpellait du haut de son triomphe. Stilpon lui ravit ainsi sa victoire, et, au sein d'une patrie esclave, témoigna qu'il n'était pas vaincu, qu'il n'éprouvait même pas de dommage. En effet, il avait avec lui la vraie richesse, sur laquelle on ne met pas la main [15]. Quant aux choses qu'on pillait et qu'on emportait sous ses yeux, il ne les jugeait pas siennes, mais accidentelles et sujettes aux caprices de la fortune : il n'avait pas pour elles l'affection d'un maître. Car enfin, tout ce qui arrive du dehors n'offre qu'une possession fragile et incertaine.

Voyez maintenant si un voleur, un calomniateur, un voisin puissant, ou quelque riche exerçant cette royauté que donne une vieillesse sans enfans [16] étaient capables de faire injure à cet homme que la guerre, et ce fier ennemi, qui professait l'art sublime de forcer des remparts, n'avaient pu dépouiller de rien. Au milieu des glaives tirés de toutes parts, et d'une soldatesque courant en tumulte à la rapine, au milieu des flammes, du sang, des horreurs d'une ville prise d'assaut, au milieu

VI. Non est itaque quod audax judices promissum, cujus tibi, si parum fidei habeo, sponsorem dabo. Vix enim credis tantum firmitatis in hominem, aut tantam animi magnitudinem cadere; sed si prodit in medium, qui dicat : « Non est quod dubites, an tollere se homo natus supra humana possit, an dolores, damna, ulcerationes, vulnera, magnos motus rerum circa se frementium securus adspiciat, et dura placide ferat, et secunda moderate; nec illis cedens, nec his fretus, unus idemque inter diversa sit, nec quidquam suum, nisi se, putet esse, ea quoque parte qua melior est. En adsum hoc vobis probaturus, sub isto tot civitatum eversore, munimenta incussu arietis labefieri, et turrium altitudinem cuniculis ac latentibus fossis repente residere, et æquaturum editissimas arces aggerem crescere : at nulla machinamenta posse reperiri, quæ bene fundatum animum agitent. Erepsi modo e ruinis domus, et incendiis undique relucentibus, flammas per sanguinem fugi. Filias meas qui casus habeat, an pejor publico, nescio. Solus, et senior, et hostilia circa me omnia videns, tamen integrum incolumemque esse censum meum profiteor; teneo, habeo quidquid mei habui. Non est quod me victum, victoremque te credas : vicit fortuna tua fortunam meam! Caduca illa et dominum mutantia, ubi sint

du fracas des temples croulans sur leurs dieux, un seul homme jouissait de la paix.

VI. Ne jugez donc pas téméraire l'annonce que je vous ai faite : si dans ma bouche elle obtient peu de créance, je vous offre un garant. Vous avez peine à supposer dans un mortel tant de fermeté, tant de grandeur d'âme; mais si lui-même s'avançait et vous tenait ce langage : « N'en doutez pas, chacun de nous, bien qu'il soit né homme, peut s'élever au dessus des choses humaines, envisager sans pâlir les douleurs, les pertes, les tribulations, les blessures, les affreuses tempêtes qui grondent autour de lui; supporter les disgrâces paisiblement, et le bonheur avec modération, sans ployer sous les unes, ni trop se fier à l'autre; se montrer égal et toujours le même dans les conjonctures les plus diverses, persuadé que rien n'est à lui que lui seul, c'est-à-dire encore la plus noble partie de son être. Oui, et me voici pour exemple : que devant ce preneur de villes et sous le choc de ses béliers les remparts s'ébranlent; que les orgueilleuses tours s'affaissent tout à coup sapées par les mines et les voies souterraines; que ses constructions montent au niveau des plus hautes citadelles, je le défie de trouver des machines qui puissent ébranler une âme bien affermie. Je me suis naguère arraché des ruines de ma maison, à la lueur d'un embrasement général; j'ai fui la flamme à travers le sang. Quel est le sort de mes filles? Est-il plus affreux que le sort de tous? je l'ignore. Seul, chargé d'années, ne voyant rien que d'hostile autour de moi, j'affirme néanmoins que mes biens sont saufs et intacts; j'ai, je conserve encore tout ce que je possédais. Ne va pas, ô Demetrius, me juger vaincu, ni te croire mon vainqueur : c'est ta for-

nescio : quod ad res meas pertinet, mecum sunt, mecum erunt. Perdiderunt isti divites patrimonia, libidinosi amores suos, et magno pudoris impendio dilecta scorta, ambitiosi curiam, et forum, et loca exercendis in publico vitiis destinata ; fœneratores perdiderunt tabellas suas, quibus avaritia falso læta divitias imaginatur : ego quidem omnia integra illibataque habeo. Proinde istos interroga qui flent, qui lamentantur, strictisque gladiis nuda pro pecunia corpora opponunt, qui hostem onerato sinu fugiunt. »

Ergo ita habe, Serene, perfectum illum virum, humanis divinisque virtutibus plenum, nihil perdere. Bona ejus solidis et inexsuperabilibus munimentis præcincta sunt. Non Babylonios illi muros contuleris, quos Alexander intravit : non Carthaginis aut Numantiæ mœnia, una manu capta : non Capitolium, arcemve ; habent ista hostile vestigium. Illa quæ sapientem tuentur, a flamma et ab incursu tuta sunt : nullum introitum præbent, excelsa, inexpugnabilia, diis æqua.

VII. Non est quod dicas, ita ut soles, hunc sapientem nostrum nusquam inveniri. Non fingimus istud humani ingenii vanum decus, nec ingentem imaginem falsæ rei concipimus; sed qualem confirmamus, exhibuimus, et exhibebimus. Raro forsitan, magnisque ætatum intervallis

tune qui a vaincu la mienne! Toutes ces choses périssables et qui changent de maître, je ne sais où elles sont passées; quant à mon véritable avoir, il est et sera toujours avec moi. Ces autres riches ont perdu leurs patrimoines; les libertins leurs amours et les objets de leurs scandaleuses tendresses; les intrigans le sénat, le forum et les lieux consacrés à l'exercice public de tous les vices; l'usurier a perdu ces registres où l'avarice, dans ses fausses joies, suppute d'imaginaires richesses; et moi, j'emporte la mienne entière, sans que personne l'ait entamée. Adresse-toi donc à ceux qui pleurent, qui se lamentent, qui, pour sauver leur or, opposent leurs corps nus aux glaives menaçans, qui fuient l'ennemi la bourse pleine. »

Reconnaissez, cher Serenus, que cet homme accompli, comblé des vertus humaines et divines, ne saurait rien perdre. Ses trésors sont environnés de fermes et insurmontables remparts, auxquels il ne faut comparer ni les murs de Babylone, où Alexandre sut pénétrer; ni ceux de Carthage ou de Numance : un seul bras a conquis ces deux villes; ni le Capitole et sa citadelle : là se voient encore des vestiges ennemis. Les murailles qui défendent le sage sont à l'épreuve de la flamme et de toute incursion; elles n'offrent point de brèche, elles sont hautes, imprenables; elles touchent le séjour des dieux.

VII. Vous ne sauriez dire, selon votre coutume, que notre sage ne se trouve nulle part. Ce n'est pas ici une fiction vaine en l'honneur de l'humanité, ce n'est point l'image exagérée d'une grandeur chimérique, nous prouvons qu'il existe, nous l'avons peint et le peindrons toujours tel. Il est rare peut-être, et ne se ren-

invenitur; neque enim magna, et excedentia solitum ac vulgarem modum, crebro gignuntur; ceterum hic ipse M. Cato, a cujus mentione hæc disputatio processit, vereor ne supra nostrum exemplar sit.

Denique validius debet esse quod lædit, eo quod læditur; non est autem fortior nequitia virtute : non potest ergo lædi sapiens. Injuria in bonos nisi a malis non tentatur : bonis inter se pax est : mali tam bonis perniciosi quam inter se. Quod si lædi nisi infirmior non potest, malus autem bono infirmior est, nec injuria bonis, nisi a dispari, verenda est : injuria in sapientem virum non cadit. Illud enim jam non es admonendus, neminem bonum esse nisi sapientem. « Si injuste, inquis, Socrates damnatus est, injuriam accepit. » Hoc loco intelligere nos oportet, posse evenire, ut faciat aliquis injuriam mihi, et ego non accipiam : tanquam si quis rem quam e villa mea subripuit, in domo mea ponat; ille furtum fecerit, ego nihil perdiderim. Potest aliquis nocens fieri, quamvis non nocuerit. Si quis cum uxore sua tanquam aliena concumbat, adulter erit, quamvis illa adultera non sit. Aliquis mihi venenum dedit, sed vim suam remixtum cibo perdidit : venenum illud dando, scelere se obligavit, etiamsi non nocuit. Non minus latro est, cujus telum opposita veste elusum est. Omnia scelera etiam ante effectum operis, quantum culpæ satis est, perfecta sunt. Quædam ejus conditionis sunt, et hac vice copulantur,

contre que de loin à loin sur la route des âges; car les grands phénomènes, car tout ce qui excède l'ordinaire et commune mesure, ne se produit pas fréquemment; et d'ailleurs je crains bien que M. Caton, qui a servi de texte au commencement de ce discours, ne soit même au dessus de ce Stilpon, notre modèle.

Il est certain que ce qui blesse est plus fort que ce qui est blessé : or la perversité n'a pas plus d'énergie que la vertu, et partant ne peut blesser le sage. L'injure n'est essayée que par les méchans contre les bons : ceux-ci entre eux vivent en paix, au lieu que les méchans ne sont pas moins hostiles les uns pour les autres que pour les bons. Que si l'on ne peut blesser que le faible, si le méchant est moins fort que le bon, si les bons n'ont à craindre l'injure que de qui ne leur ressemble pas, évidemment elle n'a point prise sur le sage; car il n'est plus besoin de vous avertir que lui seul est bon. — Mais, dites-vous, si Socrate a été injustement condamné, il a subi une injure. — Ici, nous devons reconnaître un principe : il peut arriver qu'on m'adresse une injure et que je ne la reçoive pas. Par exemple, qu'on me dérobe un objet dans ma maison des champs, et qu'on le reporte à ma maison de ville, on aura commis un vol, et je n'aurai rien perdu. On peut devenir criminel sans que le crime ait fait de mal. Qu'un mari sorte des bras de sa femme, qu'il aura crue celle d'un autre, il sera adultère, bien que sa femme ne le soit pas. Quelqu'un m'a donné du poison, mais dont la force s'est perdue en se mêlant à ma nourriture : me donner ce poison, c'était s'engager dans le crime, encore qu'il n'ait pas nui. Il n'en est pas moins un assassin l'homme dont j'ai trompé le fer en y opposant mon manteau. Tout crime, avant même que l'exé-

ut alterum sine altero esse possit, alterum sine altero non possit. Quod dico, conabor facere manifestum. Possum pedes movere, ut non curram ; currere non possum, ut pedes non moveam : possum, quamvis in aqua sim, non natare ; si nato, non possum in aqua non esse. Ex hac sorte, et hoc est de quo agitur, si injuriam accepi, necesse est factam esse ; si est facta, non est necesse accepisse me. Multa enim incidere possunt, quæ submoveant injuriam. Ut intentam manum dejicere casus potest, et emissa tela declinare : ita injurias qualescumque potest aliqua res depellere, et in medio intercipere, ut et factæ sint, nec acceptæ.

VIII. Præterea nihil injustum justitia pati potest, quia non coeunt contraria : injuria autem non potest fieri, nisi injuste; ergo sapienti injuria non potest fieri. Nec est quod mireris, si nemo potest illi injuriam facere, nec prodesse quidem quisquam potest; et sapienti nihil deest, quod accipere possit loco muneris : et malus nihil potest tribuere sapienti. Habere enim prius debet, quam dare : nihil autem habet, quod ad se transferri sapiens gavisurus sit. Non potest ergo quisquam aut nocere sapienti, aut prodesse : quemadmodum divina nec juvari desiderant, nec lædi possunt; sapiens autem vicinus proximusque diis consistit, excepta mortalitate, similis deo. Ad illa nitens pergensque excelsa, ordinata, intre-

cution en soit accomplie, est, quant à l'intention coupable, déjà consommé; et certaines choses ont entre elles une condition d'existence et une connexion telles que la première peut être sans la seconde, mais non la seconde sans la première. Tâchons de rendre clair ce que j'avance. Je puis remuer les pieds sans courir[17]; je ne saurais courir sans remuer les pieds. Je puis, quoique étant dans l'eau, ne pas nager; si je nage, je ne puis pas n'être point dans l'eau. De cette classe se trouve être aussi la question qui nous occupe. Si j'éprouve une injure, il est nécessaire qu'on me l'ait faite; si on me l'a faite, il ne s'ensuit pas nécessairement que je l'éprouve. Mille incidens peuvent la détourner, le hasard désarmer le bras qui m'attaque, écarter le trait qu'on me lance: de même l'injure, quelle que soit sa nature, peut être repoussée, arrêtée en son chemin par un obstacle quelconque; en sorte qu'elle a été faite, sans avoir été reçue.

VIII. D'ailleurs la justice n'admet rien d'injuste, car les contraires ne s'allient point. Or l'injure n'a jamais lieu sans injustice, d'où l'on voit que nul ne saurait faire injure au sage. Et ne vous en étonnez pas; nul aussi ne peut lui rendre service. Rien ne lui manque qu'il lui convienne d'accepter à titre de présent; et le méchant est hors d'état de lui donner quoi que ce soit. Pour ce dernier, il faudrait avoir avant de donner, et qu'aurait-il dont la possession dût flatter le sage? Celui-ci, par conséquent, ne peut recevoir ni bien ni mal de personne, à l'exemple des êtres divins, qui n'ont besoin d'aucun appui, qui ne sont pas vulnérables; car le sage est voisin des dieux[18], il se tient presque sur leur ligne; à la mortalité près, il est dieu lui-même. Cependant qu'il gravit et monte vers ce séjour

pida, æquali et concordi cursu fluentia, secura, benigna, bono publico natus, et sibi et aliis salutaris, nihil humile concupiscet, nihil flebit, qui rationi innixus, per humanos casus divino incedet animo. Non habet ubi accipiat injuriam; ab homine me tantum dicere putas? nec a fortuna quidem : quæ quotiens cum virtute congressa est, nunquam par recessit. Si maximum illud, ultra quod nihil habent iratæ leges, aut sævissimi domini minantur, in quo imperium suum fortuna consumit, æquo placidoque animo accipimus, et scimus mortem malum non esse, ob hoc ne injuriam quidem; multo facilius alia tolerabimus, damna, dolores, ignominias, locorum commutationes, orbitates, discidia ; quæ sapientem, etiamsi universa circumveniant, non mergunt, nedum ad singulorum impulsus mœreat. Et si fortunæ injurias moderate fert, quanto magis hominum potentium, quos scit fortunæ manus esse?

IX. Omnia itaque sic patitur, ut hiemis rigorem, ut intemperantiam cœli, ut fervores morbosque, et cetera forte accidentia. Nec de quoquam tam bene judicat, ut illum quidquam putet consilio fecisse, quod in uno sapiente est : aliorum omnium non consilia, sed fraudes, et insidiæ, et motus animorum inconditi sunt, quos casibus adnumerat. Omne autem fortuitum citra nos sævit

élevé de l'ordre, de l'immuable paix, où la vie marche d'un cours égal et harmonieux au sein d'une sécurité bienheureuse, né pour le bonheur de tous, pour se perfectionner lui et les autres, un tel homme ne formera point d'ignobles vœux, ne connaîtra point les larmes, et, appuyé sur la raison, il traversera les vicissitudes humaines avec un courage tout divin. Il n'a point place pour l'injure : de qui la recevrait-il ? Des hommes ? pensez-vous. Non, je dis plus : pas même de la fortune; car toutes les fois qu'elle entre en lutte avec la vertu, elle n'en sort jamais son égale. Si cette heure suprême au delà de laquelle ne peuvent plus rien les lois irritées ni les menaces des plus cruels tyrans, et où l'empire de la fortune se brise, est acceptée par nous d'une âme égale et résignée; si nous savons que la mort n'est point un mal, et, par conséquent, est bien moins encore une injure, nous endurerons beaucoup plus aisément le reste, dommages, souffrances, ignominies, changemens de lieux, pertes d'enfans, séparations de toute espèce. Ces calamités, quand elles tomberaient toutes à la fois sur le sage [19], ne l'abattraient point; ce n'est pas pour que leur choc isolé le consterne. Et s'il supporte sans faiblesse les injures de la fortune, que lui feront celles des hommes puissans, qu'il sait n'être que les agens de la fortune ?

IX. Il souffrira donc tout, comme il souffre les rigueurs de l'hiver, l'intempérie du ciel, les chaleurs excessives, les maladies, mille autres accidens fortuits. Jamais il ne fait au méchant l'honneur de croire que la raison ait conseillé un seul de ses actes : la raison n'appartient qu'au sage; tous les autres manquent de ses conseils; on ne voit en eux que fraudes, embûches, passions fougueuses, mises par le sage sur la liste des accidens.

et injuriatur. Illud quoque cogita, injuriarum latissime patere materiam illis, per quæ periculum nobis quæsitum est: ut accusatore submisso, aut criminatione falsa, aut irritatis in nos potentiorum motibus, quæque alia inter togatos latrocinia sunt.

Est et illa injuria frequens, si lucrum alicui excussum est, aut præmium diu captatum ; si magno labore affectata hæreditas aversa est, et quæstuosæ domus gratia erepta ; hæc effugit sapiens, qui nescit nec in spe, nec in metu vivere. Adjice nunc, quod injuriam nemo immota mente accipit, sed ad sensum ejus perturbatur : caret autem perturbatione vir erectus, moderator sui, altæ quietis et placidæ. Nam si illum tangit injuria, et movet, et impedit : caret autem ira sapiens, quam excitat injuriæ species ; nec aliter careret ira, nisi et injuria, quam scit sibi non posse fieri. Inde tam erectus lætusque est, inde continuo gaudio elatus, adeo ad offensiones rerum hominumque non contrahitur, ut ipsa illi injuria usui sit, per quam experimentum sui capit, et virtutem tentat. Faveamus, obsecro vos, huic proposito, æquisque et animis et auribus adsimus, dum sapiens injuriæ excipitur : nec quidquam ideo petulantiæ* nostræ, aut rapacissimis cupiditatibus, aut cæcæ temeritati superbiæque detrahitur. Salvis vitiis vestris, hæc sapienti libertas quæritur : non, ut vobis facere non liceat injuriam, agimus,

---

* Legerem : *vestræ.* Vid. infra : *vitiis vestris.*

Or, tous les coups fortuits ne tombent et ne nuisent que hors de nous. Songez encore à une autre source d'injures inépuisable, aux périls que nous suscitent un accusateur suborné, des griefs calomnieux, les grands prévenus et armés contre nous; enfin tous ces brigandages qui s'exercent en pleine paix et sous la toge.

Autre espèce d'injure bien fréquente. On vous dérobe un gain ou une récompense long-temps poursuivie; un héritage brigué péniblement s'éloigne de vous; la faveur d'une lucrative maison vous est ravie. Le sage échappe à tout cela, lui qui ne sait vivre ni dans l'espoir ni dans la crainte. Ajoutez aussi que, loin de recevoir de sang-froid une injure, il n'est personne qui n'en éprouve un trouble violent, et qu'un tel sentiment n'entre point dans une âme élevée, modératrice d'elle-même, qui jouit d'un calme et d'une paix profonde; car si l'injure la touche, elle perd sa paix et sa liberté. Or le sage ignore la colère, qu'allume l'apparence de l'injure. Et comment serait-il étranger à la colère, s'il ne l'était à l'injure, qu'il sait ne pouvoir monter jusqu'à lui? De là cette assurance, cette vive satisfaction, cette éternelle joie qui exalte son cœur; de là ce cœur assez peu froissé par les contre-temps qui viennent des choses ou des hommes, pour que l'injure même tourne à son avantage, en lui servant à éprouver sa force, à essayer sa vertu. Prêtez silence, je vous en conjure; ouvrez une oreille et une âme recueillies à cette grande vérité : *le sage est affranchi de l'injure*. Et nous ne retranchons rien pour cela à vos emportemens, à vos cupidités si rapaces, à votre aveugle témérité, à votre arrogance. Sans toucher à vos vices, nous cherchons l'indépendance du sage. Nous ne travaillons pas à vous empêcher de faire l'injure, mais

sed ut ille omnes injurias in altum dimittat, patientiaque se ac magnitudine animi defendat. Sic in certaminibus sacris plerique vicere, cædentium manus obstinata patientia fatigando. Ex hoc puta genere sapientem eorum, qui exercitatione longa ac fideli, robur perpetiendi lassandique omnem inimicam vim consecuti sunt.

X. Quoniam priorem partem percurrimus, ad alteram transeamus : qua jam quibusdam propriis, plerisque vero communibus contumeliam refutabimus. Est minor injuria, quam queri magis quam exsequi possumus, quam leges quoque nulla dignam vindicta putaverunt. Hunc affectum movet humilitas animi contrahentis se ob factum dictumque inhonorificum. Ille me hodie non admisit, quum alios admitteret : sermonem meum aut superbe aversatus est, aut palam risit : et non in medio me lecto, sed imo collocavit; et alia hujus notæ. Quæ quid vocem, nisi querelas nauseantis animi, in quas fere delicati et felices incidunt ? non vacat enim hæc notare, cui pejora instant. Nimio otio ingenia natura infirma et muliebria, et inopia veræ injuriæ lascivientia, his commoventur, quorum pars major constat vitio interpretantis. Itaque nec prudentiæ quidquam in se esse, nec fiduciæ ostendit, qui contumelia afficitur : non dubie enim contemptum se judicat : et hic morsus non sine quadam humilitate animi evenit, supprimentis se ac descendentis. Sapiens autem a nullo contemnitur, magnitudinem suam

nous voulons que le sage repousse au loin toutes celles qu'on lui fera [20], et que sa constance, sa grande âme, suffisent à le défendre. Ainsi, dans nos jeux sacrés, la plupart des vainqueurs n'ont ravi la palme qu'en fatiguant par leur opiniâtre patience les bras qui les frappaient. Comptez le sage au nombre des athlètes qui, par un exercice long et constant, ont acquis la force de supporter les coups et de lasser le bras de leurs adversaires.

X. La première moitié de ma tâche étant achevée, passons à la seconde, où, par des preuves, dont quelques-unes sont nouvelles, mais dont la plupart sont déjà connues, je ferai voir le néant de ce qu'on appelle une offense. C'est moins qu'une injure : il est plus aisé de s'en plaindre que de s'en venger, et les lois mêmes ne l'ont pas trouvée digne de leur animadversion. Le ressentiment de l'offense tient à un manque d'élévation dans l'âme que froisse un procédé, un mot peu honorable. Cet homme ne m'a pas reçu aujourd'hui, quoiqu'il en reçût d'autres; quand je parlais, il tournait dédaigneusement la tête, ou il a ri tout haut; au lieu de m'offrir la place d'honneur, c'est la dernière qu'il m'a donnée; et autres griefs de cette force. Que sont ces misères, sinon les plaintes d'un esprit blasé, dans lesquelles tombe presque toujours la délicatesse des heureux du siècle? A-t-il le loisir de remarquer ces riens, l'homme que pressent des maux plus sérieux? Des âmes inoccupées, naturellement faibles et efféminées, que l'absence de tracasseries réelles rend plus irritables, voilà celles qui s'en émeuvent; et encore, la plupart du temps, tout naît d'une fausse interprétation. Il témoigne donc peu de prudence et de confiance en lui-même, celui qui s'affecte à si bon marché; il ne doute pas qu'on ne le méprise, et cette poignante idée ne vient point sans un

novit : nullique tantum de se licere renuntiat sibi : et omnes has quas non miserias animorum, sed molestias dixerim, non vincit, sed ne sentit quidem.

Alia sunt quæ sapientem feriunt, etiamsi non pervertunt : ut dolor corporis, et debilitas, aut amicorum liberorumque amissio, et patriæ bello flagrantis calamitas. Hæc non nego sentire sapientem : nec enim lapidis illi duritiam ferrive asserimus; nulla virtus est, quæ non sentias, perpeti.

XI. Quid ergo est? Quosdam ictus recipit : sed receptos evincit, sanat, et comprimit; hæc vero minora ne sentit quidem, nec adversus ea solita illa virtute utitur dura tolerandi : sed aut non annotat, aut digna risu putat. Præterea, quum magnam partem contumeliarum superbi insolentesque faciant, et male felicitatem ferentes : habet quo istum affectum inflatum respuat, pulcherrimam virtutem omnium, animi sanitatem, magnitudinemque. Illa quidquid hujusmodi est, transcurrit, ut vanas somniorum species, visusque nocturnos, nihil habentes solidi atque veri. Simul illud cogitat, omnes inferiores esse, quam ut illis audacia sit tanto excelsiora despicere.

Contumelia a contemptu dicta est, quia nemo, nisi quem contempsit, tali injuria notat; nemo autem majorem melioremque contemnit, etiamsi facit aliquid quod contemnentes solent. Nam et pueri os parentum feriunt, et

certain abaissement de l'amour-propre, qui se rapetisse et s'humilie. Mais le sage n'est méprisé de personne; il a conscience de sa grandeur; il se dit dans son cœur que nul n'est en droit de le mésestimer; et pour tous ces tourmens d'imagination, ou plutôt ces contrariétés, je ne dirai point qu'il les surmonte, il ne les sent même pas.

Il est d'autres atteintes qui frappent le sage, bien qu'elles ne le terrassent pas : la douleur physique, les infirmités, la perte de ses amis, de ses enfans, ou les malheurs de son pays en proie à la guerre. J'avoue que le sage est sensible à tout cela; car nous ne lui attribuons pas un cœur de fer ou de rocher. Quelle vertu serait-ce de supporter ce qu'on ne sentirait point [21]?

XI. Que fait-il donc? Il reçoit certains coups, mais les reçoit pour les vaincre, pour en guérir et fermer les plaies. Quant à ces piqûres dont nous parlons, il y est insensible : il ne s'arme pas contre elles de sa vertu accoutumée, de toute sa puissance de souffrir; il n'y prend pas garde, ou ne fait qu'en rire. Outre cela, comme la plupart des offenses partent d'hommes orgueilleux, insolens, et qui supportent mal la prospérité, le sage a, pour repousser cette affection qui provient d'un orgueil malade, la plus belle de toutes les vertus, une âme saine et grande tout à la fois. Toutes ces petitesses passent devant ses yeux comme les fantômes d'un vain songe, comme des visions nocturnes sans consistance ni réalité. Il se représente aussi que tous les hommes sont trop au dessous de lui pour avoir l'audace de dédaigner ce qui leur est si supérieur.

Le mot *contumelia* (offense) vient de *contemptus* (mépris), parce qu'on n'imprime cette sorte d'injure qu'à ceux qu'on méprise. Mais, lors même qu'on fait quelque chose de ce que dicte ordinairement le mépris, l'éprouve-

crines matris turbavit laceravitque infans, et sputo aspersit, aut nudavit in conspectu suorum tegenda, et verbis obscœnioribus non pepercit : et nihil horum contumeliam dicimus; quare? quia qui fecit contemnere non potest. Eadem causa est, cur nos mancipiorum nostrorum urbanitas, in dominos contumeliosa, delectet : quorum audacia ita demum sibi in convivas jus facit, si cœpit a domino. Ut quisque contemptissimus et ludibrio est, ita solutissimæ linguæ est. Pueros quidem in hoc mercantur procaces, et eorum impudentiam acuunt, et sub magistro habent, qui probra meditate effundant : nec has contumelias vocamus, sed argutias.

XII. Quanta autem dementia est, iisdem modo delectari, modo offendi : et rem ab amico dictam maledictum vocare, a servulo, joculare convicium ? Quem animum nos adversus pueros habemus, hunc sapiens adversus omnes, quibus etiam post juventam canosque puerilitas est. An quidquam isti profecerunt, quibus animi mala sunt, auctique in majus errores, qui a pueris magnitudine tantum formaque corporum differunt; ceterum non minus vagi incertique, voluptatum sine dilectu appetentes, trepidi, et non ingenio, sed formidine, quieti ? Non ideo quidquam inter illos puerosque interesse quis dixerit, quod illis talorum nucumque et æris minuti avaritia est, his auri argentique et urbium : quod illi

t-on pour un être plus grand et meilleur que soi? Un enfant frappe au visage ses parens, dérange, ou arrache, ou souille les cheveux de sa mère; il découvre devant ses camarades ce que la pudeur veut qu'on voile; les termes obscènes ne lui coûtent rien; et pourtant nulle de ces choses ne s'appelle offense : pourquoi? parce que l'enfant ne peut mépriser personne. Par la même raison, nous sommes charmés des impertinentes saillies de nos esclaves, dont la témérité s'assure des convives, en commençant par le maître de la maison. Plus l'individu est avili et sert aux autres de jouet, plus il est libre dans ses propos. On achète pour cela de jeunes esclaves [22] à l'humeur espiègle, on encourage leur impudence, on leur donne des maîtres, on leur enseigne à débiter des sottises réfléchies, que nous qualifions, non pas d'offenses, mais de gentillesses.

XII. Quelle extravagance qu'une même chose tantôt nous enchante et tantôt nous fâche; que ce qui semble grossièreté dans une bouche amie, devienne, dans celle d'un misérable valet, un aimable persiflage! L'indifférence que méritent près de nous les licences d'un enfant, le sage la garde envers tous les hommes, enfans encore après leur jeunesse et sous leurs cheveux blancs. Car enfin quels progrès ont faits ces tristes victimes de passions et d'erreurs qui grandirent avec eux? Ils ne diffèrent des enfans que par la taille et l'extérieur; d'ailleurs aussi légers, aussi inconstans, cherchant la volupté sans choix, peureux; et ce n'est jamais par caractère, mais par crainte, s'ils sont calmes. Ne dites pas qu'ils se distinguent de l'enfance en ce que celle-ci n'est avide que d'osselets, de noix, de jetons, et qu'eux veulent de l'or, de l'argent, des villes. Les en-

inter ipsos magistratus gerunt, et prætextam fascesque ac tribunal imitantur, hi eadem in campo foroque et in curia serio ludunt : illi in litoribus arenæ congestu simulacra domuum excitant, hi ut magnum aliquid agentes, in lapidibus ac parietibus, et tectis moliendis occupati, ad tutelam corporum inventa in periculum verterunt? Ergo par pueris, longiusque progressis, sed in alia majoraque error est. Non immerito itaque horum contumelias sapiens ut jocos accipit : et aliquando illos, tanquam pueros, malo pœnaque admonet et afficit; non quia accepit injuriam, sed quia fecerunt, et ut desinant facere. Sic enim et pecora verbere domantur : nec irascimur illis, quum sessorem recusaverint, sed compescimus, ut dolor contumaciam vincat. Ergo et illud solutum scies, quod nobis opponitur : quare, si non accepit injuriam nec contumeliam sapiens, punit eos qui fecerunt? non enim se ulciscitur, sed illos emendat.

XIII. Quid est autem, quare hanc animi firmitatem non credas in virum sapientem cadere, quum tibi in aliis idem notare, sed non ex eadem causa liceat? Quis enim phrenetico medicus irascitur? quis febricitantis et a frigida prohibiti maledicta in malam partem accipit? Hunc affectum adversus omnes habet sapiens, quem adversus ægros suos medicus, quorum nec obscœna, si remedio egent, contrectare, nec reliquias et effusa intueri dedignatur, nec per furorem sævientium excipere convicia.

fans entre eux créent des magistratures[23]; ils ont leurs robes prétextes, leurs faisceaux, leur tribunal; les hommes, au Champ-de-Mars, au forum, au sénat, jouent sérieusement les mêmes jeux. Avec du sable entassé sur le rivage, les enfans élèvent des simulacres de maisons; les hommes, pensant faire merveille, s'occupent de pierres, de murailles, d'édifices, et changent en masses ruineuses et menaçantes[24] ce qui devait abriter leurs personnes. Enfans ou hommes faits, les illusions sont les mêmes : seulement les nôtres ont des objets différens et entraînent plus de maux. Le sage a bien raison de prendre les offenses des hommes comme des jeux d'enfans : quelquefois il sévit contre eux, et leur inflige, comme à ces derniers, des punitions qui les éclairent, non qu'il ait reçu l'injure, mais parce qu'ils l'ont faite, et pour qu'ils n'y retombent plus. Ainsi l'on dompte certains animaux en les frappant; on ne s'irrite pas lorsqu'ils refusent de se laisser monter, mais on leur impose le frein, afin que la douleur surmonte leur naturel farouche. Ainsi se trouve aussi résolue cette objection qu'on nous fait : pourquoi, si le sage ne reçoit ni injure ni offense, en punit-il les auteurs? Il ne se venge pas, il les corrige.

XIII. Et pourquoi croiriez-vous le sage incapable de cette fermeté quand vous la trouvez chez d'autres hommes dont les motifs sont si différens? Jamais le médecin se met-il en colère contre un frénétique[24*]? les imprécations du fiévreux auquel il défend l'eau froide, les prend-il en mauvaise part? Le sage est pour tous les hommes dans la même disposition que le médecin pour ses malades, dont il ne dédaigne pas de toucher les parties les plus déshonnêtes pour y appliquer le remède, ni d'examiner les déjections et les sécrétions, ni d'essuyer la fureur,

Scit sapiens, omnes hos, qui togati purpuratique incedunt, valentes coloratosque, male sanos esse : quos non aliter videt, quam aegros intemperantes. Itaque ne succenset quidem, si quid in morbo petulantius ausi sunt adversus medentem, et quo animo honores eorum nihilo aestimat, eodem parum honorifice facta. Quemadmodum non placet sibi, si illum mendicus coluerit, nec contumeliam judicabit, si illi homo plebis ultimae salutanti mutuam salutationem non reddiderit : sic nec se suspiciet quidem, si illum multi divites suspexerint; scit enim illos nihil a mendicis differre, immo miseriores esse; illi enim exiguo, hi multo egent. Et rursum non tangetur, si illum rex Medorum, Attalusve Asiae, salutantem silentio ac vultu arroganti transierit; scit statum ejus non magis habere quidquam invidendum, quam ejus cui in magna familia cura obtigit aegros insanosque compescere. Num moleste feram, si mihi non reddiderit nomen aliquis ex his, qui ad Castoris negotiantur, nequam mancipia ementes vendentesque, quorum tabernae pessimorum servorum turba refertae sunt? non, ut puto : quid enim is boni habet, sub quo nemo nisi malus est? Ergo ut hujus humanitatem inhumanitatemque negligit, ita et regis. Habes sub te Parthos, Medos, et Bactrianos : sed quos metu contines, sed propter quos remittere arcum tibi non contigit, sed postremos, sed venales, sed novum aucupantes dominium.

qui s'exhale en invectives. A son tour, le sage sait trop que tous ceux qui s'avancent parés de toges brillantes et avec un visage coloré, n'ont qu'un faux air de vigueur, un vernis de santé; il voit en eux des malades hors d'état de se maîtriser. Aussi ne se fâche-t-il même pas si, dans les accès de leur mal, ils s'emportent trop indiscrètement contre qui veut les guérir; et comme il ne fait nul cas de leurs hommages, il met sur la même ligne leurs irrévérences. Il ne se prévaudra pas plus des respects d'un mendiant, qu'il ne se croira insulté de la lie du peuple par un homme qui ne lui rend pas son salut. Ainsi encore, qu'une foule de riches aient de lui une haute idée, il ne l'aura pas de lui-même, certain qu'ils ne diffèrent en rien des mendians, qu'ils sont même plus misérables; car les mendians ont besoin de bien peu, et les riches de beaucoup. D'autre part, que lui importe qu'un roi des Mèdes, qu'un Attale asiatique, qu'il aura salué, passe sans lui rien dire et avec un visage arrogant? Il sait que leur condition n'est pas plus désirable que celle de l'esclave auquel écheoit, dans un nombreux domestique, l'inspection des malades et des fous. Irai-je m'indigner si j'éprouve un manque de civilité de l'un de ces brocanteurs du temple de Castor, qui vendent et achètent de méchans esclaves, et dont les boutiques sont pleines de valets de la pire espèce? Non, ce me semble; car qu'y aurait-il de bon dans celui qui n'a que du mauvais sous la main? Le sage fait aussi peu attention aux civilités ou aux impolitesses d'un tel homme qu'à celles d'un roi. Tu vois à tes pieds les Parthes, les Mèdes, les Bactriens; mais c'est la crainte qui les contient; mais ils t'obligent à toujours avoir l'arc tendu; mais c'est une

Nullius ergo movebitur contumelia : omnes enim inter se differunt : sapiens quidem pares illos, ob æqualem stultitiam, omnes putat. Jam si semel se dimiserit eo, ut aut injuria moveatur, aut contumelia; non poterit unquam esse securus : securitas autem proprium bonum sapientis est. Nec committet, ut vindicando sibi contumeliam factam, honorem habeat ei qui fecit; necesse est enim, a quo quisque contemni moleste fert, suspici gaudeat.

XIV. Tanta quosdam dementia tenet, ut contumeliam sibi posse fieri putent a muliere. Quid refert, quantum habeat, quot lecticarios, quam oneratas aures, quam laxam sellam? æque impudens animal est, et nisi scientia accessit ac multa eruditio, ferum, cupiditatum incontinens. Quidam se a cinerario impulsos moleste ferunt, et contumeliam vocant ostiarii difficultatem, nomenclatoris superbiam, cubicularii supercilium. O quantus inter ista risus tollendus est, quanta voluptate implendus animus, ex alienorum errorum tumultu, contemplanti quietem suam! « Quid ergo? sapiens non accedet ad fores quas durus janitor obsidet? » Ille vero, si res necessaria vocabit, experietur, et illum, quisquis erit, tanquam canem acrem, objecto cibo leniet, nec indignabitur aliquid impendere, ut limen transeat, cogitans et in pontibus quibusdam pro transitu dari. Itaque illi

race dégradée, vénale, qui ne soupire qu'après un nouveau maître.

Le sage ne sera touché des insultes de qui que ce soit; car les hommes ont beau différer tous entre eux, il les estime tous égaux, en ce qu'ils sont également insensés. S'il s'oubliait jusqu'à prendre à cœur une injure, ou grave ou légère, pourrait-il jamais jouir de la sécurité, de cette sécurité qui est un bien propre au sage? Il se gardera bien de tirer vengeance d'une insulte; ce serait en honorer l'auteur. Dès qu'en effet il existe un homme dont le mépris nous pèse, nécessairement son estime nous flatte.

XIV. Il y a des gens assez déraisonnables pour croire qu'une femme peut leur faire injure. Qu'importent ses richesses, le nombre de ses porteurs, des bijoux qui chargent ses oreilles, l'ampleur de sa litière? en est-ce moins un être impudent [25]? et si de saines doctrines, si de fortes études n'ont retrempé cette âme, en est-elle moins cruelle et le jouet de ses passions? Quelques-uns ne peuvent souffrir qu'un friseur les coudoie, prennent pour offenses les difficultés d'un portier, la morgue d'un nomenclateur [26], les hauteurs d'un valet-de-chambre. Que tout cela doit faire rire de pitié et remplir en même temps d'une douce satisfaction celui qui, du fracas des erreurs d'autrui, ramène ses regards sur sa propre tranquillité! — Qu'est-ce à dire? le sage n'osera-t-il approcher d'une porte que défend un gardien brutal? — Non certes; il en tentera l'accès, si c'est chose essentielle qui l'appelle; ce misérable, quel qu'il soit, il le traitera comme un chien farouche [27], qu'on apaise en lui jetant de la pâture. Il ne s'indignera pas d'une légère dépense

quoque, quisquis erit, qui hoc salutationum publicum exercet, donabit : scit emere venalia. Ille pusilli animi est, qui sibi placet, quod ostiario libere respondit, quod virgam ejus fregit, quod ad dominum accessit, et petiit corium. Fecit se adversarium qui contendit, et ut vincat, par fuit. « At sapiens colaphis percussus, quid faciet? » quod Cato, quum illi os percussum esset; non excanduit, non vindicavit injuriam : nec remisit quidem, sed factam negavit. Majore animo non agnovit quam ignovisset. Non diu in hoc hærebimus; quis enim nescit, nihil ex his quæ creduntur bona aut mala, ita videri sapienti, ut omnibus ?° Non respicit quid homines turpe judicent, aut miserum; non it qua populus : sed ut sidera contrarium mundo iter intendunt, ita hic adversus opinionem omnium vadit.

XV. Desinite itaque dicere : « Non accipiet ergo sapiens injuriam, si cædetur? si oculus illi eruetur? non accipiet contumeliam, si obscœnorum vocibus improbis per forum agetur? si in convivio regis, recumbere infra mensam, vescique cum servis ignominiosa officia sortitis jubebitur? si quid aliud ferre cogetur eorum, quæ excogitari pudori ingenuo molesta possunt? » In quantumcunque ista vel numero vel magnitudine creverint, ejusdem naturæ erunt. Si non tangent illum parva, ne majora quidem : si non tangent pauca, ne plura quidem.

pour franchir le seuil d'une maison, en pensant qu'il y a des ponts où se paie le droit de passage. Il satisfera donc aussi celui qui lève un impôt sur les visites : il sait acheter ce qui se vend. Il n'y a qu'un petit esprit qui s'applaudisse d'avoir répliqué vertement à un concierge, d'avoir brisé sa baguette, d'avoir été trouver le maître et demander satisfaction sur les épaules de l'esclave. On descend dans la lutte, au niveau de l'adversaire, et, pour le vaincre, on s'est fait son égal. Mais si le sage reçoit des soufflets, comment agira-t-il? Comme Caton quand on le frappa au visage : il ne prit point feu, il ne vengea pas son injure, il n'eut pas même la peine de pardonner; il la nia. Le désaveu était plus grand que le pardon [28]. Mais c'est assez sur ce point. Il est reconnu que le sage voit d'un autre œil que tous les hommes les biens ou les maux prétendus de la vie : il ne s'inquiète pas de savoir ce qu'ils appellent honte et misère. Il ne fait point route avec la foule : de même que les astres, dont la marche est en sens contraire à celle de notre monde, il avance au rebours des préjugés du vulgaire.

XV. Cessez donc de dire : Le sage ne recevra-t-il pas d'injure, s'il est meurtri de coups, si on lui arrache un œil? ne recevra-t-il pas d'offense, s'il est poursuivi sur le forum des grossiers propos d'une troupe de libertins; si au festin d'un riche on le condamne à se placer au bas bout de la table, et à manger avec les valets chargés des plus vils emplois; s'il est contraint d'essuyer de ces traitemens dont la seule pensée ferait rougir, révolterait un homme bien né? Quelque nombreux, quelque répétés, quelque graves que deviennent de tels procédés, ils ne changeront pas de nature. Or donc, si de minces offenses ne le touchent pas, de plus grandes échoueront de même; s'il n'est

Sed ex imbecillitate vestra conjecturam capitis ingentis animi : et quum cogitastis, quantum putetis vos pati posse, sapientis patientiæ paulo ulteriorem terminum ponitis. At illum in aliis mundi finibus sua virtus collocavit, nihil vobiscum commune habentem. Quare etsi aspera, et quantumcunque toleratu gravia sint, audituque et visu refugienda, non obruetur eorum cœtu, et qualis singulis, talis universis obsistet. Qui dicit, illud tolerabile sapienti, illud intolerabile, et animi magnitudinem intra certos fines tenet, male agit; vincit nos fortuna, nisi tota vincatur. Nec putes istam stoicam esse duritiam. Epicurus, quem vos patronum inertiæ vestræ assumitis, putatisque mollia ac desidiosa præcipere, et ad voluptates ducentia : « Raro, inquit, sapienti intervenit Fortuna. » Quam pæne emisit viri vocem! Vis tu fortius loqui, et illam ex toto submovere? Domus hæc sapientis angusta, sine cultu, sine strepitu, sine apparatu, nullis observatur janitoribus, turbam venali fastidio digerentibus : sed per hoc limen vacuum, et ab ostiariis liberum, fortuna non transit; scit non esse illic sibi locum, ubi sui nihil est. Quod si Epicurus quoque, qui corpori plurimum indulsit, adversus injurias exsurgit : quid apud nos incredibile videri potest, aut supra humanæ naturæ mensuram? Ille ait injurias tolerabiles esse sapienti, nos injurias non esse.

pas ému pour peu, il ne le sera pas pour beaucoup. Vous autres, vous jugez une grande âme sur la mesure de votre faiblesse; et, supputant jusqu'où irait votre patience, vous reculez quelque peu plus loin le terme de celle du sage. Mais lui, sa vertu l'a placé sur les confins d'un autre monde, qui n'a rien de commun avec vous. Aussi, quelque durs, quelque lourds à endurer, quelque repoussans que soient de nom ou d'aspect tous vos fléaux, leur choc réuni ne saurait l'accabler : comme il les repousserait en détail, il les repoussera en masse. Dire que le sage supportera ceci et qu'il ne supportera pas cela, emprisonner une telle grandeur dans vos arbitraires limites, mauvais calcul : la fortune triomphe de l'homme, si l'homme ne triomphe complètement d'elle. Et gardez-vous de voir ici de l'insensibilité purement stoïque : Épicure, que vous adoptez comme le patron de votre paresse, qui ne prêche, selon vous, que la mollesse, l'indolence et tout ce qui mène aux voluptés; Épicure a dit : Rarement la fortune trouve le sage en défaut. Ah! que voilà presque parler en homme! Que ne dis-tu, d'un ton plus ferme encore, qu'elle ne l'y trouve jamais? Voici la maison du sage : petite, sans ornemens, sans fracas, sans appareil; aucun portier n'en surveille l'entrée et n'y classe la foule [29] avec l'insolence d'un mercenaire. Eh bien! ce seuil, vide de sentinelle, qui n'est pas obstrué de concierges, la fortune ne le franchit point : elle sait que pour elle il n'y a point place où l'on ne voit rien qui soit à elle. Que si Épicure lui-même, qui a tant accordé aux sens, ose faire tête aux injures, quel effort devra nous sembler incroyable ou au dessus de la nature humaine? Épicure pense que le sage supporte les injures; nous, qu'il n'y en a point pour le sage.

XVI. Nec est quod dicas, hoc naturæ repugnare. Non negamus rem incommodam esse, verberari et impelli, et aliquo membro carere, sed omnia ista negamus injurias esse; non sensum illis doloris detrahimus, sed nomen injuriæ, quod non potest recipi virtute salva. Uter verius dicat, videbimus : ad contemptum quidem injuriæ uterque consentit. Quæris quid inter duos intersit? Quod inter gladiatores fortissimos; quorum alter premit vulnus, et stat in gradu, alter respiciens ad clamantem populum significat nihil esse, et intercedi non patitur. Non est quod putes magnum, quo dissidemus. Illud de quo agitur, quod unum ad nos pertinet, utraque exempla hortantur : contemnere injurias, et, quas injuriarum umbras ac suspiciones dixerim, contumelias, ad quas despiciendas non sapienti opus est viro, sed tantum conspiciente, qui sibi possit dicere : «Utrum merito mihi ista accidunt, an immerito? Si merito, non est contumelia, judicium est; si immerito, illi, qui injusta facit, erubescendum est. Et quid est illud, quod contumelia dicitur? in capitis mei lævitatem jocatus est, et in oculorum valetudinem, et in crurum gracilitatem, et in staturam. Quæ contumelia est, quod apparet, audire? Coram uno aliquid dictum ridemus, coram pluribus indignamur : et eorum aliis libertatem non relinquimus, quæ ipsi in nos dicere assuevimus. Jocis temperatis delectamur, immodicis irascimur. »

XVI. Ne prétendez pas que cela répugne à la nature. Nous ne nions point qu'il ne soit pénible d'être frappé, maltraité, de perdre quelque membre; mais nous nions que, dans toutes ces choses, il y ait injure. Nous ne leur ôtons pas leur aiguillon douloureux; nous ne leur refusons que le nom d'injures, qui ne peut être admis sans blesser la vertu. Qui des deux a dit le plus vrai? Nous le verrons ailleurs; quant au mépris de l'injure, les deux sectes s'accordent. Vous voulez connaître la différence qui existe entre elles? La même qu'entre deux gladiateurs très-courageux : l'un porte la main sur sa plaie, et se tient ferme; l'autre se tourne vers le peuple qui s'écrie, lui fait signe que la sienne n'est rien, et ne permet pas qu'on intercède pour lui. Il ne faut pas croire qu'entre nous le point de dissentiment soit grave. Ce dont il s'agit, l'unique chose qui nous intéresse, nous est conseillée par deux maîtres : méprisons les injures et ce que j'appellerais des ombres, des soupçons d'injures, les offenses. Pour dédaigner l'offense, il n'est pas besoin de toute la fermeté d'un sage, il suffit d'un homme qui raisonne, qui puisse se dire : Ai-je mérité ou non ce qui m'arrive? Dans le premier cas, ce n'est pas offense, c'est justice; dans le second, c'est à l'auteur de l'injustice à rougir. Et qu'est-ce enfin que l'on nomme offense? On a plaisanté sur ce que ma tête est chauve, mes yeux chassieux, mes jambes grêles, ma taille exiguë : est-on offensé pour s'entendre dire ce qui frappe tous les yeux? Tel mot proféré devant un seul témoin nous fait rire, qui devant plusieurs nous indigne; et nous ne laissons point aux autres le droit de répéter ce que nous-mêmes disons journellement contre nous : un peu de raillerie nous amuse, beaucoup nous irrite.

XVII. Chrysippus ait quemdam indignatum, quod illum aliquis Vervecem marinum dixerat. In senatu flentem vidimus Fidum Cornelium, Nasonis generum, quum illum Corbulo Struthiocamelum depilatum dixisset. Adversus alia maledicta, mores et vitam convulnerantia, frontis illi firmitas constitit : adversus hoc tam absurdum lacrimæ prociderunt. Tanta animorum imbecillitas est, ubi ratio discessit! Quid, quod offendimur, si quis sermonem nostrum imitatur, si quis incessum, si quis vitium aliquod corporis aut linguæ exprimit? quasi notiora illa fiant alio imitante, quam nobis facientibus. Senectutem quidam inviti audiunt, et canos, et alia, ad quæ voto pervenitur. Paupertatis maledictum quosdam perussit : quam sibi objecit, quisquis abscondit. Itaque materia petulantibus et per contumeliam urbanis detrahitur, si ultro illam et prior occupes; nemo aliis risum præbuit, qui ex se cepit. Vatinium hominem natum et ad risum, et ad odium, scurram fuisse venustum ac dicacem, memoriæ proditum est; in pedes suos ipse plurima dicebat, et in fauces concisas : sic inimicorum, quos plures habebat quam morbos, et in primis Ciceronis urbanitatem effugit. Si ille hoc potuit duritia oris, qui assiduis conviciis depudere didicerat, cur is non possit, qui studiis liberalibus, et sapientiæ cultu, ad aliquem profectum pervenerit? Adjice, quod genus ultionis est, eripere ei qui fecit, contumeliæ voluptatem. Solent di-

XVII. Chrysippe rapporte qu'un homme entra en fureur pour avoir été appelé *brebis de mer*. Nous avons vu pleurer au sénat Fidus Cornelius, gendre de Nason, parce que Corbulon [30] l'avait qualifié d'*autruche plumée*. Il venait d'essuyer d'autres invectives qui déchiraient sa vie et ses mœurs, et son front était demeuré impassible : une sottise absurde lui arracha des larmes. Tant la raison laisse de faiblesse dans les âmes qu'elle abandonne ! Que penser de ceux qui se formalisent si l'on contrefait leur manière de s'exprimer, leur démarche, un défaut corporel, un vice de prononciation ? Comme si ces traits devenaient plus frappans dans la copie faite par les autres que dans l'original, qui est nous-même ! Quelques-uns n'aiment pas qu'on parle de leur vieillesse, de leurs cheveux blancs, de cet âge enfin où tous ambitionnent d'arriver. Rappeler à d'autres leur pauvreté, c'est un cuisant reproche, que pourtant ils se font eux-mêmes dès-lors qu'ils la cachent. Pour ôter tout prétexte aux impertinens et à ceux qui exercent leur gaîté aux dépens des autres, il n'y a qu'à s'exécuter tout d'abord soi-même : on ne prête plus à rire sur son compte quand on a été le premier à le faire. Vatinius, cet homme voué à la haine et au ridicule [31], fut, à ce qu'on rapporte, d'une humeur agréable et facétieuse. Il disait lui-même force bons mots sur ses pieds goutteux et sur les incisions qu'il avait à la gorge. Il échappait ainsi aux brocards de ses ennemis, plus nombreux encore que ses infirmités, et surtout à Cicéron. Ce qu'a pu faire par l'impudence de son langage un bouffon qui à force d'affronts avait désappris à rougir, pourquoi ne le ferait pas celui qui compte quelques progrès dans les études libérales et dans le culte de la sagesse ? Ajoutez que c'est une sorte de vengeance d'enlever à l'ennemi le plaisir

cere : Miserum me, puto non intellexit! adeo fructus contumeliæ in sensu et indignatione patientis est. Deinde non decrit illi, aliquando parem invenire, qui te quoque vindicet.

XVIII. C. Cæsar inter cetera vitia, quibus abundabat, contumeliosus mirabiliter ferebatur omnibus aliqua nota feriendis, ipse materia risus benignissima. Tanta illi palloris insaniam testantis fœditas erat, tanta oculorum sub fronte anili latentium torvitas, tanta capitis destituti, et emendicatis capillis aspersi deformitas; adjice obsessam setis cervicem, et exilitatem crurum, et enormitatem pedum. Immensum est, si velim singula referre, per quæ in parentes, avosque suos contumeliosus fuit, per quæ in universos ordines : ea referam, quæ illum exitio dederunt. Asiaticum Valerium in primis amicis habebat, ferocem virum, et vix æquo animo alienas contumelias laturum. Huic in convivio, id est in concione, voce clarissima, qualis in concubitu esset uxor ejus, objecit. Dii boni, hoc virum audire, principem scire, et usque eo licentiam pervenisse, ut non dico consulari, non dico amico, sed tantum marito princeps et adulterium suum narret, et fastidium ? Chæreæ, tribuno militum, sermo non pro manu erat, languidus sono, et infracta voce suspectior. Huic Caius signum petenti modo Veneris, modo Priapi dabat : aliter atque aliter exprobrans armato mollitiam. Hæc ipse perlucidus, crepidatus, armillatus. Coegit itaque

du sarcasme. On lui entend dire : Malheureux que je suis !
je crois qu'il ne m'a pas compris. Tant il est vrai que tout
le succès de l'offense est d'être senti, d'indigner celui qui
l'éprouve. L'insolent, d'ailleurs, trouvera plus tard à qui
parler, et vous ne manquerez pas de vengeur [31]*.

XVIII. Caligula, parmi tous les vices dont il était pétri, avait l'esprit singulièrement caustique ; il réservait à chacun un trait piquant, bien qu'il offrît à son tour ample matière aux représailles. Une affreuse pâleur décelait le désordre de son esprit ; des yeux farouches et disparaissant presque sous son front sillonné de rides, une tête chauve et parsemée de cheveux péniblement ramenés sur le front, faisaient de lui un objet hideux. Joignez-y le derrière de cette tête hérissée d'une sorte de soie rude, des jambes menues, des pieds énormes. Je ne finirais pas si je citais toutes les paroles mortifiantes qui lui échappèrent contre les auteurs de ses jours [32], contre ses aïeux [33], contre tous les ordres de l'état. Rapportons seulement ceux qui lui furent mortels. Il avait parmi ses amis de première classe [34], Asiaticus Valerius [35], homme d'un caractère altier, et qui n'eût souffert qu'impatiemment toute espèce d'offense. C'est à ce Valerius qu'en plein banquet, autant dire en assemblée publique, Caligula, d'une voix haute et claire, osa faire le tableau de la manière d'être de sa femme dans les bras d'un homme. Justes dieux ! un mari entendre de pareils détails ! le maître du monde les savoir, et pousser le cynisme jusqu'à raconter à un consulaire, à un ami, que dis-je? à un époux, la honte de son épouse et les dégoûts de son corrupteur impérial ! Chéréa, tribun militaire, avait, quoique brave, une voix dont les sons peu mâles et cassés pouvaient faire suspecter ses mœurs. Lorsqu'il venait prendre la consigne, le

illum uti ferro, ne sæpius signum peteret. Ille primus inter conjuratos manum sustulit : ille cervicem mediam uno ictu discidit; plurimum deinde undique publicas ac privatas injurias ulciscentium gladiorum ingestum est; sed primus vir fuit, qui minime visus est.

At idem Caius omnia contumelias putabat, et sicut ferendarum impatiens, faciendarum cupidissimus. Iratus fuit Herennio Macro, quod illum Caium salutaverat : nec impune cessit primipilario, quod Caligulam dixerat. Hoc enim in castris natus, et alumnus legionum vocari solebat, nullo nomine militibus familiarior unquam factus : sed jam Caligulam convicium et probrum judicabat cothurnatus.

Ergo hoc ipsum solatio erit, etiamsi nostra facilitas ultionem omiserit, futurum aliquem, qui pœnas exigat a procace, et superbo, et injurioso : quæ vitia nunquam in uno homine, et in una contumelia consumuntur. Respiciamus eorum exempla, quorum laudamus patientiam : ut Socratis, qui comœdiarum publicatos in se et spectatos sales in partem bonam accepit, risitque non minus, quam quum ab uxore Xanthippe immunda aqua perfunderetur. Antistheni mater barbara et Thressa objiciebatur : respondit, et deorum matrem Idæam esse.

prince lui donnait pour mot d'ordre tantôt Vénus, tantôt Priape, accusant ce guerrier d'infâmes complaisances dans des termes toujours nouveaux; et lui-même, en robe transparente, portait une riche chaussure et des bracelets. Chéréa fut contraint de recourir au fer pour se soustraire à ces consignes insultantes. Le premier d'entre les conjurés, il porta la main sur l'empereur, le premier il lui fendit d'un seul coup la tête; puis mille autres épées vinrent de toutes parts achever de venger les injures des citoyens et de la patrie. Mais le premier qui agit en homme fut celui qui avait paru le moins être homme.

Ce Caligula ne voyait dans tout que des offenses : aussi incapable de les souffrir qu'avide de les faire, il s'emporta contre Herennius Macer, qui l'avait salué sous le nom de *Caïus* [36]; et le premier centurion eut à se repentir de l'avoir appelé *Caligula* [37]. On sait que, né dans les camps, il n'était bien connu du soldat que sous ce nom-là, et sous celui d'enfant des légions; mais *Caligula* lui parut une satire et un outrage dès qu'il eut chaussé le cothurne.

Ce sera donc une consolation de réfléchir que, notre indulgence oubliât-elle de se venger, il se trouvera quelqu'un qui châtie le provocateur, le superbe, d'où nous est venue l'injure; car de tels êtres n'épuisent pas leur fiel sur un seul homme et dans une seule attaque. Jetons les yeux sur les exemples de ceux dont nous louons la patience, sur un Socrate, qui, assistant avec la foule aux comédies où il était baffoué, prit la chose de très-bonne grâce, et ne rit pas moins que le jour où sa femme Xantippe l'arrosa tout entier d'eau infecte [38]. On reprochait à Antisthène d'être né d'une étrangère, sa mère étant

XIX. Non est in rixam colluctationemque veniendum : procul auferendi pedes sunt, et quidquid horum ab imprudentioribus fiet (fieri autem nisi ab imprudentibus non potest), negligendum. Et honores et injuriae vulgi in promiscuo habendi sunt: nec his dolendum, nec illis gaudendum. Alioquin multa, timore contumeliarum aut taedio, necessaria omittemus : et publicis privatisque officiis, aliquando etiam salutaribus, non occurremus, dum muliebris nos cura angit, aliquid contra animum audiendi: aliquando etiam obirati potentibus, detegemus hunc affectum intemperanti libertate. Non est autem libertas nihil pati; fallimur : libertas est, animum supponere injuriis, et eum facere se, ex quo solo sibi gaudenda veniant : exteriora deducere a se, ne inquieta agenda sit vita, omnium risus, omnium linguas timenti. Quis est enim, qui non possit contumeliam facere, si quisquam potest? Diverso autem remedio utetur sapiens, assectatorque sapientiae. Imperfectis enim, et adhuc ad publicum se judicium dirigentibus, hoc proponendum est, inter injurias ipsos contumeliasque debere versari. Omnia leviora accidunt exspectantibus; quo quisque honestior genere, fama, patrimonio est, hoc se fortius gerat : memor, in prima acie altos ordines stare, contumelias, et verba probrosa, et ignominias, et cetera dehonestamenta, velut clamorem hostium ferat, et longinqua tela,

de Thrace; il répondit que la mère des dieux était aussi du mont Ida [39].

XIX. Ne descendons point dans le champ des rixes et des luttes; retirons-nous loin en arrière, et, quelques provocations que des imprudens nous adressent, car l'imprudence seule peut se les permettre, n'en tenons point compte. Les hommages et les injures du vulgaire doivent être confondus dans le même mépris : ne nous affligeons pas des unes, ne nous félicitons pas des autres, sinon la crainte ou le dégoût des mortifications nous feront omettre des devoirs essentiels, et nous manquerons à ceux d'hommes publics et privés, souvent même à notre amendement moral, si, dans nos angoisses soucieuses, nous tremblons comme des femmes, de rien ouïr qui nous désoblige; parfois aussi nos rancunes contre des hommes puissans se dévoileront avec une indiscrète liberté. Or, la liberté ne consiste pas à ne rien tolérer; détrompons-nous : être libre, c'est mettre son âme au dessus de l'injure, c'est se rendre tel, que l'on trouve en soi seul la source de ses plaisirs; c'est se détacher de l'extérieur, pour n'avoir point à passer sa vie dans l'inquiète appréhension d'essuyer partout le ridicule ou la calomnie. Car à qui sera-t-il impossible de nous offenser, si une seule personne le peut faire? Mais le sage et l'aspirant à la sagesse emploieront chacun un remède différent. A l'homme imparfait encore, et qui n'a pas cessé de se diriger sur le jugement du grand nombre, nous représenterons qu'à chaque pas l'injure et l'humiliation l'attendent. Les accidens prévus sont toujours moindres. Plus votre naissance, votre renommée, votre patrimoine vous distinguent, plus il vous faut montrer de courage, vous souvenant que les soldats

et saxa sine vulnere circa galeas crepitantia. Injurias vero, ut vulnera, alia armis, alia pectori infixa, non dejectus, ne motus quidem gradu, sustineat. Etiamsi premeris et infesta vi urgeris, cedere tamen turpe est : assignatum a natura locum tuere. Quæris quis hic sit locus? viri. Sapienti aliud auxilium est huic contrarium. Vos enim rem geritis : illi parta victoria est. Ne repugnate vestro bono, et hanc spem, dum ad verum pervenitis, alite in animis : libentesque meliora excipite, et opinione ac voto juvate. Esse aliquem invictum, esse aliquem in quem nihil fortuna possit, e re publica humani generis est.

de haute taille se tiennent en première ligne. Supportez les offenses, les paroles outrageantes, les diffamations, toutes les avanies de ce genre, comme on souffre les clameurs de l'ennemi, et les dards lancés de trop loin, et les pierres qui, sans blesser, tombent sur le casque et ne font que du bruit. Voyez, dans les injures plus graves, des traits qui percent tantôt vos armes, tantôt votre poitrine; qu'elles ne vous abattent point, qu'elles ne vous fassent point reculer d'un pas. Investi, pressé par une force supérieure, pensez toujours que céder est une honte; défendez le poste que vous assigna la nature. Et quel est-il? celui d'homme de cœur. Le sage a de tout autres auxiliaires que vous, qui êtes encore aux prises : ses premières victoires le protègent. Toutefois ne soyez point rebelle à vos intérêts : sur la route de la vérité, nourrissez l'espoir d'y atteindre comme lui; embrassez avec amour des doctrines meilleures, et appuyez-les de vos discours comme de vos suffrages. Qu'il existe une âme invincible, une âme contre laquelle la fortune ne puisse rien, voilà ce qui importe à la république du genre humain.

NOTES*

SUR LA CONSTANCE DU SAGE.

I. 1. *Entre l'homme et la femme.* Cette comparaison, qui serait choquante de la part d'un philosophe moderne, serait dans sa rudesse antique plus exacte à l'égard des cyniques. C. D.

2. *Médecins domestiques.* Chez les anciens Romains les riches avaient chez eux des médecins, la plupart esclaves ou affranchis.

3. *M. Caton.* Caton d'Utique.

4. *Vatinius.* P. Vatinius fut un de ces hommes dont la fortune couronne souvent les vices. Il fut questeur sous le consulat de Cicéron, l'an de R. 691**, tribun sous le consulat de César et de Bibulus, l'an 695; et l'an 699, préféré à Caton pour la préture, sous le second consulat de Pompée et de Crassus. C'est contre lui que Cicéron avait prononcé, l'an 698, un discours véhément, connu sous le nom d'*Invective contre Vatinius*. Deux ans après, au grand scandale de Rome, Cicéron défendit Vatinius. (Voyez *Lett. famil.*, liv. I, lett. 9; et la note 30 ci-après.) C. D.

5. *Jusqu'au portique de Fabius.* Arc de triomphe élevé sur la voie Sacrée, non loin du temple de Faustine, par Fabius, surnommé *Allobrogicus*, pour sa victoire sur les Allobroges, ans de Rome 633 et 634. (V. la *Première action contre Verrès*, ch. VII et note 40.)

6. *Clodius*, tribun séditieux, encore plus connu que Vatinius pour ses démêlés avec Cicéron. C. D.

---

* Les notes sans signature sont du traducteur M. Baillard : celles qui sont suivies des initiales C. D. sont de l'éditeur, M. Ch. Du Rozoir.

** Comme pour notre édition des *Oraisons de Cicéron*, nous suivons la chronologie de l'*Art de vérifier les dates*. C. D.

NOTES.

II. 7. *Victorieux de toutes les terreurs.* Ainsi Virgile a dit :

> Atque metus omnes et inexorabile fatum
> Subjecit pedibus. . . . .
>
> *Georg.*, v. 118.   C. D.

8. *Le partage du monde entier entre trois hommes.* C'étaient César, Pompée et Crassus : Lucain a dit :

> Facta tribus dominis communis Roma.

9. *En le dépouillant de sa préture.* M. Caton fut élu préteur l'an de Rome 700; mais Sénèque ne prétend pas dire qu'on l'ait violemment chassé de cette charge. Il rappelle seulement une autre époque où Caton s'étant mis sur les rangs pour la préture avec Vatinius, celui-ci lui fut préféré (l'an 699). C'était alors comme dépouiller ce grand citoyen d'un honneur qui lui était dû. Ce qui pourrait sembler ici une erreur historique, n'est proprement qu'un jeu de phrase. *Voyez* d'ailleurs Sénèque, ep. 71 et 104.

III. 10. *On ne peut ni couper, ni tailler, ni user le diamant.* Cela est vrai, si l'on ajoute : quand on emploie contre le diamant tout autre corps qu'un diamant même. La phrase de l'auteur est un peu incomplète.

IV. 11. *Un stupide monarque.* Xerxès 1er. (V. *Hérodote*, liv. vii, ch. 33 et *passim.*)   C. D.

12. *A de brusques mouvemens de doigts.* Cette expression est difficile à traduire. Faut-il entendre que ce mouvement eut pour objet de railler l'enfant, comme qui dirait familièrement *lui montrer les cornes ?* (*V.* Perse, sat. ii, vers 33.)   C. D.

VI. 13. *Demetrius, surnommé Poliorcète,* c'est-à-dire preneur de villes, à cause de son habileté dans l'art des sièges. Il était fils d'Antigone, un des successeurs d'Alexandre. Aucun héros de l'antiquité ne réunit plus de vices et de belles qualités, et ne subit des chances de fortune plus diverses. Plutarque a écrit sa vie. (*Voyez* aussi Diodore de Sicile, liv. xx, ch. 45 et 46.)   C. D.

14. *Demandait au philosophe Stilpon......* Sénèque répète la même anecdote (ep. 9). Cicéron (*Paradox.*, 1, 2) attribue cette réponse à Bias, lors du sac de Priène, sa patrie; mais il ne le fait pas en termes affirmatifs : *ut opinor*, dit-il.   B. D....

Au surplus le mot de Bias n'exclut pas celui de Stilpon. Diogène Laërce rapporte ainsi l'anecdote. « Demetrius, fils d'Antigone, ayant pris Mégare, ordonna non-seulement qu'on épargnât sa maison, mais aussi qu'on lui restituât ce qui lui avait été enlevé... *On ne m'a rien pris*, répondit Stilpon, *on n'a point touché à ce qui m'appartient; je possède encore mon éloquence et ma science.* Puis, à cette occasion, il exhorta le roi à se montrer généreux envers les hommes, et il lui parla avec tant de force que Demetrius se conduisit en tout par ses conseils. »

Il faut convenir qu'ici le philosophe de Mégare joue un plus beau rôle que celui que lui prête Sénèque. « Je voudrais, dit Bayle, que Sénèque n'eût point supposé que Stilpon avait perdu sa femme et ses enfans : car c'est pousser un peu loin la philosophie, que de se vanter qu'en ce cas même on n'avait rien perdu. C'est apparemment une fausse glose de Sénèque; il n'y a que lui qui fasse mention de cette perte. Diogène Laërce n'en parle point, ni Plutarque dans les deux endroits où il rappelle la réponse de Stilpon, savoir au traité *de Educat. puer.*, et au traité *de Animi tranquillitate* (*Dictionn. critique*, rem. F de l'art. STILPON) ». Bayle aurait pu ajouter que le même Plutarque rappelle encore cette réponse dans la vie de Demetrius Poliorcète.

Ce passage de Sénèque a excité l'impétueuse indignation de Diderot :

« Je ne le dissimulerai pas, dit-il, je suis révolté du mot de Stilpon et du commentaire de Sénèque : « Je me suis échappé à travers « les décombres de ma maison; j'ai trempé mes pieds dans les ruis« seaux du sang de mes concitoyens égorgés; j'ai vu ma patrie jetée « dans l'esclavage; mes filles m'ont été ravies; au milieu du désas« tre général, je ne sais ce qu'elles sont devenues; mais qu'est-ce « que cela me fait à moi ?..... » Qu'est-ce que cela te fait, homme de bronze !.... « Je n'ai rien perdu.... » Si tu n'as rien perdu, il faut que tu sois étrangement isolé de tout ce qui nous est cher, de toutes les choses sacrées pour les autres hommes. Si ces objets ne tiennent au stoïcien que comme son mouvement, je ne suis point stoïcien, et je m'en fais gloire; ils tiennent à ma peau, on ne saurait me séparer d'eux sans me déchirer, sans me faire pousser des cris. Si le sage tel que toi ne se trouve qu'une fois, tant mieux; s'il faut lui ressembler, je jure de n'être jamais sage.

« On imagine à peine que l'homme soit capable de tant de gran-
« deur et de fermeté.... » Dites de stupidité féroce. Mais le rôle de
Stilpon était-il vrai? Je le crois, parce que j'aime mieux lui supposer une insensibilité que j'abhorre qu'une hypocrisie que je mé-
priserais. Soldats, tuez ces infâmes usuriers qui ont perdu les registres de rapines sur lesquels ils attachaient des regards pleins de
joie, et qui, dans leur désespoir, offrent leurs poitrines nues à
la pointe de vos glaives ; mais ce tigre qui semble s'amuser du dé-
sastre de sa ville, et qui foule d'un pied tranquille les cadavres de
ses parens, de ses amis, de ses concitoyens, ne l'épargnez pas. »

C. D.

15. *On ne met pas la main.*—*Manus injectio*, terme de droit dont
Sénèque s'est déjà servi dans *la Consolation à Helvia*, ch. 11 :
Manus injectio était un geste par lequel on mettait la main sur un
esclave que l'on revendiquait sur un débiteur qu'on traînait devant le magistrat. Sénèque n'est pas le seul auteur qui ait employé
ce mot au figuré ; Virgile a dit : dans l'*Énéide*, liv. x, v. 419 :

Injecere manum Parcæ....... C. D.

16. *Cette royauté que donne une vieillesse sans enfans.* Les vieillards riches et sans enfans, dans les derniers temps de la république, étaient entourés d'une espèce de cour dont ils recevaient les
hommages et les cadeaux intéressés. Ils disposaient d'une armée
de cliens qui les rendaient très-redoutables. C'était à qui les flat-
terait pour hériter d'eux. La captation des testamens était le plus
lucratif de tous les métiers (CICÉRON, *Paradox.* v, ch. 11 ; PLINE,
XIV, 1). Pétrone a fait un tableau très-spirituel des coureurs de
successions. (*Voyez* encore SÉNÈQUE, *Consol. à Marcia*, ch. XIX ;
MARTIAL, liv. 1, épigr. 50.) B.

Lagrange remarque, avec raison, qu'on trouve dans cette expression *regnum orbæ senectutis exercens*, toute la force, la précision et la profondeur de Tacite. C. D.

VII. 17. *Sans courir.* Juste-Lipse donne ici au texte *ut curram*,
leçon peu plausible qui a fait faire un contre-sens à Lagrange, et
que l'annotateur de l'édition Lemaire a conservée. J'ai rétabli *ut
non curram*, suivant Muret.

VIII. 18. *Le sage est voisin des dieux*. Lafontaine a dit du sage :

> Homme égalant les rois, homme approchant des dieux,
> Et comme ces derniers satisfait et tranquille.
> (*Le Philosophe Scythe.*)

C. D.

19. *Quand elles tomberaient toutes à la fois sur le sage*. Horace a dit :

> . . . . . . Si fractus illabatur orbis
> Impavidum ferient ruinæ.

C. D.

IX. 20. *Repousse au loin toutes celles qu'on lui fera*. J. Lipse n'a pas compris le sens de ces mots : *in altum dimittat;* il propose *in alto* (*quasi ipse in alto sublimis dimittas injurias*), ou bien *inultus*. Mais *in altum* est ici une façon de parler métaphorique pour *in altum mare*. Ainsi Horace a dit :

> . . . . Tristitiam et metus
> Tradam protervis *in mare Creticum*
> Portare ventis.
> Lib. 1, od. XXVI.

X. 21. *Ce qu'on ne sentirait point*. A ce propos Juste-Lipse cite l'anecdote suivante, tirée des apophtegmes de Plutarque. Un Lacédémonien voyant, par un froid rigoureux, Diogène le Cynique embrasser une statue d'airain, lui demanda s'il avait froid ? — Non, répondit Diogène. — En ce cas, répondit le Lacédémonien, ton action n'a rien de méritoire.

C. D.

XI. 22. *On achète pour cela de jeunes esclaves...* Les Romains faisaient venir de l'Égypte principalement de jeunes enfans qui leur servaient de bouffons et de mignons. C'étaient aussi quelquefois des nains, des fous ou des êtres difformes, tels qu'on en voyait autrefois à la cour des rois. Leur impertinence n'épargnait personne. On payait même des complaisans pour souffrir à table les sarcasmes de ces esclaves.

XII. 23. *Les enfans entre eux créent des magistratures*. Voyez encore Sénèque (ep. 115). On en trouve encore la preuve dans l'histoire de Cyrus, par Hérodote (liv. 1, chap. 114), et dans la vie de de Caton d'Utique, par Plutarque.

24. *En masses ruineuses et menaçantes...* Ici, comme dans plusieurs de ses écrits, Sénèque fait allusion aux nombreux écroulemens de maisons qui avaient lieu à Rome de son temps, et dont voici la cause. Après la dernière guerre Punique, l'affluence des étrangers fut si grande à Rome, que non-seulement on en élargit l'enceinte, mais qu'on en exhaussa les édifices outre mesure. Auguste rendit une ordonnance qui défendait de donner aux maisons plus de soixante-dix pieds de hauteur. Trajan réduisit cette hauteur à soixante pieds.

XIII. 24*. *Le médecin se met-il en colère contre un frénétique ?* Voyez le traité *de la Colère*, liv. 1, ch. 16 et passim. Saint-Ambroise a dit aussi : « Le médecin s'offense-t-il des emportemens « de son malade ? Non ; au contraire, il redouble de soins pour « faire preuve de complaisance autant que d'habileté. Telle est la « conduite du vrai chrétien. Le pécheur a beau l'accabler de mé- « pris et d'insultes, il ne s'en détourne pas ; il se persuade qu'il y « a de sa part plus d'égarement d'esprit que d'intention de nuire. « C'est un malade dont il faut obtenir la guérison. S'il était en « santé, il ne se comporterait pas de la sorte. » (*Sur le psaum.* 118.) Ce passage n'est pas le seul qui fasse voir ou que Sénèque a connu nos livres saints, ou qu'il a lui-même inspiré les pères de l'Église.

XIV. 25. *En est-ce moins un être impudent...* J. Lipse s'écrie ici : « Eh quoi, Sénèque, ta femme, ta Pauline lira cela ? » Il ne peut souffrir l'épithète, et l'annotateur de l'édition Lemaire l'efface pour y substituer *imprudens*, malgré tous les manuscrits. Il ne faut rien changer au texte : il s'agit d'un cas tout spécial, de certaines femmes que la richesse rend impudentes, et le reproche n'est pas généralisé.

26. *D'un nomenclateur.* On appelait *nomenclator* un esclave dont la fonction était d'apprendre les noms des cliens de son maître ou des citoyens un peu considérables et de les lui dire tout bas, l'usage étant de saluer par leurs noms ceux à qui on voulait montrer des égards. Le *nomenclator* annonçait aussi les visiteurs au moment où ils entraient.

27. *Il le traitera comme un chien farouche.* Le ch. XXXVII du

liv. 3 *de la Colère* développe très-bien ces mêmes idées. Les portiers avaient un chien enchaîné près de leur loge, et étaient enchaînés eux-mêmes : ils tenaient à la main une baguette pour écarter les importuns, les mendians ou les animaux.

28. *Le désaveu était plus grand que le pardon.* Voir le même fait au traité *de la Colère*, liv. II, ch. 32. Ce trait de Caton rappelle celui de Pisistrate, qui, au lieu de recevoir les excuses que venaient lui faire des hommes qui avaient insulté sa femme, répondit : Ma femme n'est pas sortie hier. C. D.

XV. 29. *Aucun portier.... n'y classe la foule.... Voyez* plus bas la note 34, au ch. XVIII.

XVII. 30. *Fidus Cornelius.* Sénèque est le seul qui parle de ce sénateur, *gendre de Nason.* S'agit-il ici d'Ovide, on l'ignore..... *parce que Corbulon* fut un général habile et heureux, qui sous Claude et sous Néron fit la guerre aux Parthes. Condamné à mort par Néron, il se fit lui-même périr. C. D.

31. *Voué à la haine et au ridicule.* Cette haine contre Vatinius était passée en proverbe. On lit dans Catulle : XIV, 3, *Odissem te odio Vatiniano.* Macrobe (*Saturn.*, II, 6) raconte une preuve singulière de cette haine publique. Vatinius ayant manqué d'être lapidé un jour qu'il donnait un combat de gladiateurs, obtint des édiles la défense de jeter dans le cirque autre chose que des pommes. On vint demander au jurisconsulte Casellius si les pommes de pin étaient des pommes. *Oui*, répondit-il, *si vous les jetez à Vatinius.* (Note de M. Burnouf sur le *discours de Cicéron contre Vatinius.*)

31*. *Vous ne manquerez pas de vengeur.* Cette morale est parfaitement conforme à celle qui ressort de la fable de Lafontaine, intitulée : *Un Fou et un Sage* :

> Auprès des rois, il est de pareils fous;
> A vos dépens, ils font rire le maître.
> Pour réprimer leur babil, irez-vous
> Les maltraiter? Vous n'êtes pas peut-être
> Assez puissant. Il faut les engager
> A s'adresser à qui peut se venger.

C. D.

XVIII. 32. *Contre les auteurs de ses jours. In patres*, que portent plusieurs manuscrits, semble vouloir dire *les sénateurs ;* mais alors ces mots devraient se trouver immédiatement avant *in universos ordines.* Les manuscrits portent *patres :* toutefois j'ai adopté *parentes*, qu'on lit dans l'édition Muret, cette dernière expression signifiant *le père et la mère*, et s'accordant avec ce que dit Suétone, *Vie de Calig.*, ch. XXIII : *Ce prince n'épargnait pas même sa mère, et la disait née d'un inceste commis par Auguste avec sa fille Julie.*

33. *Contre ses aïeux. Il ne voulait pas qu'on le crût ni qu'on le dît petit-fils d'Agrippa, dont il trouvait la naissance trop basse.* (Id. ibid.)

34. *Parmi ses amis de première classe.* Ils composaient ce que Sénèque appelle *cohortem primæ admissionis* (*de Clement.*, lib. I, cap. 10). Ces divers degrés d'admission furent imaginés par les tribuns C. Gracchus et Liv. Drusus, *qui eurent*, dit encore notre auteur, *des amis de première et des amis de deuxième classe, mais jamais de vrais amis.* (*De Benef.*, liv. VI, ch. 34.) On peut dire que les Romains connaissaient les grandes, les moyennes et les petites entrées.

35. *Asiaticus Valerius...* Ce Romain paraît avoir été l'un des conjurés, quoique Sénèque, un peu plus bas, n'en fasse plus mention. Tacite (*Annal.*, lib. XI, cap. 1) dit que *Sosibius dénonça Asiaticus comme le principal auteur de la mort de Caligula.*

36. *Qui l'avait salué sous le nom de Caïus*, au lieu de l'avoir appelé *César.*

37. *Caligula.* Ce sobriquet est le diminutif de *caliga*, chaussure du simple soldat, que ce prince avait portée à l'armée.

38. *L'arrosa tout entier d'eau infecte.* Ce dénouement avait été précédé d'une vive querelle que sa femme venait de lui faire. Socrate se contenta de dire : *Après le tonnerre vient la pluie.*

39. *La mère des dieux était aussi du mont Ida.* Il s'agit ici du mont Ida de Phrygie, et non pas de Crète, situé par conséquent en pays barbare, d'après l'opinion des Grecs.

DE LA CLÉMENCE

TRADUCTION NOUVELLE

PAR M. DE VATIMESNIL

ANCIEN GRAND-MAITRE DE L'UNIVERSITÉ,
MEMBRE DE LA CHAMBRE DES DÉPUTÉS;

PUBLIÉE

PAR M. CH. DU ROZOIR.

SOMMAIRE.

Le traité *de la Clémence* est peut-être celui des ouvrages de Sénèque, dans lequel les qualités brillantes de son style sont le moins balancées par les défauts qu'on lui reproche. On y trouve rarement cette recherche ambitieuse, cette vanité, cette subtilité de pensée, dont Quintilien l'a accusé [1]. Le traité *de la Clémence* est adressé par un sujet à son souverain, par un maître à son élève; à ce double titre, l'auteur s'est trouvé en quelque sorte contraint d'adopter une marche plus grave et plus simple que dans ses autres écrits. On doit regretter qu'une grande partie de ce traité soit perdue. Il paraît qu'il avait trois livres; le premier et le commencement du second sont seuls parvenus jusqu'à nous [2]. Le troisième livre, dans lequel Sénèque enseignait comment l'âme se forme à la clémence, devait offrir plus d'intérêt encore que les deux précédens.

C'est une opinion assez généralement accréditée, que Sénèque avait pressenti le penchant de Néron à la cruauté, lorsqu'il lui adressa le traité *de la Clémence*. Diderot adopte cette opinion et l'exprime ainsi :

« On voit que le philosophe avait découvert la bête féroce sous
« la figure humaine. Il y a des exemples, des réflexions, des con-
« seils qu'aucun orateur n'aurait l'indécence de proposer à un autre
« prince que Néron. Ce n'est qu'à un tigre qu'on dit : *Ne soyez pas*
« *un tigre*. On trouvera au chapitre cxxiv du livre 1er des traits
« qui justifieront cette pensée. »

Ainsi, selon Diderot, le traité *de la Clémence* serait une leçon indirecte; il renfermerait de sévères avertissemens qui se montreraient presqu'à découvert sous un voile transparent de respect et de louange.

Pour apprécier cette assertion présentée avec tant de confiance, il importe d'examiner dans quelles circonstances le traité *de la Clémence* a été composé.

---

[1] *Inst. orat.*, liv. ii, ch. 1, § 30.
[2] *Voyez* liv. 1, ch. 3, où la division de l'ouvrage est indiquée.

Néron était né dans le mois de décembre de l'an 790 de Rome. Il monta sur le trône au mois d'octobre de l'an 807; il avait donc alors un peu moins de dix-sept ans [1], et non dix-huit, comme Diderot le dit. Néron régnait depuis un an, lorsque Sénèque lui adressa le traité *de la Clémence*[2]. Voyons quelle avait été sa conduite pendant cette première année.

Il avait déclaré qu'il gouvernerait selon les maximes d'Auguste; il n'avait laissé échapper aucune occasion de faire preuve de clémence et de douceur; il avait supprimé ou réduit des impôts onéreux; il avait diminué la récompense accordée aux délateurs dans les cas prévus par la loi *Papia Poppœa*; il avait fait des largesses au peuple et des pensions aux sénateurs pauvres [3]; il avait renoncé à connaître personnellement de la plupart des affaires criminelles; il avait déféré presque constamment à l'avis du sénat [4]. Toutes ses paroles avaient annoncé de l'humanité et de la sagesse. Il s'était vanté de n'avoir pas versé une seule goutte de sang [5]. Il avait répondu à Burrhus, qui le pressait de signer une sentence de mort : *Que je voudrais ne pas savoir écrire* [6]*!* Il avait dit au sénat, qui lui offrait des actions de grâces, qu'*il les recevrait quand il les aurait méritées* [7]. Deux meurtres avaient été commis depuis son avènement; mais ils l'avaient été par l'ordre d'Agrippine et à l'insu de son fils. Cependant l'une des victimes avait été Silanus, que la voix publique semblait appeler à l'empire; Néron en recueillait donc le fruit, plus encore qu'Agrippine [8]. Pourquoi garda-t-elle le secret envers lui? Sans doute, parce qu'elle partageait l'opinion générale, qui attribuait à l'empereur des sentimens de justice et d'humanité. Le meurtre de Britannicus fut le premier acte de férocité de Néron; il dessilla tous les yeux; mais, jusque-là, l'erreur avait été universelle. On voyait dans Néron un jeune prince fri-

---

[1] Suétone, *Néron*, ch. vi; le même, *Tibère*, ch. lxxiii; Tacite, *Annales*, liv. xiii, ch. 10; Xiphilin, liv. xi, ch. 3.

[2] Liv. i, ch. i.

[3] Suétone, *Néron*, ch. x.

[4] Tacite, *Annales*, liv. xiii, ch. 4 et 5.

[5] *Traité de la Clémence*, liv. i, ch. 11.

[6] *Traité de la Clémence*, liv. ii, ch. 1; Suétone, *Néron*, ch. x.

[7] Suétone, *Néron*, ch. x.

[8] Tacite, *Annales*, liv. xiii, ch. 1.

vole et enclin à la volupté; personne n'avait deviné le tyran. Les vices de Néron étaient encore cachés, *abditis adhuc vitiis*[1]. Voilà ce que le génie de Racine a fait ressortir d'une manière aussi vraie qu'admirable.

Diderot et ceux qui partagent son avis veulent que Sénèque ait été plus clairvoyant que tout autre, et qu'en composant le traité *de la Clémence*, antérieur de quelques mois à la mort de Britannicus, il ait entrevu l'effroyable avenir dont le monde était menacé.

Mais n'est-ce pas là une supposition gratuite? Diderot ne s'appuie que sur un seul raisonnement : *Ce n'est qu'à un tigre, dit-il, qu'on dit : ne soyez pas un tigre.*

Où donc Sénèque parle-t-il à Néron comme *à un tigre?* C'est, selon Diderot, dans le chapitre xxiv du livre i. J'ai lu et relu ce chapitre, et j'avoue qu'il est loin d'avoir produit sur moi la même impression que sur Diderot. Sénèque y parle de la cruauté des tyrans, qui renoncent à la nature humaine pour devenir des bêtes féroces. Mais cette idée ne rentrait-elle pas dans son sujet? En traitant de la clémence, n'est-il pas naturel de flétrir la tyrannie? Comment, de ce que Sénèque exprime l'horreur que lui inspirent les tyrans, se croit-on en droit de conclure qu'il considère le prince à qui il dédie son livre comme prêt à devenir un tyran? Le chapitre xxv est lié au chapitre xxiv; il commence ainsi : *Quid enim interest*, etc.; on voit qu'il y a là un enchaînement d'idées. Ce chapitre xxv contient une diatribe violente contre la cruauté d'Alexandre. N'est-il pas clair que c'est Alexandre que Sénèque avait en vue, lorsqu'il parlait, dans le chapitre précédent, des tyrans qui deviennent des bêtes féroces? Et il ne faut pas croire que les reproches adressés à Alexandre soient ici une allusion; car c'est un texte qui revient perpétuellement dans les ouvrages de Sénèque. Par exemple, dans le traité *de la Colère*, l'auteur s'élève deux fois avec véhémence contre les emportemens et les actions sanguinaires d'Alexandre[2]. Le chapitre xxiv ne fournit donc ni preuves ni indice que Sénèque eût découvert les sinistres penchans de Néron.

[1] Tacite, *Annales*, liv. xiii, ch. 1.
[2] Liv. iii, ch. 17 et ch. 22.

Qui ne voit d'ailleurs que le raisonnement de Diderot irait beaucoup trop loin? Si le langage de Sénèque est celui qu'on tient à *un tigre*, il était cruellement offensant pour Néron. Si le traité *de la Clémence* contient *des réflexions et des conseils qu'aucun orateur n'aurait l'indécence de proposer à un autre prince que Néron*, un tel outrage, manifeste aux yeux de Diderot, l'était assurément bien plus encore aux yeux de Néron. Alors l'œuvre de Sénèque ne serait qu'un contre-sens. Est-ce en insultant Néron qu'il pouvait espérer d'adoucir ses mauvais penchans? Et de quel droit lui aurait-il *proposé des réflexions et des conseils si pleins d'indécence*, à une époque où son règne était encore exempt de cruauté et d'injustice? Sur le simple soupçon qu'il pouvait avoir de ses inclinations perverses, la raison permettait-elle qu'il lui parlât du style dont on parle à un monstre? Diderot regarde le traité *de la Clémence* comme une leçon *adroite et forte*; non, elle aurait été de la dernière maladresse, si Sénèque avait laissé percer la pensée que Diderot lui attribue.

Diderot s'appuie sur le chapitre XXIV, qui ne prouve rien en faveur de son opinion; et il y a au contraire, dans le traité *de la Clémence*, une foule de passages qui attestent que Sénèque n'avait pas encore aperçu la férocité de Néron. Ainsi, quand il lui dit qu'il y a autant de cruauté à pardonner à tous, qu'à ne pardonner à personne (liv. I, ch. 2); quand il lui représente que quelquefois il est nécessaire de prononcer des sentences capitales, et qu'il faut qu'il sache surmonter sa répugnance à remplir ce triste devoir (liv. II, ch. 2); est-ce là le langage qu'on tient à un homme cruel? et, pour rappeler encore une fois l'expression de Diderot, en parlant à un *tigre*, cherche-t-on à exciter en lui la soif du sang?

Mais, dira-t-on, comment Sénèque n'avait-il pas deviné son élève? Je réponds qu'Agrippine n'avait pas deviné son fils; je crois l'avoir prouvé. Néron était profondément dissimulé. Dans les premiers temps de son règne, entouré de sa mère, de Sénèque et de Burrhus, il était soumis à une triple tutelle. Son caractère féroce ne se développa que lorsqu'il voulut s'en affranchir. Ce fut seulement alors que se dissipa l'illusion générale produite par les premiers actes de son règne. On veut que, dans l'esprit de Sénèque, cette illusion ait cessé d'exister beaucoup plus tôt; et moi j'inclinerais à croire, au contraire, que son erreur a survécu à celle du public. Il y a tant de dispositions, chez les maîtres, à voir leurs élèves avec la complaisance d'un auteur pour son ouvrage, et chez les philosophes à croire à l'empire de leurs préceptes! L'histoire vient à l'appui de ce raisonnement; elle nous montre Sénèque conseillant encore Néron et essayant de le diriger à une époque où Rome avait déjà désespéré de son empereur.

A tout ce qui précède on opposera peut-être un passage de Suétone qui semble, au premier coup-d'œil, établir que, même avant l'avènement de Néron, Sénèque n'était que trop convaincu de ses inclinations funestes. Au moment où l'éducation de Néron fut confiée à Sénèque, celui-ci, dit Suétone, rêva qu'il était précepteur de Caligula. Néron se hâta de justifier ce songe, en donnant, aussitôt qu'il le put, des preuves de l'atrocité de son caractère : en effet, pour se venger de Britannicus, qui, postérieurement à son adoption, l'avait, selon son habitude, appelé *Ænobarbus* (c'était le surnom de celle des branches de la famille *Domitius*, dont Néron était issu), il essaya de le faire passer dans l'esprit de Claude pour un enfant supposé. En outre, il accabla par son témoignage sa tante Lepida, *pour complaire à sa mère, qui voulait la faire condamner*[1].

On ne me demandera pas, j'imagine, de répondre à l'argument du songe. Quant à la conduite de Néron envers Britannicus et Lepida, elle dut produire peu d'impression sur l'esprit de Sénèque, parce qu'il était naturel de l'attribuer à l'empire qu'Agrippine exerçait sur son fils. Suétone le reconnaît, relativement au second fait; et quant au premier, il suffit de rapprocher le récit de cet auteur de celui de Tacite[2] pour voir qu'Agrippine se plaignit personnellement à Claude du nom que Britannicus continuait de donner à Néron; d'où il faut conclure que, si, de son côté, Néron en parla à l'empereur, il le fit à l'instigation de sa mère. Ces évènemens n'étaient donc pas de nature à éclairer Sénèque sur le caractère de Néron, mais seulement à lui démontrer la nécessité de combattre l'influence d'Agrippine. C'est aussi ce qu'il fit dans la suite et souvent avec beaucoup d'ardeur.

On demandera peut-être comment, dans le système que je viens d'opposer à celui de Diderot, Sénèque peut se trouver amené à

[1] Suétone, *Néron*, ch. vii.
[2] *Annales*, liv. xii, ch. 41.

dédier à Néron son traité *de la Clémence*. Il me semble qu'un passage du livre XIII, chap. 11, des *Annales* de Tacite, fournit à cet égard une explication assez satisfaisante. On y lit (à l'occasion de la réintégration de Plautius Lateranus dans le sénat) que Néron prononçait fréquemment des discours par lesquels il s'engageait à gouverner avec clémence, et que ces discours étaient l'ouvrage de Sénèque, qui, en les composant, avait pour but, soit de prouver au public qu'il inspirait à l'empereur des sentimens louables, soit de faire parade de son talent. Le mot de clémence revenait sans cesse dans ces discours, non-seulement pour rendre la sécurité au monde, encore épouvanté des forfaits qui avaient souillé les règnes précédens, mais encore pour satisfaire le penchant de Sénèque à censurer indirectement tout ce qui s'était fait sous le dernier de ces règnes[1]. Or, les faits que raconte Tacite se rapportent à la première année du règne de Néron, c'est-à-dire précisément à l'époque où le traité *de la Clémence* fut composé. N'est-il pas naturel de conjecturer que ce fut en se livrant à ces travaux politiques que Sénèque conçut l'idée d'un traité philosophique sur la vertu, dont il avait tant parlé? Dans une telle situation, la dédicace de l'ouvrage à Néron était en quelque sorte obligée; et d'ailleurs Sénèque trouvait l'occasion de lui rappeler les paroles et les actes par lesquels ce prince semblait promettre à Rome un avenir si différent du passé. La conduite des hommes, non-seulement celle du vulgaire, mais même celle des esprits supérieurs, s'explique presque toujours par des motifs plus simples qu'on ne le croit ordinairement.

Le traité *de la Clémence* est un bel ouvrage; on aimerait, je le conçois, à y voir aussi une belle action, mais les faits le permettent-ils? Le lecteur a sous les yeux les élémens de solution de la question; c'est à lui de juger. Un trait de courage, d'indépendance, de vertu sous le despotisme! rien ne serait plus consolant pour l'humanité; mais quelle masse de preuves il faudrait pour croire à ce phénomène! Sénèque avait adressé à Polybe, affranchi de Claude, un traité *de la Consolation* plein de flatteries envers ce misérable. Depuis il traça l'apologie du parricide; il fit dire à

---

[1] *Voyez* TACITE, *Annales*, liv. XIII, ch. 4 et 5. On lit dans le ch. 4 : *Ea maxime declinans quorum recens flagrabat invidia.*

Néron, dans sa lettre au sénat, à l'occasion de l'assassinat d'Agrippine, que la mort de cette princesse était un bonheur public (*publica fortuna extinctam*[1]). Le traité *de la Clémence* prend place, par sa date, entre ces deux écrits. On examinera si ce rapprochement favorise l'opinion de Diderot ou la mienne.   V.

Traducteurs français de ce traité : Chalvet, Du Ryer, un anonyme, 1669, La Grange.   C. D.

---

[1] TACITE, *Annales*, liv. XIV, ch. 11.

DE CLEMENTIA

LIBER PRIMUS.

I. Scribere de Clementia, Nero Cæsar, institui, ut quodammodo speculi vice fungerer, et te tibi ostenderem, perventurum ad voluptatem maximam omnium. Quamvis enim recte factorum verus fructus sit fecisse, nec ullum virtutum pretium dignum illis extra ipsas sit, juvat inspicere et circuire bonam conscientiam, tum inmittere oculos in hanc immensam multitudinem, discordem, seditiosam, impotentem, in perniciem alienam suamque pariter exsultaturam, si hoc jugum fregerit, et ita loqui secum : « Ego ex omnibus mortalibus placui, electusque sum, qui in terris deorum vice fungerer; ego vitæ necisque gentibus arbiter. Qualem quisque sortem statumque habeat, in manu mea positum est; quid cuique mortalium fortuna datum velit, meo ore pronuntiat; ex nostro responso lætitiæ causas populi urbesque concipiunt. Nulla pars usquam, nisi volente propitioque me, floret. Hæc tot millia gladiorum, quæ pax mea comprimit, ad nutum meum stringentur : quas nationes funditus exscindi, quas transportari, quibus libertatem dari, quibus eripi, quos reges mancipia fieri, quorumque capiti

DE LA CLÉMENCE

LIVRE PREMIER.

I. Néron, je vais traiter de la clémence; je vais faire en quelque sorte les fonctions d'un miroir, et vous procurer la plus grande de toutes les jouissances, en vous montrant à vous-même. En effet, quoique la vraie récompense des bonnes actions consiste à les avoir faites, et qu'il n'y ait, hors de la vertu, aucun prix digne d'elle[1], c'est pourtant un plaisir d'examiner et de parcourir une conscience pure, de jeter ensuite les yeux sur cette multitude immense, pleine de discorde, séditieuse, aveugle, prête à courir également à sa perte et à celle d'autrui, si elle parvient à briser son joug; puis de se dire à soi-même : « Entre tous les mortels, je suis l'élu des dieux, l'homme de leur choix, pour les représenter sur la terre; je suis pour le genre humain entier l'arbitre de la vie et de la mort. Le sort et l'état des hommes sont remis entre mes mains. Ce que la fortune veut donner à chaque individu, elle le déclare par ma bouche. C'est dans mes réponses que les peuples et les villes trouvent des motifs d'allégresse. Aucune région de la terre n'est florissante que par ma volonté et par ma protection. Ces milliers de glaives, retenus dans le fourreau par la paix que je maintiens, je puis d'un signe les en faire sortir. Il m'appartient de décider quelles nations seront anéanties, transportées dans d'autres lieux, affranchies ou ré-

regium circumdari decus oporteat, quæ ruant urbes, quæ oriantur, mea jurisdictio est. In hac tanta facultate rerum, non ira me ad iniqua supplicia compulit, non juvenilis impetus, non temeritas hominum et contumacia, quæ sæpe tranquillissimis pectoribus quoque patientiam extorsit : non ipsa ostendendæ per terrores potentiæ dira, sed frequens magnis imperiis gloria. Conditum, immo constrictum apud me ferrum est, summa parcimonia etiam vilissimi sanguinis. Nemo non, cui alia desint, hominis nomine apud me gratiosus. Severitatem abditam, clementiam in procinctu habeo; sic me custodio, tanquam legibus, quas ex situ ac tenebris in lucem evocavi, rationem redditurus sim. Alterius ætate prima motus sum, alterius ultima : alium dignitati donavi, alium humilitati : quotiens nullam inveneram misericordiæ causam, mihi peperci. Hodie diis immortalibus, si a me rationem repetant, annumerare genus humanum paratus sum. » Potes hoc, Cæsar, prædicare audacter, omnium, quæ in fidem tutelamque tuam venerunt, nihil per te, neque vi, neque clam reipublicæ ereptum.

Rarissimam laudem, et nulli adhuc principum concessam concupisti, innocentiam. Non perdis operam : nec bonitas ista tua singularis ingratos aut malignos æstimatores nacta est; refertur tibi gratia. Nemo unus

duites en servitude; quels rois deviendront esclaves, quels fronts seront ceints du diadème, quelles villes doivent tomber ou s'élever. Dans l'exercice d'un si vaste pouvoir, je n'ai été entraîné à ordonner d'injustes supplices ni par la colère, ni par la fougue de la jeunesse, ni par cette témérité et cette obstination des hommes, qui épuisent souvent la patience des âmes les plus calmes, ni par la vanité cruelle, mais trop commune chez les dominateurs des nations, de faire éclater leur puissance par la terreur. Chez moi, le glaive est renfermé, ou plutôt captif, tant je suis avare du sang, même le plus vil[2]. Le titre d'homme, n'eût-on que celui-là, suffit pour trouver faveur près de moi. Ma sévérité est couverte d'un voile, tandis que ma clémence se montre toujours à découvert. Je m'observe comme si j'avais à répondre de ma conduite envers ces lois que j'ai tirées de la poussière et de l'obscurité pour les mettre au grand jour. Je suis touché de la jeunesse de l'un, des vieux jours de l'autre. Je fais grâce à la dignité de celui-ci, à l'humble condition de celui-là; et lorsque je ne trouve pas de motif de compassion, c'est pour moi-même que je pardonne. Si les dieux aujourd'hui me demandaient compte du genre humain, qu'ils m'ont confié, je serais prêt à le leur rendre[3]. »

Oui, César, vous pouvez dire hautement que vous n'avez enlevé à l'état, soit secrètement, soit à force ouverte, rien de ce qui avait été confié à votre foi et à votre protection[4]. Vous avez aspiré à une gloire bien rare et à laquelle aucun prince n'était encore arrivé, celle d'une vie irré-

homo uni homini tam carus unquam fuit, quam tu populo romano, magnum longumque ejus bonum!

Sed ingens tibi onus imposuisti; nemo jam divum Augustum, nec Tiberii Cæsaris prima tempora loquitur : nemo quod te imitari velit exemplar extra te quærit. Principatus tuus ad anni gustum exigitur.

Difficile hoc fuisset, si non naturalis tibi ista bonitas esset, sed ad tempus sumpta ; nemo enim potest personam diu ferre. Ficta cito in naturam suam recidunt ; quibus veritas subest, quæque (ut ita dicam) ex solido enascuntur, tempore ipso in majus meliusque procedunt. Magnam adibat aleam populus romanus, quum incertum esset, quo se statim nobilis indoles daret. Jam vota publica in tuto sunt : nec enim periculum est, ne te subita tui capiat oblivio.

Facit quidem avidos nimia felicitas : nec tam temperatæ cupiditates sunt unquam, ut in eo, quod contingit, desinant.

Gradus a magnis ad majora fit, et spes improbissimas complectuntur insperata assequuti. Omnibus tamen nunc civibus tuis et hæc confessio exprimitur, esse felices : et illa, nihil jam his accedere bonis posse, nisi ut perpetua

prochable. Vos efforts ne sont pas perdus; votre bonté singulière n'a pas rencontré des appréciateurs ingrats ou malveillans; vous êtes payé de reconnaissance. Jamais homme n'a été aussi cher à un autre homme que vous l'êtes au peuple romain, pour lequel vous êtes et serez long-temps le plus grand de tous les biens.

Mais quel immense fardeau vous vous êtes imposé! On ne parle plus ni du divin Auguste ni des premiers temps de Tibère[5]; on ne cherche pas hors de vous le modèle, les exemples qu'on désire vous voir imiter : ce qu'on demande, c'est que votre règne réponde à ce que promet sa première année.

La tâche serait difficile si cette bonté que vous avez montrée ne vous était pas naturelle, et si vous ne vous en étiez revêtu que pour un temps; car nul ne peut constamment porter un masque. La feinte ne se soutient pas, et on revient promptement à son caractère; tandis que tout ce qui repose sur la vérité, tout ce qui a (si je puis m'exprimer ainsi) sa racine dans le vif, ne fait que croître et s'améliorer par l'action du temps. Le peuple romain était soumis à une redoutable chance lorsqu'il ignorait encore quelle direction prendrait votre heureux naturel. Maintenant on est certain de voir les vœux publics accomplis, et on n'a plus à craindre que vous tombiez tout à coup dans l'oubli de vous-même.

L'excès de la prospérité fait naître l'avidité et rend exigeant; jamais nos désirs ne sont assez modérés pour s'éteindre par la possession de ce qui en était l'objet.

Un grand bien ne nous semble qu'un acheminement vers un bien plus grand encore; les espérances les plus insensées naissent de la possession ce qu'on n'osait espérer. Cependant vos concitoyens sont forcés de convenir

sint. Multa illos cogunt ad hanc confessionem, qua nulla in homine tardior est : securitas alta, affluens ; jus supra omnem injuriam positum. Obversatur oculis lætissima forma reipublicæ, cui ad summam libertatem nihil deest, nisi pereundi licentia. Præcipue tamen æqualis ad maximos imosque pervenit clementiæ tuæ admiratio. Cætera enim bona proportione fortunæ suæ quisque sentit, aut exspectat majora minoraque; ex clementia omnes idem sperant. Nec est quisquam, cui tam valde innocentia sua placeat, ut non stare in conspectu clementiam, paratam humanis erroribus, gaudeat.

II. Esse autem aliquos scio, qui clementia pessimum quemque putent sustineri; quoniam nisi post crimen supervacua est, et sola hæc virtus inter innocentes cessat. Sed primum omnium, sicut medicinæ apud ægros usus, etiam apud sanos honor est : ita clementiam quamvis pœna digni invocent, etiam innocentes colunt. Deinde, habet hæc in persona quoque innocentium locum, quia interim fortuna pro culpa est; nec innocentiæ tantum clementia succurrit, sed sæpe virtuti, quoniam quidem conditione temporum incidunt quædam, quæ possint laudata puniri. Adjice, quod magna pars hominum est, quæ reverti ad innocentiam possit.

qu'ils sont heureux, et qu'il ne leur reste à souhaiter que la perpétuité de leur bonheur. De nombreux motifs leur arrachent cet aveu, le plus pénible de tous pour les hommes; la sécurité profonde et complète dont ils jouissent, leurs droits placés hors de toute atteinte. Tous les yeux contemplent cette heureuse forme de gouvernement, qui laisse à la société toute la liberté dont elle peut jouir sans se détruire elle-même. Mais ce qui a surtout pénétré dans les premières comme dans les dernières classes, c'est l'admiration qu'excite votre clémence. En effet, chacun, selon sa situation et sa fortune, ressent ou désire plus ou moins vivement les autres bienfaits des princes; mais tous placent également leur espoir dans la clémence. Oui, personne ne se repose assez sur son innocence pour ne pas se féliciter d'avoir en perspective la clémence prête à venir au secours des erreurs humaines.

II. Je sais qu'il est des esprits qui considèrent la clémence comme le soutien des méchans, parce qu'elle serait superflue si elle n'était précédée du crime, et que c'est la seule vertu qui soit sans application entre les gens de bien. Mais d'abord, de même que la médecine, qui ne sert qu'aux malades, est néanmoins en honneur près de ceux qui jouissent de la santé, de même la clémence, bien qu'elle ne soit ordinairement invoquée que par les criminels, est révérée par les hommes irréprochables. En second lieu, elle peut quelquefois s'exercer même en faveur des innocens, quand il arrive que le malheur est réputé crime; disons plus : la clémence vient au secours, non-seulement de l'innocence, mais encore de la vertu, lorsqu'il survient des circonstances telles, que les bonnes actions sont exposées à être punies [6]. Ajoutons enfin que la plupart des hommes sont susceptibles de rentrer dans les voies de l'innocence.

Sed non tamen vulgo ignoscere decet : nam ubi discrimen inter malos bonosque sublatum est, confusio sequitur, et vitiorum eruptio. Itaque adhibenda est moderatio, quæ sanabilia ingenia distinguere a deploratis sciat. Nec promiscuam habere ac vulgarem clementiam oportet, nec abscissam; nam tam omnibus ignoscere crudelitas est, quam nulli. Modum tenere debemus; sed quia difficile est temperamentum, quidquid æquo plus futurum est, in partem humaniorem præponderet.

III. Sed hæc suo loco melius dicentur. Nunc in tres partes omnem hanc materiam dividam. Prima erit manumissionis; secunda quæ naturam clementiæ habitumque demonstret; nam quum sint vitia quædam virtutes imitantia, non possunt secerni, nisi signa quibus dignoscantur impresseris : tertio loco quæremus, quomodo ad hanc virtutem perducatur animus, quomodo confirmet eam, et usu suam faciat. Nullam vero ex omnibus virtutibus magis homini convenire, quum sit nulla humanior, constet necesse est : non solum inter nos, qui hominem, sociale animal, communi bono genitum videri volumus; sed etiam inter illos, qui hominem voluptati donant, quorum omnia dicta factaque ad utilitatem suam spectant; nam si quietem petit et otium, hanc virtutem naturæ suæ nactus est, quæ pacem amat et manus retinet. Nullum tamen clementia ex omnibus magis, quam regem aut principem decet. Ita enim magnæ vires decori glo-

Cependant il ne faut pas pardonner sans discernement; car, lorsque toute distinction entre le bien et le mal est effacée, le désordre naît et le vice fait irruption. On doit donc procéder avec mesure, et distinguer les esprits susceptibles de retour au bien de ceux qui sont désespérés. Il faut que la clémence ne soit ni prodiguée ni trop restreinte; car il y a autant de cruauté à pardonner à tous qu'à n'épargner personne. Il faut conserver un juste équilibre; mais comme il est difficile d'y parvenir, s'il doit y avoir excès d'un côté, que ce soit en faveur de l'humanité que l'on voie pencher la balance.

III. Mais ces vérités trouveront ailleurs leur place. Maintenant je diviserai mon sujet en trois parties : la première servira d'introduction[7]; dans la seconde, j'exposerai la nature et les attributs de la clémence; car, comme il y a des vices qui imitent les vertus, on ne peut distinguer les uns des autres qu'en déterminant les caractères qui leur sont propres : en troisième lieu, je rechercherai comment l'âme arrive à cette vertu, comment elle s'y affermit, et comment elle se la rend propre par l'usage qu'elle en fait. Que la clémence soit de toutes les vertus celle qui convient le mieux à l'homme, comme étant la plus humaine, c'est une vérité évidente, non-seulement parmi nous[8], qui voulons que l'homme soit considéré comme un être sociable, né pour le bien général, mais encore parmi ceux qui abandonnent l'homme à la volupté, et dont les paroles, comme les actions, n'ont d'autre but que l'intérêt personnel; car si l'homme doit rechercher le calme et le repos, la vertu la plus appropriée à sa nature est celle qui chérit la paix et qui retient le bras prêt à frapper. Mais ceux à qui la clémence convient le mieux, ce sont les rois et les princes. Une grande

riæque sunt, si illis salutaris potentia est; nam pestifera vis est, valere ad nocendum. Illius demum magnitudo stabilis fundataque est, quem omnes non tam supra se esse, quam pro se, sciunt; cujus curam excubare pro salute singulorum atque universorum quotidie experiuntur; quo procedente, non, tanquam malum aliquod aut noxium animal e cubili prosilierit, diffugiunt, sed tanquam ad clarum ac beneficum sidus certatim advolant, objicere se pro illo mucronibus insidiantium paratissimi, et substernere corpora sua, si per stragem illi humanam iter ad salutem struendum sit. Somnum ejus nocturnis excubiis muniunt; latera objecti circumfusique defendunt; incurrentibus periculis se opponunt. Non hic est sine ratione populis urbibusque consensus, sic protegendi amandique reges, et se suaque jactandi, quocunque desideraverit imperantis salus. Nec hæc vilitas sui est, aut dementia, pro uno capite tot millia excipere ferrum, ac multis mortibus unam animam redimere, nonnunquam senis et invalidi. Quemadmodum totum corpus animo deservit; et quum hoc tanto majus tantoque speciosius sit, ille in occulto maneat tenuis, et in qua sede latitet incertus; tamen manus, pedes, oculi negotium illi gerunt; illum hæc cutis munit; illius jussu jacemus, aut inquieti discurrimus; quum ille imperavit, sive avarus dominus est, mare lucri causa scrutamur, sive ambitiosus, jamdudum dexteram flammis objecimus, aut voluntarie

autorité n'est honorable et glorieuse qu'autant qu'elle est tutélaire ; et c'est un pouvoir désastreux que celui qui n'a de force que pour nuire[9] ; la grandeur ne repose sur une base ferme et assurée que lorsque chacun sait qu'elle existe moins au dessus de lui que pour lui ; lorsqu'on éprouve constamment que la sollicitude du prince veille pour le salut général et pour celui de chaque citoyen ; lorsqu'on ne fuit pas sa rencontre comme celle d'un animal dangereux qui sort de son antre, mais qu'au contraire on vole de toutes parts vers lui comme vers un astre lumineux et bienfaisant ; lorsqu'on est prêt à s'exposer au glaive de ceux qui conspirent contre ses jours, et à mourir à ses pieds si l'on ne peut le sauver qu'en se sacrifiant pour lui. Les sujets d'un tel prince veillent la nuit pour assurer son repos ; ils se pressent autour de lui pour le défendre, ils se précipitent au devant des périls qui le menacent. Ce n'est pas sans motif que les peuples s'accordent à défendre leurs rois, à les aimer, et à courir partout où l'exige le salut du chef de l'empire ; et ce n'est ni par bassesse ni par un dévouement insensé que tant de milliers d'hommes bravent la mort pour un seul, que tant de morts rachètent une seule vie, et quelquefois celle d'un vieillard infirme. Ne voyez-vous pas que le corps entier obéit à l'âme, bien que le premier l'emporte par son étendue et son apparence extérieure, tandis que l'autre, subtile et imperceptible, ignore même dans quel organe elle a son siège. Cependant les mains, les pieds, les yeux, concourent à la servir ; c'est par elle que notre pensée enveloppe notre corps ; c'est par son ordre que nous nous livrons au repos ou à l'agitation. Que ce maître commande : aussitôt, s'il est avare, nous parcourons les mers pour acquérir des richesses ; s'il est avide de gloire, nous livrons notre main

subsiluimus : sic hæc immensa multitudo, unius animæ circumdata, illius spiritu regitur, illius ratione flectitur, pressura se ac fractura viribus suis, nisi consilio sustineretur.

IV. Suam itaque incolumitatem amant, quum pro uno homine denas legiones in aciem deducunt, quum in prima fronte procurrunt, et adversa vulneribus pectora ferunt, ne imperatoris sui signa vertantur. Ille est enim vinculum, per quod respublica cohæret : ille spiritus vitalis, quem hæc tot millia trahunt, nihil ipsa per se futura, nisi onus et præda, si mens illa imperii subtrahatur.

> . . . . Rege incolumi mens omnibus una;
> Amisso rupere fidem. . . . .

Hic casus Romanæ pacis exitium erit, hic tanti fortunam populi in ruinas aget. Tamdiu ab isto periculo aberit hic populus, quamdiu sciet ferre frænos : quos si quando abruperit, vel aliquo casu discussos, reponi sibi passus non erit, hæc unitas et hic maximi imperii contextus in partes multas dissiliet.

Idemque huic Urbi dominandi finis erit, qui parendi fuerit. Ideo principes regesque et quocunque alio nomine sunt tutores status publici, non est mirum amari ultra privatas etiam necessitudines. Nam si sanis hominibus publica privatis potiora sunt, sequitur, ut is quoque

à la flamme, ou nous nous précipitons volontairement dans un gouffre [10]. De même cette multitude immense qui est groupée autour d'une seule âme est gouvernée par son souffle et modérée par sa raison ; tandis qu'elle serait écrasée et brisée par ses propres forces, si elle cessait d'avoir pour appui la sagesse de son chef.

IV. Ainsi c'est l'amour de leur propre conservation qui fait agir les peuples, lorsque, pour un seul homme, dix légions se rangent en bataille lorsqu'on s'élance au premier rang, lorsqu'on présente sa poitrine aux blessures, pour empêcher que les drapeaux de son empereur ne reçoivent un affront ; car il est le lien par lequel le faisceau de l'état demeure uni ; le souffle vital par lequel sont animés tant de milliers d'hommes, qui ne seraient qu'un fardeau pour eux-mêmes et une proie pour l'ennemi, si cette âme du gouvernement venait à disparaître.

> Tandis qu'il est vivant, tout suit la même loi.
> Est-il mort ? ce n'est plus que discorde civile [11].

Un tel malheur détruirait sans retour la paix de l'empire, et ferait tomber en ruines la puissance du peuple romain, de cette grande nation. Il sera à l'abri d'un tel danger tant qu'il saura supporter le frein ; si jamais il le brise, ou si, après en avoir été dégagé par un évènement quelconque, il ne souffre pas qu'on le lui remette, ce vaste empire perdra son unité et tombera en dissolution.

Rome cessera de dominer lorsqu'elle cessera d'obéir. On ne doit donc pas s'étonner que les princes, les rois, et tous ceux auxquels est confié le salut de l'état, quelque nom qu'on leur donne, soient l'objet d'un amour qui l'emporte sur toutes les affections privées. Car si les hommes sages préfèrent l'intérêt public à l'intérêt parti-

carior sit, in quem se respublica convertit. Olim enim ita se induit reipublicæ Cæsar, ut seduci alterum non possit sine utriusque pernicie; nam ut illi viribus opus est, ita et huic capite.

V. Longius videtur recessisse a proposito oratio mea : at mehercules rem ipsam premit. Nam si, quod adhuc colligitur, animus reipublicæ tu es, illa corpus tuum, vides, ut puto, quam necessaria clementia sit : tibi enim parcis, quum videris alteri parcere. Parcendum itaque est etiam improbandis civibus, non aliter quam membris languentibus : et si quando misso sanguine opus est, sustinendum est, ne ultra, quam necesse sit, incidas. Est ergo, ut dicebam, clementia omnibus quidem hominibus, secundum naturam, maxime tamen decora imperatoribus; quanto plus habet apud illos quod servet, quantoque in majore materia apparet. Quantulum enim nocet privata crudelitas? Principum sævitia, bellum est.

Quum autem virtutibus inter se sit concordia, nec ulla altera melior, aut honestior sit; quædam tamen quibusdam personis aptior est.

Decet magnanimitas quemlibet mortalem, etiam illum infra quem nihil est. Quid enim majus, aut fortius, quam malam fortunam retundere? Hæc tamen magnanimitas in bona fortuna laxiorem locum habet, meliusque in

culier, il est naturel que celui dans la personne duquel l'état se trouve en quelque sorte concentré, leur soit plus cher que tout le reste. L'empereur s'est tellement identifié avec la république [12], que leur séparation entraînerait leur perte commune : autant l'un a besoin de bras, autant l'autre a besoin de tête.

V. Je semble m'être éloigné de mon sujet, tandis que je l'ai au contraire abordé d'une manière directe. En effet, si, comme je viens de l'établir, vous êtes l'âme de la république, et qu'elle soit votre corps, vous voyez, je pense, à quel point la clémence est nécessaire; car c'est vous-même que vous épargnez lorsque vous paraissez épargner les autres. On doit donc conserver des citoyens, même coupables, comme on conserve des membres malades; et si quelquefois on a besoin de tirer du sang, il faut retenir sa main, pour ne pas ouvrir la veine au delà de ce que la nécessité commande. Ainsi, comme je le disais, la clémence, chez tous les hommes, est conforme au vœu de la nature; mais c'est chez les princes surtout qu'elle est belle, parce qu'elle trouve beaucoup plus à conserver, et qu'elle s'exerce sur une matière plus vaste. Combien en effet est restreint le mal que cause la cruauté des hommes privés! mais la cruauté des princes est une véritable guerre.

Quoique toutes les vertus soient liées entre elles, et qu'il n'y en ait pas de meilleure ni de plus estimable que les autres [13], cependant il en est qui conviennent plus particulièrement à certaines personnes.

La grandeur d'âme sied à tout homme, quelque bas qu'il soit placé dans la société; car que peut-il y avoir de plus grand et de plus courageux que de lutter contre le malheur? Néanmoins elle est plus au large dans la pros-

tribunali, quam in plano conspicitur. Clementia in quamcunque domum pervenerit, eam felicem tranquillamque praestabit ; sed in regia quo rarior, eo mirabilior. Quid enim est memorabilius, quam eum, cujus irae nihil obstat, cujus graviori sententiae ipsi, qui pereunt, assentiuntur, quem nemo interrogaturus est, immo, si vehementius excanduit, nec deprecaturus quidem, ipsum sibi manum injicere, et potestate sua in melius placidiusque uti, hoc ipsum cogitantem ? Occidere contra legem nemo non potest ; servare nemo, praeter me.

Magnam fortunam magnus animus decet ; qui nisi se ad illam extulit et altior stetit, illam quoque infra terram deducit. Magni autem animi est proprium, placidum esse, tranquillumque, et injurias atque offensiones superne despicere. Muliebre est, furere in ira.

Ferarum vero, nec generosarum quidem, praemordere et urgere projectos. Elephanti leonesque transeunt, quae impulerunt : ignobilis bestiae pertinacia est. Non decet regem saeva et inexorabilis ira : non multum enim supra eum eminet, cui se irascendo exaequat : at si dat vitam, si dat dignitatem periclitantibus et meritis amittere, facit quod nulli nisi rerum potenti licet. Vita enim

périté; elle est plus en évidence sur un terrain élevé [14] que dans une situation ordinaire. Quant à la clémence, quelle que soit la demeure dans laquelle elle pénètre, elle y apporte le bonheur et la tranquillité; mais dans le palais des rois elle est d'autant plus admirable, qu'elle y est plus rare. Qu'y a-t-il en effet de plus admirable que de voir un prince dont la colère ne rencontre pas d'obstacle [15], dont les arrêts les plus rigoureux sont accueillis sans murmure par ceux mêmes qu'ils frappent; que, dans l'accès de sa colère, on n'ose interroger et l'on ne tente pas même de fléchir, parvenir à se mettre un frein à lui-même, n'exercer sa puissance qu'avec bonté et douceur; et cela parce qu'il se dit intérieurement : il n'y a personne qui ne puisse donner la mort contre la loi; je suis le seul qui puisse sauver malgré elle?

La grandeur de l'âme doit répondre à celle de la fortune : si la première n'égale pas la seconde, si même ne la surpasse, elle la met avec elle plus bas que la terre. Or, le propre de la grandeur d'âme est le calme, la tranquillité et le mépris avec lesquels elle regarde des injures et des offenses qui ne peuvent atteindre jusqu'à elle. Il faut laisser aux femmes les emportemens de la colère.

Les bêtes féroces seules (et ce ne sont pas celles qui appartiennent aux espèces généreuses) mordent avec furie et accablent un ennemi terrassé. Les éléphans et les lions abandonnent leur adversaire dès qu'ils l'ont renversé; l'acharnement n'appartient qu'aux animaux les plus méprisables. Une colère cruelle et inexorable est indigne d'un roi; il renonce à sa supériorité, en se rabaissant, par son emportement, au niveau de celui qui en est l'objet. Que si, au contraire, il accorde la vie, s'il

etiam superiori eripitur; nunquam nisi inferiori datur. Servare, proprium est excellentis fortunæ : quæ nunquam magis suspici debet, quam quum illi contingit idem posse quod diis, quorum beneficio in lucem edimur, tam boni quam mali. Deorum itaque sibi animum afferens princeps, alios ex civibus suis, quia utiles bonique sunt, libens videat, alios in numerum relinquat, quosdam esse gaudeat, quosdam patiatur.

VI. Cogita te in hac civitate, in qua turba per latissima itinera sine intermissione defluens eliditur, quotiens aliquid obstitit, quod cursum ejus velut torrentis rapidi moraretur; in qua tribus eodem tempore theatris viæ postulantur; in qua consumitur, quidquid terris omnibus aratur! quanta solitudo et vastitas futura sit, si nihil relinquitur, nisi quod judex severus absolverit. Quotus quisque ex quæstoribus est, qui non ea ipsa lege teneatur, qua quærit? Quotus quisque accusator vacat culpa? et nescio, an nemo ad dandam veniam difficilior sit, quam qui illam petere sæpius meruit. Peccavimus omnes, alii gravia, alii leviora; alii ex destinato, alii forte impulsi, aut aliena nequitia ablati; alii in bonis consiliis parum fortiter stetimus, et innocentiam inviti ac renitentes perdidimus. Nec delinquimus tantum, sed usque ad extremum ævi delinquemus. Etiamsi quis tam

maintient dans leurs dignités ceux qui ont mérité de les perdre, il fait ce qui n'est possible qu'à celui-là seul qui dispose de tout. On peut en effet ôter la vie à son supérieur, on ne saurait la donner qu'à son inférieur. Sauver, c'est le privilège de la dignité suprême, qui ne doit jamais être envisagée avec plus de respect que lorsqu'elle a le bonheur d'exercer le même pouvoir que les dieux, auxquels, bons et méchans, nous devons tous également le jour. Qu'un prince, s'élevant aux sentimens de la divinité[14], se complaise donc à voir ceux de ses sujets qui sont vertueux et utiles, et laisse le reste dans la foule; qu'il se félicite de l'existence des uns et qu'il souffre celle des autres.

VI. Songez que vous êtes dans une ville où, au milieu des rues les plus larges, une foule sans cesse en mouvement se presse jusqu'à s'étouffer dès qu'un obstacle arrête dans son cours ce torrent rapide; où, au même instant, le peuple se fait jour vers trois théâtres[15]; où l'on consomme les produits du monde entier. Figurez-vous quelle solitude, quelle désolation y règnerait, si l'on n'y épargnait que ce qu'une justice sévère aurait absous! Existe-t-il un magistrat qui ne soit en contravention à la loi en vertu de laquelle il informe? est-il un accusateur qui soit exempt de reproche? Je ne sais si les hommes qui se montrent les plus difficiles à accorder le pardon aux autres ne sont pas précisément ceux qui, le plus souvent, se sont mis dans la nécessité de l'implorer. Nous avons tous commis des fautes, les unes graves, les autres légères; celles-ci avec préméditation, celles-là par l'effet d'une impulsion fortuite, ou par les suggestions de la perversité d'autrui; quelques-uns de nous enfin n'ont pas persisté assez courageusement dans les bonnes résolutions

bene purgavit animum, ut nihil obturbare eum amplius possit ac fallere, ad innocentiam tamen peccando pervenit.

VII. Quoniam deorum feci mentionem, optime hoc exemplum principi constituam, ad quod formetur, ut se talem esse civibus, quales sibi deos velit. Expedit ergo habere inexorabilia peccatis atque erroribus numina? expedit usque ad ultimam infesta perniciem? Ecquis regum erit tutus, cujus non membra aruspices colligant? Quid si dii, placabiles et æqui, delicta potentium non statim fulminibus persequuntur, quanto æquius est, hominem hominibus præpositum miti animo exercere imperium, et cogitare, utrum mundi status gratior oculis pulchriorque sit sereno et puro die, an quum fragoribus crebris omnia quatiuntur, et ignes hinc atque illinc micant! Atqui non alia facies est quieti moderatique imperii, quam sereni cœli et nitentis. Crudele regnum, turbidum tenebrisque obscurum est, inter trementes et ad repentinum sonitum expavescentes; nec eo quidem qui omnia turbat inconcusso. Facilius privatis ignoscitur, pertinaciter se vindicantibus; possunt enim lædi, dolorque eorum ab injuria venit. Timent præterea contemptum: et non retulisse lædentibus gratiam, infirmitas videtur, non clementia. At cui ultio in facili est, is, omissa ea, certam

qu'ils avaient formées, et toutefois n'ont renoncé à la droiture ni sans regret ni sans combat. Non-seulement nous avons failli, mais nous continuerons à faillir tant que nous vivrons; et, en supposant même qu'il existe un homme qui ait rendu son âme assez pure pour qu'elle soit désormais à l'abri du désordre et de l'erreur, ce n'est qu'à travers bien des fautes qu'il est arrivé à la vertu.

VII. Puisque j'ai parlé des dieux, je donnerai au prince pour règle de conduite d'être envers ses sujets ce qu'il désire que les dieux soient envers lui-même. Veut-il les trouver inexorables pour ses fautes et ses erreurs? veut-il que leur courroux le poursuive jusqu'à sa perte totale? Quel est le roi qui sera en sûreté, et dont les aruspices n'auront pas à recueillir les restes foudroyés [16]? Si les dieux se laissent fléchir [17]; si, dans leur équité, ils ne punissent pas immédiatement [18] par la foudre les crimes des maîtres de la terre, combien n'est-il pas plus juste qu'un homme chargé du gouvernement de ses semblables exerce son empire avec douceur, et qu'il se demande si l'aspect de la nature n'est pas plus gracieux et plus beau dans un jour serein que lorsque le monde est ébranlé par les éclats du tonnerre, et que les éclairs brillent de toutes parts? Eh bien! le spectacle d'une domination tranquille est le même que celui d'un ciel pur et brillant. Un règne cruel, au contraire, est rempli de désordre; il est obscurci par les ténèbres; on tremble, l'épouvante se répand au moindre bruit; et l'auteur de ce trouble universel n'est pas lui-même à l'abri des secousses. On excuse plus facilement l'ardeur des simples citoyens à poursuivre leur vengeance, car les offenses peuvent les atteindre; leur ressentiment provient d'une injure; ils craignent d'ailleurs le mépris, et s'ils n'exerçaient pas de représailles, leur

laudem mansuetudinis consequitur. Humili loco positis exercere manum, litigare, in rixam procurrere, ac morem iræ suæ gerere, liberius est : leves inter paria ictus sunt; regi vociferatio quoque, verborumque intemperantia non ex majestate est.

VIII. «Grave putas, eripi loquendi arbitrium regibus, quod humillimi habent? Ista, inquit, servitus est, non imperium.» Quid tu? non experiris istud nobis esse, tibi servitutem? Alia conditio est eorum qui in turba, quam non excedunt, latent; quorum et virtutes, ut appareant, diu luctantur, et vitia tenebras habent. Vestra facta dictaque rumor excipit : et ideo nullis magis curandum est, qualem famam habeant, quam qui qualemcumque meruerint, magnam habituri sunt. Quam multa tibi non licent, quæ nobis beneficio tuo licent? Possum in qualibet parte urbis solus incedere sine timore, quamvis nullus sequatur comes, nullus sit domi, nullus ad latus gladius : tibi in tua pace armato vivendum est. Aberrare a fortuna tua non potes; obsidet te, et quocumque descendis, magno apparatu sequitur. Est hæc summæ magnitudinis servitus, non posse fieri minorem : sed cum diis tibi communis ista necessitas est; nam illos quoque cœlum alligatos tenet, nec magis illis descendere datum est, quam tibi tutum. Fastigio tuo affixus es. Nostros motus pauci sentiunt; prodire nobis, ac recedere, et mutare

inaction pourrait être attribuée à la faiblesse plutôt qu'à la bonté : mais celui pour qui la vengeance est facile, est sûr, s'il y renonce [19], d'acquérir la gloire attachée à la clémence. Dans un rang inférieur, les gestes menaçans, les paroles, les rixes, les emportemens, sont plus excusables. Quand les situations sont égales, le choc n'est pas violent; mais un roi, par des cris, par des expressions violentes, déroge à la majesté de la couronne.

VIII. Quoi! dira-t-on, vous ne trouvez pas étrange d'ôter aux rois cette liberté de paroles [20] dont jouissent leurs moindres sujets! Ce n'est pas là régner, c'est vivre dans l'esclavage. Eh quoi! n'éprouvez-vous pas sans cesse que l'empire est notre partage et l'esclavage le vôtre? Combien est différente la situation des hommes qui sont cachés dans la foule, dont les vertus ont besoin de longs efforts pour se faire jour, et dont les vices sont ensevelis dans l'obscurité! Mais vous, la renommée recueille vos actions et vos paroles. Personne ne doit prendre plus de soin de sa réputation que celui qui est appelé à en avoir une très-étendue, quel qu'en soit d'ailleurs le caractère. Combien de choses vous sont interdites, qui, grâce à vous, nous sont permises! Je puis sans crainte parcourir toute la ville, quoique je n'aie personne pour m'accompagner, et que je n'aie d'arme ni chez moi ni à mon côté; et vous, au milieu de cette paix qui est votre ouvrage, vous ne pouvez vivre désarmé; il vous est impossible de vous dégager de votre grandeur; elle vous tient constamment assiégé : vainement descendez-vous; elle vous suit en tous lieux avec son imposant appareil. Voilà la servitude de la grandeur suprême, c'est de ne pouvoir s'abaisser; mais cette impossibilité vous est commune avec les dieux, car le ciel les retient aussi captifs, et il leur est aussi peu

habitum, sine sensu publico, licet : tibi non magis, quam soli, latere contingit. Multa contra te lux est : omnium in istam conversi oculi sunt. Prodire te putas? oriris ; loqui non potes, nisi ut vocem tuam, quæ ubique sunt gentes, excipiant; irasci non potes, nisi ut omnia tremant; sic neminem potes affligere, nisi ut quidquid circa fuerit, quatiatur. Ut fulmina paucorum periculo cadunt, omnium metu; sic animadversiones magnarum potestatum terrent latius, quam nocent : non sine causa. Non enim quantum fecerit, sed quantum facturus sit, cogitatur in eo, qui omnia potest.

Adjice nunc, quod privatos homines ad accipiendas injurias opportuniores acceptarum patientia fecit. Regibus certior est mansuetudine securitas. Quia frequens vindicta paucorum odium reprimit, omnium irritat: voluntas oportet ante sæviendi, quam causa, deficiat. Alioquin quemadmodum præcisæ arbores plurimis ramis repullulant, et multa satorum genera, ut densiora surgant, reciduntur : ita regia crudelitas auget inimicorum numerum tollendo. Parentes enim liberique eorum, qui interfecti sunt, et propinqui, et amici, in locum singulorum succedunt.

permis qu'il serait pour vous peu sûr de descendre. Vous êtes attaché au faîte des grandeurs par des liens invincibles. Nos démarches à nous ne frappent que bien peu de personnes : nous pouvons sortir, rentrer, sans exciter l'attention publique, tandis qu'il ne vous est pas donné, plus qu'au soleil, de vous dérober aux regards. Autour de vous est une lumière éclatante qui attire tous les yeux. Il vous semble simplement que vous sortez; non, c'est un astre qui se lève. Vous ne pouvez proférer une parole sans qu'elle soit recueillie par tous les peuples, vous livrer à la colère sans faire trembler le monde, et frapper un seul homme sans ébranler ce qui l'entoure. Comme la foudre, en tombant, n'atteint que peu d'hommes et les fait trembler tous, de même, lorsque le pouvoir suprême exerce ses sévérités, la terreur est plus étendue que le mal; et ce n'est pas sans motif : ce que l'on considère dans l'homme qui peut tout, ce n'est pas ce qu'il a fait, mais ce qu'il lui est possible de faire [21].

Il faut ajouter que, dans la condition privée, la patience avec laquelle on supporte les injures expose à en recevoir de nouvelles, tandis que la clémence est la garantie de la sûreté des rois. Comme de fréquentes vengeances n'éteignent que les haines de quelques hommes et irritent celles de tous les autres, il ne faut pas attendre, pour renoncer à la sévérité, qu'elle n'ait plus de motif. De même que les arbres élagués multiplient leurs rameaux, et que l'on coupe certaines plantes pour qu'elles repoussent plus touffues; de même la cruauté des rois, en frappant quelques-uns de leurs ennemis, ne fait qu'en augmenter le nombre : leurs sentimens se transmettent à leurs pères, à leurs enfans, à leur famille entière et à leurs amis.

IX. Hoc quam verum sit, admonere te exemplo domestico volo. Divus Augustus fuit mitis princeps, si quis illum a principatu suo æstimare incipiat. In communi quidem republica gladium movit : quum hoc ætatis esset, quod tu nunc es, duodevicesimum egressus annum, jam pugiones in sinum amicorum absconderat, jam insidiis M. Antonii consulis latus petierat, jam fuerat collega proscriptionis : sed quum annum quadragesimum transisset, et in Gallia moraretur, delatum est ad eum indicium, L. Cinnam, stolidi ingenii virum, insidias ei struere. Dictum est et ubi, et quando, et quemadmodum aggredi vellet : unus ex consciis deferebat. Constituit se ab eo vindicare, consilium amicorum advocari jussit. Nox illi inquieta erat, quum cogitaret adolescentem nobilem, hoc detracto, integrum, Cn. Pompeii nepotem damnandum. Jam unum hominem occidere non poterat : cum M. Antonio proscriptionis edictum inter cœnam dictarat. Gemens subinde voces emittebat varias, et inter se contrarias. « Quid ergo ? ego percussorem mecum securum ambulare patiar, me sollicito ? Ergo non dabit pœnas, qui tot civilibus bellis frustra petitum caput, tot navalibus, tot pedestribus præliis incolume, postquam terra marique pax parta est, non occidere constituit, sed immolare ? » nam sacrificantem placuerat adoriri. Rursus silentio interposito, majore multo voce sibi, quam Cinnæ irascebatur. « Quid vivis, si perire te

IX. Je veux vous prouver la vérité de ces maximes par un exemple tiré de votre famille [22]. Auguste fut un prince plein de bonté, si on ne le considère que lorsqu'il régna seul [23]; mais à l'époque où la république avait plusieurs maîtres, sa main fit usage du glaive. A l'âge où vous êtes, à dix-huit ans, déjà il avait plongé le poignard dans le sein de ses amis; il avait attenté secrètement à la vie de Marc-Antoine; il avait été son collègue au temps des proscriptions. A l'âge de plus de quarante ans, pendant son séjour dans la Gaule, on lui révéla un complot tramé contre lui par L. Cinna, homme d'un esprit médiocre. On lui fit connaître le lieu, le temps et les moyens d'exécution de l'attentat. Cette déclaration émanait de l'un des complices. Auguste résolut de se venger, et convoqua ses amis pour tenir conseil. Il passa une nuit agitée, en songeant qu'il allait condamner un jeune homme d'une haute naissance, irréprochable dans tout le reste, et petit-fils de Pompée [24]. Il ne pouvait plus se résoudre à envoyer un homme au supplice, lui qui, dans un souper, avait dicté à Antoine l'édit de proscription. Il gémissait, il proférait des paroles diverses et contradictoires. « Quoi? disait-il, laisserai-je mon assassin libre et tranquille, tandis que les alarmes seront mon partage? et lorsqu'après des guerres civiles où tant de périls ont vainement menacé ma tête, après tous ces combats sur mer et sur terre, où ma vie a été épargnée, j'ai enfin donné la paix au monde, cet homme a formé le projet, je ne dis pas seulement de me tuer, mais de m'immoler, car c'est au moment où j'offrirai un sacrifice qu'il veut attenter à ma personne; et un tel forfait resterait impuni! » Puis, après quelques momens de silence, élevant la voix, et s'emportant contre lui-même plus vio-

tam multorum interest? quis finis erit suppliciorum ? quis sanguinis ? Ego sum nobilibus adolescentulis expositum caput, in quod mucrones acuant. Non est tanti vita, si, ut ego non peream, tam multa perdenda sunt. »

Interpellavit tandem illum Livia uxor, et : « Admittis, inquit, muliebre consilium? Fac quod medici solent : qui ubi usitata remedio non procedunt, tentant contraria. Severitate nihil adhuc profecisti : Salvidienum Lepidus secutus est, Lepidum Muræna, Murænam Cæpio, Cæpionem Egnatius, ut alios taceam, quos tantum ausos pudet: nunc tenta, quomodo tibi cedat clementia. Ignosce L. Cinnæ. Deprehensus est : jam nocere tibi non potest, prodesse famæ tuæ potest. »

Gavisus, sibi quod advocatum in venerat, uxori quidem gratias egit : renuntiari autem extemplo amicis, quos in consilium rogaverat, imperavit, et Cinnam unum ad se arcessit; dimissisque omnibus e cubiculo, quum alteram Cinnæ poni cathedram jussisset : « Hoc, inquit, primum a te peto, ne me loquentem interpelles, ne medio sermone meo proclames : dabitur tibi loquendi liberum tempus. Ego te, Cinna, quum in hostium castris invenissem, non factum tantum mihi inimicum, sed natum, servavi, patrimonium tibi omne concessi. Hodie tam felix es, et tam dives, ut victo victores invideant. Sacerdotium tibi petenti, præteritis compluribus, quorum parentes mecum

lemment que contre Cinna, il se disait : « Pourquoi vivre, si tant d'hommes ont intérêt à ta mort? Quoi! toujours des supplices, toujours du sang! Ma tête est le but vers lequel la jeune noblesse dirige ses coups : la vie n'a pas assez de prix pour que je la conserve en frappant tant de victimes. »

Enfin Livie l'interrompit, en lui disant : « Accueillerez-vous les conseils d'une femme? Faites ce que font les médecins : lorsque les remèdes ordinaires ne réussissent pas, ils en emploient d'opposés. La sévérité ne vous a pas réussi : à Salvidienus a succédé Lépide, à Lépide Murena, à Muréna Cépion, à Cépion Egnatius, et d'autres dont je ne parlerai pas, tant je rougis que de tels hommes aient eu cette audace. Essayez maintenant ce que produira la clémence : pardonnez à Cinna; il est découvert; il n'est plus dangereux; sa grâce peut contribuer à votre gloire. »

Charmé d'avoir trouvé en elle un défenseur de ses propres sentimens [25], Auguste remercie son épouse; il donne contre-ordre aux amis qui devaient composer son conseil, fait venir Cinna seul, puis renvoie les personnes qui se trouvaient dans sa chambre, après avoir fait placer un second siège pour Cinna : « Je te demande avant tout [26], lui dit-il, de ne pas m'interrompre, et de ne pas proférer d'exclamations au milieu de mon discours : tu auras tout le temps nécessaire pour parler après moi. Cinna, toi que j'avais trouvé dans le camp de mes ennemis, qui n'es pas devenu, mais qui étais né mon ennemi, je t'ai conservé la vie et je t'ai rendu tout ton patrimoine. Aujourd'hui, tu es tellement riche et tellement heureux, que les vainqueurs portent envie au vaincu; tu as demandé le sacerdoce, je te l'ai accordé de préférence à de nombreux com-

militaverant, dedi. Quum sic de te meruerim ; occidere me constituisti. » Quum ad hanc vocem exclamasset, procul hanc ab se abesse dementiam : « Non præstas, inquit, fidem, Cinna : convenerat, ne interloquereris. Occidere, inquam, me paras. » Adjecit locum, socios, diem, ordinem insidiarum, cui commissum esset ferrum. Et quum defixum videret, nec ex conventione jam, sed ex conscientia tacentem : « Quo, inquit, hoc animo facis ? Ut ipse sis princeps ? male mehercule cum populo romano agitur, si tibi ad imperandum nihil præter me obstat. Domum tueri tuam non potes ; nuper libertini hominis gratia in privato judicio superatus es. Adeo nihil facilius potes, quam contra Cæsarem advocare ? Cedo, si spes tuas solus impedio, Paullusne te, et Fabius Maximus, et Cossi, et Servilii ferent, tantumque agmen nobilium, non inania nomina præferentium, sed eorum qui imaginibus suis decori sunt ? »

Ne totam ejus orationem repetendo, magnam partem voluminis occupem (diutius enim quam duabus horis locutum esse constat), quum hanc poenam, qua sola erat contentus futurus, extenderet : « Vitam tibi, inquit Cinna, iterum do, prius hosti, nunc insidiatori ac parricidæ. Ex hodierno die inter nos amicitia incipiat : contendamus, utrum ego meliore fide vitam tibi dederim, an tu debeas. » Post hæc detulit ultro consulatum, questus

pétiteurs dont les pères avaient combattu sous mes ordres : après de tels bienfaits, tu as résolu de m'assassiner ! » A ce mot, Cinna s'étant écrié qu'une telle extravagance était bien loin de sa pensée : « Tu ne tiens pas ta promesse, reprit Auguste ; il était convenu que tu ne m'interromprais pas : oui, je le répète, tu te prépares à m'assassiner..... » Alors il indiqua le lieu, les complices, le jour, le plan de l'attaque, le bras auquel le fer devait être confié....; puis, voyant que Cinna, frappé de stupeur, restait muet, non par respect pour cette convention à laquelle il s'était soumis, mais par le sentiment de sa conscience.... : « Quel est ton but ? lui dit-il ; est-ce de régner toi-même ? Il faut plaindre le peuple romain, si je suis l'unique obstacle entre toi et l'empire. Tu ne peux gouverner ta maison ; dernièrement, dans une contestation privée, tu as succombé sous le crédit d'un affranchi : apparemment tu trouves plus facile de choisir César pour adversaire. Soit, si je suis le seul qui traverse tes espérances ; mais souffriront-ils l'accomplissement de tes desseins, les Paul-Émile, les Fabius-Maximus, les Cossus, les Servilius, et cette foule d'hommes de haute naissance, qui ne se parent pas de vains titres, et dont les portraits peuvent dignement se placer à côté de ceux de leurs ancêtres [27] ? »

Je ne reproduirai pas dans son entier le discours d'Auguste, qui tiendrait trop de place dans cet écrit ; car il est constant qu'il parla plus de deux heures, afin de prolonger cette vengeance, la seule qu'il voulût tirer du coupable. Il termina ainsi : « Cinna, je te donne la vie une seconde fois : la première, c'est à un ennemi que je l'ai donnée ; maintenant c'est à un conspirateur et à un parricide. A dater de ce jour, devenons amis Cinna ; qu'il s'établisse un combat de loyauté entre moi qui te donne

quod non auderet petere; amicissimum fidelissimumque habuit; hæres solus fuit illi; nullis amplius insidiis ab ullo petitus est.

X. Ignovit abavus tuus victis, nam si non ignovisset, quibus imperasset? Sallustium, et Cocceios, et Dellios, et totam cohortem primæ admissionis ex adversariorum castris conscripsit.

Jam Domitios, Messallas, Asinios, Cicerones, et quidquid floris in civitate erat, clementiæ suæ debebat. Ipsum Lepidum quamdiu mori passus est? Per multos annos tulit ornamenta principis retinentem, et pontificatum maximum, non nisi mortuo illo, transferri in se passus est; maluit enim illum honorem vocari, quam spolium. Hæc cum clementia ad salutem securitatemque perduxit : hæc gratum ac favorabilem reddidit, quamvis nondum subactis reipublicæ cervicibus manum imposuisset : hæc hodieque præstat illi famam, quæ vix vivis principibus servit. Deum esse, non tanquam jussi, credimus. Bonum principem Augustum, et bene illi convenisse Parentis nomen, fatemur; ob nullam aliam causam, quam quod contumelias quoque suas, quæ acerbiores principibus solent esse, quam injuriæ, nulla crudelitate exsequebatur; quod probrosis in se dictis arrisit; quod dare illum pœnas apparebat, quum exigeret; quod quoscumque ob adulterium filiæ suæ damnaverat, adeo non occi-

la vie, et toi qui me la dois. » Plus tard [28], il lui conféra spontanément le consulat, en lui reprochant de n'avoir pas osé le demander. Auguste n'eut pas d'ami plus vrai et plus fidèle. Il fut son seul héritier. Personne, depuis cet évènement, ne forma de complot contre lui [29].

X. Votre aïeul pardonna aux vaincus : sur qui aurait-il régné s'il ne leur eût pardonné? Ce fut dans le camp ennemi qu'il recruta Salluste, puis les Cocceius, les Dellius [30], et tous ceux qui obtinrent chez lui les premières entrées [31].

Déjà, par sa clémence, il avait acquis les Domitius, les Messalla, les Asinius, les Cicérons, enfin l'élite de Rome. Combien de temps n'attendit-il pas la mort de Lépide [32] ? Il lui laissa porter pendant un grand nombre d'années les insignes de la souveraineté, et ce ne fut qu'après sa mort qu'il consentit à ce que la dignité du pontificat lui fût transférée; il aima mieux qu'elle fût appelée un honneur qu'une dépouille. Il dut à cette clémence son salut et sa sécurité; elle le rendit aimable et cher à son peuple, quoique la république ne fût pas encore façonnée au joug lorsque ses mains avaient saisi les rênes du gouvernement. Voilà ce qui aujourd'hui lui vaut une renommée dont les princes jouissent rarement de leur vivant. Si nous croyons qu'il est dieu, ce n'est pas par obéissance. Nous reconnaissons qu'Auguste fut un bon prince, et qu'il mérita le nom de Père de la patrie, parce que les paroles offensantes, qui souvent blessent les princes plus que les actions coupables, n'excitèrent jamais sa rigueur; parce que les mots piquans dont il fut l'objet ne firent qu'exciter son sourire; parce que, loin de faire exécuter les sentences de mort prononcées contre les complices des désordres de sa fille, il les relégua dans

dit, ut dimissis, quo tutiores essent, diplomata daret. Hoc est ignoscere, quum scias multos futuros, qui pro te irascantur, et tibi alieno sanguine gratificentur, non dare tantum salutem, sed præstare.

XI. Hæc Augustus senex, aut jam in senectutem annis vergentibus! In adolescentia caluit, arsit ira, multa fecit, ad quæ invitus oculos retorquebat. Comparare nemo mansuetudini tuæ audebit Divum Augustum, etiamsi in certamen juvenilium annorum deduxerit senectutem plus quam maturam. Fuerit moderatus et clemens: nempe post mare Actiacum romano cruore infectum; nempe post fractas in Sicilia classes, et suas et alienas; nempe post Perusinas aras, et proscriptiones. Ego vero clementiam non voco lassam crudelitatem. Hæc est, Cæsar, clementia vera, quam tu præstas, quæ non sævitiæ pœnitentia cœpit: nullam habere maculam, numquam civilem sanguinem fudisse. Hæc est in maxima potestate, verissima animi temperantia, et humani generis, communis patriæ, nunc dicatæ tibi, amor, non cupiditate aliqua, non temeritate incendi, non priorum principum exemplis corruptum, quantum in cives suos liceat, experiendo tentare, sed hebetare aciem imperii sui.

Præstitisti, Cæsar, civitatem incruentam; et hoc, quod magno animo gloriatus es, « Nullam te toto orbe stillam

des lieux où il y avait sûreté pour leurs personnes, et leur remit des ordres écrits pour s'y faire conduire[33]. Ah! c'est là véritablement pardonner. Un prince qui sait que tant d'hommes sont prêts à s'irriter pour lui, à rechercher sa faveur en versant le sang, et qui ne se borne pas à donner la vie, mais veut encore la garantir!

XI. Tel fut Auguste dans sa vieillesse[33*], ou du moins dans le déclin de son âge. Dans sa jeunesse, il fut ardent, emporté, coupable de plusieurs actions sur lesquelles il ne reportait ses regards qu'avec un sentiment pénible. Personne n'osera comparer la clémence d'Auguste à la vôtre, lors même que ce seraient ses derniers temps qu'on mettrait en parallèle avec vos jeunes années. Qu'il ait été modéré et clément, je l'accorde; mais ce fut après avoir souillé de sang romain les flots d'Actium, après avoir brisé sur les rivages de la Sicile[34] ses flottes et celles de ses ennemis, après les autels de Pérouse[35] et les proscriptions. Je n'appelle pas clémence la cruauté fatiguée : la vraie clémence, César, c'est celle qu'on voit en vous, celle qui n'a pas sa source dans le repentir d'une conduite barbare, celle qui consiste à être sans tache, à n'avoir jamais versé le sang des citoyens. La modération véritable au milieu d'une grande puissance, cette source de l'amour que vous porte le genre humain, que vous a voué la patrie, consiste à ne se laisser ni enflammer par les passions, ni entraîner par la témérité; à ne pas suivre le pernicieux exemple de vos prédécesseurs, en essayant jusqu'à quel point on peut accabler ses sujets; mais au contraire à émousser le glaive du pouvoir.

Rome vous doit de n'être plus ensanglantée; et cette gloire dont votre âme généreuse aime à parler, cette

cruoris humani misisse, » eo majus est mirabiliusque, quod nulli unquam citius gladius commissus est. Clementia ergo non tantum honestiores, sed tutiores praestat : ornamentumque imperiorum est simul certissima salus. Quid enim est, cur reges consenuerint, liberisque ac nepotibus tradiderint regna, tyrannorum exsecrabilis ac brevis potestas est? Quid interest inter tyrannum et regem (species enim ipsa fortunae ac licentia par est), nisi quod tyranni in voluptate saeviunt, reges non nisi ex causa ac necessitate?

XII. « Quid ergo? non reges quoque occidere solent? » Sed quoties id fieri publica utilitas persuadet : tyrannis saevitia cordi est. Tyrannus autem a rege distat factis, non nomine. Nam et Dionysius major jure meritoque praeferri multis regibus potest; et L. Sullam appellari tyrannum quid prohibet, cui occidendi finem fecit inopia hostium? Descenderit licet dictatura sua, et se togae reddiderit, quis tamen unquam tyrannus tam avide humanum sanguinem bibit, quam ille, qui septem millia civium romanorum contrucidari jussit? et quum in vicino, ad aedem Bellonae sedens, exaudisset conclamationem tot millium sub gladio gementium, exterrito senatu : « Hoc agamus, inquit, P. C., seditiosi pauculi meo jussu occiduntur. » Hoc non est mentitus : pauci Sullae

gloire *de n'avoir pas répandu dans le monde entier une seule goutte de sang,* est d'autant plus grande, d'autant plus admirable, que jamais le glaive ne fut confié à de plus jeunes mains. La clémence, je le répète, ne procure pas seulement au prince l'honneur, mais encore la sûreté; elle est à la fois l'ornement et l'appui le plus certain du trône[36]. Pourquoi, en effet, voit-on les bons rois vieillir et transmettre la couronne à leurs fils et à leurs petits-fils, tandis que le règne des tyrans est aussi court qu'exécrable? Et la différence qui existe entre un tyran et un roi (car extérieurement leur situation est semblable et leur puissance est la même) ne consiste-t-elle pas uniquement en ce que les tyrans versent le sang par plaisir, et les rois seulement pour de justes motifs et par nécessité?

XII. Quoi! dira-t-on, les rois n'infligent-ils jamais la peine de mort? Ils le font quand l'intérêt public le leur ordonne; mais la cruauté plaît au cœur des tyrans. Ainsi ce n'est pas par le nom, mais par les actions, qu'un tyran diffère d'un roi. En effet, Denys l'Ancien peut, à juste titre, être mis au dessus de bien des rois; et rien n'empêche de donner le nom de tyran à Sylla, qui ne cessa d'égorger que lorsqu'il n'eut plus d'ennemi. Quoiqu'il soit descendu de la dictature et qu'il ait repris la toge de citoyen, quel tyran s'abreuva jamais de sang aussi avidement que celui qui fit massacrer à la fois sept mille citoyens romains; qui, ayant entendu du temple de Bellone, situé dans le voisinage, les cris de cette multitude gémissante sous le glaive, dit au sénat effrayé: « Continuons, pères conscrits; c'est un petit nombre de séditieux qu'on exécute par mon ordre[37]. » En cela il disait vrai : Sylla les trouvait en petit nombre; mais bien-

videbantur. Sed mox ille Sulla : « Consequamur, quomodo hostibus irascendum sit, utique si in hostile nomen cives, et ex eodem corpore abrupti, transierint. »

Interim hoc quod dicebam, clementia efficit, ut magnum inter regem tyrannumque discrimen sit, uterque licet non minus armis valletur; sed alter arma habet, quibus in munimentum pacis utitur; alter ut magno timore magna odia compescat. Nec illas ipsas manus, quibus se commisit, securus adspicit; contrariis in contraria agitur, nam et invisus est, quia timetur, et timeri vult, quia invisus est : et illo exsecrabili versu, qui multos dedit præcipites, utitur : *Oderint dum metuant!* ignarus quanta rabies oriatur, ubi supra modum odia creverunt. Temperatus enim timor cohibet animos; assiduus vero et acer, et extrema admovens, in audaciam jacentes excitat, et omnia experiri suadet. Sic feras lineis et pinna clusas contineas : easdem a tergo eques telis incessat : tentabunt fugam per ipsa quæ fugerant proculcabuntque formidinem.

Acerrima virtus est, quam ultima necessitas extundit. Relinquat oportet securi aliquid metus, multoque plus spei quam periculorum ostentet : alioquin ubi quiescenti paria metuuntur, incurrere in pericula juvat, et aliena

tôt on entendit le même Sylla proférer ces paroles :
« Sachons enfin comment on doit sévir contre des
ennemis, et par conséquent contre des citoyens qui, se
détachant de la société, se sont mis en état d'hostilité
contre elle. »

Au reste, comme je l'ai dit, la clémence établit entre
le monarque et le tyran cette différence essentielle, que
les armés dont ils sont entourés l'un et l'autre servent
au premier pour maintenir la paix, à l'autre pour comprimer, par une profonde terreur, la haine qu'il excite; et ces bras mêmes auxquels il se confie, il ne les
envisage pas sans effroi : il tourne dans un cercle vicieux, car il est haï parce qu'il est craint, et il veut se
faire craindre parce qu'on le hait. Il prend pour devise
ce vers exécrable qui a perdu tant de ses pareils :
Que m'importe d'être haï, pourvu que l'on me craigne[38].
Il ignore que la haine, quand sa mesure est comblée, se
change en fureur. En effet, une crainte modérée contient
les esprits; mais lorsqu'elle est continuelle et violente,
lorsqu'elle offre sans cesse l'image de périls extrêmes, elle
réveille l'audace dans des âmes abattues, et elle les porte
à tout entreprendre. C'est ainsi qu'une enceinte formée
de cordes garnies de plumes suffit pour arrêter les bêtes
fauves; mais, poursuivies par le chasseur qui les harcèle
de ses traits, elles cherchent à fuir à travers les obstacles
devant lesquels elles reculaient, et foulent aux pieds l'objet de leur effroi[39].

Le courage le plus terrible est celui dont l'explosion
est produite par l'extrême nécessité. Il faut que la crainte
laisse subsister quelque sécurité, et qu'elle offre en perspective plus d'espoir que de péril; car autrement l'homme
qui n'a pas moins à redouter dans la soumission que dans

anima abuti. Placido tranquilloque regi fida sunt auxilia sua, quibus ad communem salutem utatur : gloriosusque miles (publicæ enim securitati dare operam videtur) omnem laborem libens patitur, ut parentis custos. At illum acerbum et sanguinarium necesse est graventur stipatores sui.

XIII. Non potest habere quisquam bonæ ac fidæ voluntatis ministros, quibus in tormentis, et equuleo, et ferramentis ad mortem paratis utitur, quibus non aliter quam bestiis homines objectat : omnibus rebus noxior ac sollicitior, ut qui homines deosque testes ac vindices facinorum timeat, eo perductus, ut non liceat illi mutare mores. Hoc enim inter cætera vel pessimum habet crudelitas, quod perseverandum est, nec ad meliora patet regressus. Scelera enim sceleribus tuenda sunt; quid autem eo infelicius, cui jam esse malo necesse est ?

O miserabilem illum, sibi certe (nam cæteris misereri ejus nefas sit), qui cædibus ac rapinis potentiam exercuit, qui suspecta sibi cuncta reddidit, tam externa, quam domestica; quum arma metuat, ad arma confugiens; non amicorum fidei credens, non liberorum pietati! Qui ubi circumspexit quæque fecit, quæque facturus est, et conscientiam suam plenam sceleribus ac tormentis ada-

la révolte, aime mieux affronter le danger et attenter à la vie de son oppresseur. Un roi pacifique et modéré peut compter sur la fidélité de ceux dont il emploie le secours pour le salut de l'état; et l'armée, fière d'être l'instrument de la sécurité publique, supporte ses travaux avec joie, en songeant que celui qu'elle garde est son père. Mais voyez ce despote farouche et sanguinaire; il est impossible que ses satellites ne lui soient pas suspects.

XIII. Les ministres des volontés d'un roi ne peuvent être dévoués et fidèles s'il fait de leurs mains des instrumens de torture et de supplice, s'il leur livre des hommes comme on les livre aux bêtes féroces. Plus redoutable et plus ombrageux que les plus grands criminels[40], parce qu'il craint à la fois les dieux et les hommes, témoins vengeurs de ses forfaits, un tel prince finit par arriver au point de ne pouvoir plus changer de mœurs; car, au milieu de tout ce que la cruauté présente de funeste, ce qu'il y a de plus détestable, c'est qu'elle est contrainte de persévérer, et que le retour au bien lui est interdit à jamais. Pour soutenir des crimes, il faut des crimes nouveaux[41]. Qu'y a-t-il de plus malheureux qu'un homme forcé d'être méchant[42]?

O combien il est digne de pitié (je veux dire de sa propre pitié, car celle qu'il obtiendrait des autres serait coupable), le prince qui a signalé son pouvoir par le meurtre et les rapines, qui a tant fait, que tout lui est devenu suspect au dedans comme au dehors de son palais! Forcé de chercher son salut dans les armes, lorsque les armes sont pour lui un sujet d'effroi; ne se fiant plus ni à la loyauté de ses amis ni à la tendresse

peruit, sæpe mortem timet, sæpius optat, invisior sibi quam servientibus.

E contrario is cui curæ sunt universa, quanquam alia magis, alia minus tuetur, nullam non reipublicæ partem tamquam sui nutrit, inclinatus ad mitiora, etiamsi ex usu est animadvertere, ostendens quam invitus aspero remedio manus admoveat; in cujus animo nihil hostile, nihil efferum est; qui potentiam suam placide ac salutariter exercet, approbare imperia sua civibus cupiens, felix abunde sibi visus, si fortunam suam publicaverit; sermone affabilis, accessuque facilis; vultu, qui maxime populos demereretur, amabilis, æquis desideriis propensus, nec iniquis acerbus, a tota civitate amatur, defenditur, colitur. Eadem de illo homines secreto loquentur, quæ palam. Tollere filios cupiunt, et publicis malis sterilitas indicta recluditur : bene se meriturum de liberis suis quisque non dubitat, quibus tale sæculum ostenderit. Hic princeps suo beneficio tutus, nihil præsidiis eget; arma ornamenti causa habet.

XIV. Quod ergo officium ejus est? quod bonorum parentum, qui objurgare liberos nonnunquam blande, nonnunquam minaciter solent, aliquando admonere etiam verberibus. Numquid aliquis sanus filium a prima offensa

de ses enfans, lorsqu'il envisage tout ce qu'il a fait et tout ce qu'il est contraint de faire, qu'il trouve sa conscience chargée de crimes et déchirée de remords, souvent il redoute la mort, plus souvent il la désire; odieux à lui-même plus encore qu'à ceux auxquels il commande!

Mais celui qui veille, avec plus ou moins de sollicitude, sur tous les intérêts; qui, considérant le corps social comme son propre corps, en alimente toutes les parties; qui, naturellement enclin à l'humanité, ne dissimule pas, lorsqu'il faut sévir, la répugnance qu'il éprouve à employer ce triste remède; qui n'a dans l'âme aucun sentiment hostile, ni farouche; qui exerce une puissance paisible et salutaire; qui veut que ses sujets aiment son empire, trop heureux lorsqu'il peut leur faire partager son bonheur; cet homme aux paroles affables, à l'abord facile, dont le regard, pour gagner les cœurs, vaut un bienfait; ce prince aimable qui accueille avec faveur les demandes justes et repousse sans aigreur celles qui ne le sont pas, est chéri, défendu et révéré par tous ses sujets. On parle de lui dans l'intimité comme on en parle publiquement; sous son règne on souhaite d'être père et on voit cesser la stérilité, ce fléau public. On croit bien mériter de ses enfans en leur donnant la vie dans un siècle aussi heureux. Un tel monarque trouve sa sûreté dans ses bienfaits; il n'a pas besoin de garde : les armes ne sont pour lui qu'un ornement.

XIV. Quel est donc le devoir d'un roi? Celui d'un bon père qui réprimande ses enfans, tantôt avec douceur, tantôt avec des paroles menaçantes, et qui les corrige quelquefois aussi en les frappant. Quel est l'homme, jouissant de sa raison, qui déshérite son fils dès la pre-

exhæredat? nisi magnæ et multæ injuriæ patientiam evicerint, nisi plus est quod timet, quam, quod damnat, non accedit ad decretorium stylum. Multa ante tentat, quibus dubiam indolem et pejore loco jam positam revocet; simul deplorata est, ultima experitur: nemo ad supplicia exigenda pervenit, nisi qui remedia consumpsit.

Hoc quod parenti, etiam principi faciendum est, quem appellavimus Patrem patriæ, non adulatione vana adducti. Cætera enim cognomina honori data sunt. Magnos et Felices et Augustos diximus, et ambitiosæ majestati quidquid potuimus titulorum congessimus, illis hoc tribuentes : Patrem quidem patriæ appellavimus, ut sciret datam sibi potestatem patriam, quæ est temperatissima, liberis consulens, suaque post illos reponens. Tarde sibi pater membra sua abscidat: etiam quum absciderit, reponere cupiat: et in abscidendo gemat, cunctatus multum diuque. Prope enim est, ut libenter damnet, qui cito: prope, ut inique puniat, qui nimis. Erixonem equitem romanum memoria nostra, quia filium suum flagellis occiderat, populus in foro graphiis confodit. Vix illum Augusti Cæsaris auctoritas infestis tam patrum quam filiorum manibus eripuit.

mière offense ? Ce n'est que lorsque des torts graves et multipliés ont vaincu sa patience, et lorsque le mal qu'il redoute est plus grand que celui qu'il punit, qu'enfin il se décide à prononcer cette terrible sentence. Il tente auparavant tous les moyens pour ramener au bien un caractère encore indécis, ou même inclinant déjà vers le vice ; il attend, pour recourir à de telles extrémités, que tout soit désespéré : il n'inflige ce châtiment qu'après avoir épuisé tous les remèdes.

Le devoir d'un père est aussi le devoir du prince que nous appelons Père de la patrie ; car ce n'est pas par une vaine flatterie que nous lui avons conféré ce nom ; il n'a reçu les autres que par honneur ; quand nous qualifions nos empereurs de grands, d'heureux, d'augustes, quand nous prodiguons à leur orgueilleuse majesté tout cet assemblage de titres que notre imagination a pu nous fournir, c'est pour eux-mêmes que nous leur payons ce tribut ; mais lorsque nous nommons un prince père de la patrie, c'est afin qu'il sache que l'autorité qui lui a été conférée est toute paternelle, c'est-à-dire pleine de modération, veillant activement aux intérêts de ses enfans, et préférant leur bien-être au sien. Que celui qui est père ne se décide que bien tard à retrancher un de ses membres ; que même, après que le fer l'a séparé du corps, il forme le vœu de pouvoir l'y rattacher, et qu'il gémisse dans cette cruelle opération long-temps différée ! Qui condamne précipitamment est près de condamner avec plaisir ; qui punit trop est près de punir injustement. De nos jours, Érixon, chevalier romain, fut percé de coups de poinçon [43] par le peuple, au milieu du forum, pour avoir fait périr son fils sous le fouet. L'autorité d'Auguste

XV. T. Arium, qui filium deprehensum in parricidio exsilio damnavit, causa cognita, nemo non suspexit, quod contentus exsilio, et exsilio delicato, Massiliæ parricidam continuit, et annua illi præstitit, quanta præstare integro solebat. Hæc liberalitas effecit, ut, in qua civitate nunquam deest patronus pejoribus, nemo dubitaret, quin reus merito damnatus esset, quem is pater damnare potuisset, qui odisse non poterat. Hoc ipso exemplo dabo, quem compares bono patri bonum principem.

Cogniturus de filio T. Arius, advocavit in consilium Cæsarem Augustum. Venit in privatos penates, assedit, pars alieni consilii fuit. Non dixit; «Immo in meam domum veniat»: quod si factum esset, Cæsaris futura erat cognitio, non patris. Audita causa, excussisque omnibus, et his quæ adolescens pro se dixerat, et his quibus arguebatur, petiit, ut sententiam suam quisque scriberet, ne ea omnium fieret, quæ Cæsaris fuisset. Deinde priusquam aperirentur codicilli, juravit, se T. Arii hominis locupletis hæreditatem non aditurum.

Dicet aliquis: pusillo animo timuit, ne videretur locum spei suæ aperire velle filii damnatione. Ego contra sentio. Quilibet nostrum debuisset adversus opiniones malignas satis fiduciæ habere in bona conscientia: principes multa debent etiam famæ dare. Juravit, se non

ne l'arracha qu'avec peine aux mains des pères et des fils, également irrités contre lui.

XV. On admira généralement Titus Arius, qui, ayant surpris son fils au moment où celui-ci allait attenter à ses jours, se contenta, après avoir instruit son procès, de le condamner à l'exil et même à un exil peu rigoureux, car il le relégua à Marseille, et lui fit une pension égale à celle qu'il lui payait avant son crime. Le résultat de cette généreuse conduite fut que, dans une ville, où quelques voix s'élèvent toujours en faveur des plus grands coupables, personne ne douta de la justice d'une sentence prononcée par un père qui avait pu condamner, mais non haïr son fils. Ce trait va nous offrir aussi la comparaison d'un bon prince avec un bon père.

Titus Arius, prêt à juger son fils, pria Auguste de faire partie du tribunal domestique [44] qu'il devait réunir; Auguste se rendit chez un simple citoyen, et prit place dans un conseil qui lui était étranger. Il ne dit pas : « Venez dans mon palais; » car alors le jugement n'eût pas appartenu au père, mais à l'empereur. Après avoir entendu la cause, après la discussion des moyens contradictoires de l'accusé et de ceux de l'accusation, Auguste demanda que chacun écrivît son opinion, de crainte que l'avis de César ne passât tout d'une voix. Avant la lecture des suffrages, il jura qu'il n'accepterait jamais la succession d'Arius, dont la fortune était considérable[45].

On dira peut-être qu'il y avait de la pusillanimité dans cette crainte de paraître aspirer à l'héritage du père par la condamnation du fils; je ne partage pas cet avis. Sans doute, s'il se fût agi de l'un de nous, le témoignage de sa conscience aurait suffi pour le rassurer contre les interprétations malveillantes; mais les princes doivent faire

aditurum hæreditatem. Arius quidem eodem die et alterum hæredem perdidit, sed Cæsar libertatem sententiæ suæ redemit: et postquam approbavit gratuitam esse severitatem suam, quod principi semper curandum est, dixit: Relegandum, quo patri videretur. Non culleum, non serpentes, non carcerem decrevit, memor non de quo censeret, sed cui in consilio esset. Mollissimo genere pœnæ contentum esse debere patrem dixit in filio adolescentulo, impulso in id scelus, in quo se, quod proximum erat ab innocentia, timide gessisset: debere illum ab urbe et a parentis oculis submoveri.

XVI. O dignum, quem in consilium patres advocarent! o dignum, quem cohæredem innocentibus liberis scriberent! Hæc clementia principem decet, ut, quocumque venerit, mansuetiora omnia faciat. Nemo regi tam vilis sit, ut illum perire non sentiat: qualiscunque, pars imperii est. In magna imperia ex minoribus petamus exemplum! Non est unum imperandi genus: imperat princeps civibus suis, pater liberis, præceptor discentibus, tribunus vel centurio militibus. Nonne pessimus pater videbitur, qui assiduis plagis liberos, etiam ex levissimis causis, compescet? Uter autem præceptor liberalibus studiis dignior, qui excarnificabit discipulos, si memoria illis non constiterit, aut si parum agilis in legendo oculus hæserit, an qui monitionibus et verecundia emendare ac docere malit? Tribunum centurionemque da sævum:

beaucoup pour l'opinion publique. Auguste jura de ne point accepter la succession. Ainsi Arius perdit ce même jour deux héritiers; mais l'empereur acheta la liberté de son suffrage; et après avoir prouvé que sa sévérité était désintéressée, ce qu'un prince doit toujours avoir à cœur, il opina en ces termes : « Que le fils soit exilé dans le lieu qui sera désigné par le père. » Il ne vota ni pour le supplice du sac et des serpens [46], ni pour la prison; songeant non à celui qu'il jugeait, mais à celui dans le conseil duquel il siégeait, il dit : « Que le père devait se contenter de ce châtiment léger, envers un fils qui avait été excité au crime, et qui, dans cette tentative, avait montré une timidité voisine de l'innocence; qu'il suffisait de l'éloigner de Rome et des yeux de son père. »

XVI. O prince vraiment digne d'être appelé au conseil des pères, et digne d'être institué par eux héritier conjointement avec des fils innocens ! Telle est la clémence qui convient au prince, celle qui consiste à tout adoucir dans les lieux où il porte ses pas. Qu'aucun homme n'ait à ses yeux assez peu de valeur pour que sa perte lui soit indifférente : cet homme, quel qu'il soit, fait partie de son empire. Comparons à l'autorité souveraine celle qui s'exerce dans les degrés inférieurs : le prince commande à ses sujets, le père à ses enfans, le maître à ses élèves, le tribun ou le centurion à ses soldats. Ne regarderait-on pas comme le plus mauvais des pères celui qui sans cesse accablerait de coups ses enfans pour les causes les plus légères? Quel est le maître le plus digne de présider à des études libérales, de celui qui maltraite avec cruauté ses disciples, soit lorsque leur mémoire est en défaut, soit lorsqu'ils n'ont pas le coup d'œil assez rapide pour lire sans hésitation, ou de

desertores faciet; quibus tamen ignoscitur. Numquidnam æquum est, gravius homini et durius imperari, quam imperatur animalibus mutis? atqui equum non crebris verberibus exterret domandi peritus magister. Fiet enim formidolosus et contumax, nisi cum tactu blandiente permulseris. Idem facit venator, qui instituit catulos vestigia sequi, quique jam exercitatis utitur ad excitandas vel persequendas feras. Nec crebro illis minatur; contundet enim animos, et, quidquid est indolis, comminuetur trepidatione degeneri; nec licentiam vagandi errandique passim concedit. Adjicias his licet tardiora agentes jumenta : quæ quum ad contumelias et miserias nata sint, nimia sævitia coguntur jugum detrectare.

XVII. Nullum animal morosius est, nullum majore arte tractandum, quam homo; nulli magis parcendum. Quid enim stultius, quam in jumentis et canibus erubescere iram exercere, pessima autem conditione sub homine hominem esse? Morbis medemur, nec irascimur : atqui et hic morbus est animi : mollem medicinam desiderat, ipsumque medentem minime infestum ægro. Mali medici est, desperare, ne cures. Idem in his, quorum animus affectus est, facere debebit, cui credita salus omnium est : non cito spem projicere, nec mortifera signa pronuntiare. Luctetur cum vitiis, resistat; aliis morbum suum expro-

celui qui aime mieux les corriger par de simples réprimandes, et les conduire par des sentimens d'honneur? Qu'un tribun ou un centurion soit cruel, il fera des déserteurs dont le crime sera digne d'excuse [47] : est-il juste de commander aux hommes avec plus de dureté qu'aux brutes? et même un écuyer habile se garde d'effaroucher, par des coups redoublés, le cheval qu'il veut dompter; il le rendrait ombrageux et rétif, s'il ne l'apaisait en lui faisant sentir une main caressante. Il en est de même du chasseur qui dresse des jeunes chiens, ou qui, après les avoir dressés, s'en sert pour lancer ou pour suivre le gibier; il ne les menace pas trop souvent, car il les découragerait, et il ferait dégénérer, par la crainte, leur instinct naturel; mais il ne leur laisse pas non plus la liberté de s'écarter et de courir au hasard. Ajoutez à ces exemples celui des bêtes de somme, même les plus paresseuses : quoiqu'elles semblent nées pour les misères et les affronts, l'excès de la barbarie les oblige à secouer le joug [48].

XVII. De tous les animaux, le moins traitable, celui qui a besoin d'être conduit avec le plus d'art, celui envers lequel l'indulgence est le plus nécessaire, c'est l'homme. Qu'y a-t-il de plus insensé que de rougir de se mettre en colère contre des bêtes de somme ou des chiens, tandis que l'homme, sous la domination de l'homme, serait réduit à la plus dure de toutes les conditions? On traite les maladies, on ne s'irrite pas contre elles; or, les vices sont les maladies de l'âme; ils exigent un traitement doux et un médecin sans emportement; il n'y a que les mauvais médecins qui désespèrent de la guérison. Telle doit être envers les âmes malades la conduite de celui à qui le salut de tous est

bret; quosdam molli curatione decipiat, citius meliusque sanaturus remediis fallentibus. Agat princeps curam non tantum salutis, sed etiam honestæ cicatricis. Nulla regi gloria est ex sæva animadversione; quis enim dubitat posse? at contra maxima, si vim suam continet, si multos iræ alienæ eripuit, neminem suæ impendit.

XVIII. Servis imperare moderate, laus est; et in mancipio cogitandum est, non quantum illud impune pati possit, sed quantum tibi permittat æqui bonique natura; quæ parcere etiam captivis et pretio paratis jubet. Quanto justius jubet, hominibus liberis, ingenuis, honestis, non ut mancipiis abuti, sed his quos gradu antecedas, quorumque tibi non tradita servitus sit, sed tutela? Servis ad statuam licet confugere. Quum in servum omnia liceant, est aliquid, quod in hominem licere commune jus animantium vetet, quia ejusdem naturæ est, cujus tu. Quis non Vedium Pollionem pejus oderat, quam servi sui, quod muraenas sanguine humano saginabat : et eos qui se aliquid offenderant, in vivarium, quid aliud, quam serpentium, abjici jubebat? O hominem mille mortibus dignum! sive devorandos servos objiciebat muraenis, quas

confié. Qu'il ne se hâte pas de repousser tout espoir et de déclarer que les symptômes sont mortels; qu'il lutte contre les vices, et qu'il leur résiste; qu'il adresse aux uns des reproches sur leur état; que, trompant en quelque sorte les autres, il les soumette à un régime adoucissant et emploie des remèdes déguisés pour opérer une guérison plus prompte et plus sûre. Que le prince mette ses soins non-seulement à sauver la vie, mais encore à ne pas laisser de cicatrices flétrissantes. Un roi ne retire aucune gloire d'un châtiment cruel : qui doute en effet de sa puissance? Une gloire immense lui est réservée, au contraire, lorsqu'il met un frein à sa violence, qu'il arrache de nombreuses victimes à la colère des autres, et qu'il n'en immole aucune à la sienne.

XVIII. La modération envers les esclaves est digne d'éloge; il ne faut pas considérer quels traitemens on pourrait leur infliger impunément, mais ce qu'autorisent l'équité et l'humanité, qui ordonnent aussi d'épargner les prisonniers et les malheureux achetés à prix d'argent. Mais combien leur voix ne s'élève-t-elle pas plus justement encore en faveur d'hommes qui sont nés dans une condition libre et honnête? ne prescrivent-elles pas de les traiter, non comme des esclaves soumis aux abus de l'autorité du maître, mais comme des citoyens placés dans un rang inférieur au sien, qu'il doit protéger et non asservir? Les esclaves trouvent un asile près de la statue du prince; quoique les lois permettent tout envers eux, il est cependant des actions que le droit de la nature, commun à tous les êtres vivans, interdit à un homme envers son semblable. Qui ne portait à Vedius Pollion [49] plus de haine que ses esclaves eux-mêmes, lui qui engraissait de chair humaine ses lamproies, et qui, pour la

esurus erat, sive in hoc tantum illas alebat, ut sic aleret. Quemadmodum domini crudeles tota civitate commonstrantur, invisique et detestabiles sunt; ita regum et injuria latius patet et infamia, atque odium sæculis traditur. Quanto autem non nasci fuit, quam numerari inter publico malo natos?

XIX. Excogitare nemo quidquam poterit, quod magis decorum regenti sit, quam clementia : quocumque modo is, et quocumque jure præpositus cæteris erit. Eo scilicet formosius id esse magnificentiusque fatebimur, quo in majori præstabitur potestate, quam non oportet noxiam esse, si ad naturæ legem componitur. Natura enim commenta est regem : quod et ex aliis animalibus licet cognoscere, et ex apibus, quarum regi amplissimum cubile est, medioque ac tutissimo loco. Præterea onere vacat, exactor alienorum operum : et amisso rege totum dilabitur examen : nec unquam plus unum patiuntur, melioremque pugna quærunt. Præterea insignis regi forma est, dissimilisque cæteris, tum magnitudine, tum nitore. Hoc tamen maxime distinguitur. Iracundissimæ, ac pro corporis captu pugnassicimæ sunt apes, et aculeos in vulnere relinquunt; rex ipse sine aculeo est. Noluit illum natura nec sævum esse, nec ultionem magno cons-

moindre faute, faisait jeter ces infortunés dans un vivier rempli de véritables serpens? O monstre digne de mille morts, soit qu'il eût pour sa table les lamproies par lesquelles il faisait dévorer ses esclaves, soit qu'il les eût uniquement pour les nourrir ainsi! Les maîtres cruels sont signalés, dans toute la ville, comme des objets de haine et d'aversion publique; les mauvais rois, dont les injustices et les infamies s'étendent bien plus loin, sont livrés à l'exécration des siècles à venir. Combien il vaudrait mieux n'être jamais né que d'être rangé parmi ceux qui sont nés pour le malheur des peuples!

XIX. On ne peut imaginer rien de plus glorieux que la clémence, pour l'homme qui exerce le pouvoir souverain, quels que soient les moyens par lesquels il s'y est élevé et les droits en vertu desquels il le possède. Il faut convenir toutefois que cette vertu a d'autant plus d'éclat et de grandeur, que celui en qui elle réside possède une autorité plus vaste, autorité qui ne saurait être malfaisante sans violer les lois de la nature. C'est la nature, en effet, qui a inventé la royauté. On peut s'en convaincre en observant plusieurs espèces d'animaux, entre autres les abeilles, dont le roi occupe la demeure la plus spacieuse, la plus centrale et la plus sûre; exempt de travail, c'est lui qui surveille celui de ses sujets; à sa mort, l'essaim se disperse. On n'en souffre jamais plus d'un; c'est la victoire qui proclame le plus digne. Ce roi est d'une forme remarquable. Il diffère de ses sujets par sa grosseur et par sa couleur brillante; mais voici ce qui le distingue surtout. Les abeilles sont très-irascibles; elles combattent avec un acharnement étonnant pour la petitesse de leur corps; elles laissent leur aiguillon dans la plaie; mais le roi n'a pas d'aiguil-

taturam petere; telumque detraxit, et iram ejus inermem reliquit. Exemplar hoc magnis regibus ingens est. Est enim illi mos, exserere se in parvis, et ingentium rerum documenta minima agere.

Pudeat, ab exiguis animalibus non trahere mores; quum tanto hominum moderatior esse animus debeat, quanto vehementius nocet. Utinam quidem eadem homini lex esset; et ira cum telo suo frangeretur; nec sæpius liceret nocere quam semel; nec alienis viribus exercere odia! facile enim lassaretur furor, si per se sibi satisfaceret, et si mortis periculo vim suam effunderet. Sed ne nunc quidem illi cursus tutus est. Tantum enim necesse est timeat, quantum timeri voluit, et manus omnium observet, et eo quoque tempore, quo non captatur, peti se judicet, nullumque momentum immune a metu habeat. Hanc aliquis ægram vitam sustinet, quum liceat innoxium illis et ob hoc securum, salutare potentiæ jus, lætis omnibus, tractare? Errat enim, si quis existimat tutum esse ibi regem, ubi nihil a rege tutum est. Securitas securitate mutua paciscenda est. Non opus est instruere in altum editas arces, nec in adscensum arduos colles emunire, nec latera montium abscidere, multiplicibus se muris turribusque sepire : salvum regem in aperto clementia præstabit. Unum est inexpugnabile munimentum, amor civium.

lon, la nature n'a pas voulu lui permettre d'être cruel, ni de se livrer à une vengeance qui lui eût coûté si cher; elle l'a privé de dard et a laissé sa colère désarmée. Voilà un exemple frappant pour les rois, car la nature montre sa sagesse dans les plus petits objets, et elle offre dans ses moindres ouvrages de graves leçons applicables aux plus grandes choses.

Nous aurions à rougir si, par nos mœurs, nous restions au dessous de ces petits animaux; la modération est d'autant plus nécessaire à l'homme, que ses excès sont plus désastreux. Plût au ciel qu'il fût soumis à la même loi que les abeilles, que sa colère se brisât avec ses armes, qu'il n'eût le pouvoir de porter qu'un seul coup, et que sa haine ne pût s'assouvir à l'aide de forces étrangères! La fureur se lasserait facilement si elle était obligée de se satisfaire elle-même, et si elle ne pouvait donner un libre cours à sa violence qu'au péril de sa vie. Cependant elle ne s'exerce pas avec sûreté, même dans la condition humaine : on a d'autant plus à redouter qu'on a voulu se faire redouter davantage; il faut observer toutes les mains; on croit être menacé, alors même que nul attentat ne se prépare, et on ne compte pas dans la vie un seul instant exempt de terreur. Comment se trouve-t-il un homme qui puisse se résoudre à supporter une telle existence, tandis qu'il lui serait si facile d'exercer sans violence et par conséquent sans crainte les droits tutélaires de la puissance souveraine au milieu de l'allégresse générale? Quelle erreur de croire qu'il puisse y avoir sûreté pour le prince, là où rien n'est en sûreté contre lui [50]? La sécurité ne s'établit qu'autant qu'elle est réciproque. Il n'est pas nécessaire de construire de hautes citadelles, de couvrir de retranche-

Quid pulchrius est quam vivere optantibus cunctis, et vota non sub custode nuncupantibus? si paullum valetudo titubavit, non spem hominum excitari, sed metum? nihil esse cuiquam tam pretiosum, quod non pro salute præsidis sui commutatum velit? omne quod illi contingit, sibi quoque evenire deputet? In hoc assiduis bonitatis argumentis probavit, non rempublicam suam esse, sed se reipublicæ. Quis huic audeat struere aliquod periculum? quis ab hoc non, si possit, fortunam quoque avertere velit, sub quo justitia, pax, pudicitia, securitas, dignitas florent; sub quo opulenta civitas, copia bonorum omnium abundat? Nec alio animo rectorem suum intuetur, quam, si dii immortales potestatem visendi sui faciant, intueamur venerantes colentesque. Quid autem? non proximum illis locum tenet is, qui se ex deorum natura gerit, beneficus ac largus, et in melius potens? Hæc affectare, hæc imitari decet : maximum ita haberi, ut optimus simul habeatur.

XX. A duabus causis punire princeps solet, si aut se vindicat, aut alium. Prius de ea parte disseram, quæ ipsum contingit. Difficilius est enim moderari, ubi dolori

mens des collines escarpées, de couper à pic les flancs des montagnes, de s'environner de murailles et de tours. La clémence suffit sans remparts pour garantir la vie des rois; il n'y a qu'un boulevart inexpugnable, c'est l'amour des citoyens [51].

Qu'y a-t-il de plus beau pour un prince que de vivre entouré des vœux de tout un peuple, qui ne les forme pas sous l'inspiration des satellites; que de voir la moindre altération de sa santé exciter non l'espoir, mais les alarmes; que d'être certain qu'aucun de ses sujets n'hésiterait à sacrifier ce qu'il a de plus précieux à la conservation du chef de l'état, et que tous considèrent tout ce qui lui arrive comme leur étant personnel? Un tel monarque prouve sans cesse, par sa bonté, que la république n'est pas à lui, mais qu'il est à la république. Qui oserait attenter à sa personne? qui ne voudrait, s'il en avait le pouvoir, détourner les coups du sort de celui sous lequel fleurissent la paix, les bonnes mœurs, la sécurité et l'honneur? sous lequel l'état, comblé de richesses, possède tous les genres de prospérités? Les citoyens contemplent leur souverain avec les mêmes sentimens que les dieux exciteraient dans nos âmes s'ils se rendaient visibles à nos regards pour recevoir nos hommages et nos adorations. N'est-ce pas en effet tenir le premier rang après les dieux que d'agir conformément à leur nature; d'être comme eux bienfaisant, généreux, puissant pour le bonheur du monde? Voilà à quoi il faut aspirer, voilà l'exemple qu'on doit suivre : n'être le plus grand que pour être aussi le plus vertueux!

XX. Un prince punit pour l'un de ces deux motifs, pour se venger ou pour venger les autres. Je traiterai d'abord de la répression des offenses qui lui sont per-

debetur ultio, quam ubi exemplo. Supervacuum est hoc loco admonere, ne facile credat, ut verum excutiat, ut innocentiæ faveat, et appareat, ut non minorem agi rem periclitantis, quam judicis, sciat : hoc ad justitiam, non ad clementiam pertinet. Nunc illum hortamur, ut manifeste læsus, animum in potestate habeat, et pœnam, si tuto poterit, donet; sin minus, temperet; longeque sit in suis, quam in alienis, exorabilior injuriis. Nam quemadmodum non est magni animi, qui de alieno liberalis est, sed ille qui quod alteri donat, sibi detrahit : ita clementem vocabo, non in alieno dolore facilem, sed eum qui quum suis stimulis exagitetur, non prosilit; qui intelligit magni animi esse, injurias in summa potentia pati, nec quidquam esse gloriosius principe impune læso.

XXI. Ultio duas res præstare solet : aut solatium affert ei qui accepit injuriam, aut in reliquum securitatem. Principis major est fortuna, quam ut solatio egeat; manifestiorque vis, quam ut alieno malo opinionem sibi virium quærat. Hoc dico, quum ab inferioribus petitus violatusque est : nam si, quos pares aliquando habuit, infra se videt, satis vindicatus est.

sonnelles. Il est plus difficile de se modérer quand la vengeance est accordée au ressentiment, que lorsqu'elle est destinée à l'exemple. Il serait superflu de recommander ici aux princes de ne pas croire facilement, de scruter la vérité, d'incliner en faveur de l'innocence et de prouver qu'ils savent que l'intérêt du juge n'est pas moins fortement engagé que celui de l'accusé. Ces maximes sont du domaine de la justice plutôt que de celui de la clémence; mais j'exhorte le souverain, lorsque l'offense est manifeste, à rester maître de lui-même, et, s'il le peut avec sûreté, à faire remise de la peine, sinon à la modérer; enfin, à se montrer beaucoup plus facile à fléchir, quand il s'agit de ses propres injures, que quand il est question de celles des autres. Car de même qu'on est généreux, non quand on se sert du bien d'autrui pour exercer des libéralités, mais quand on se dépouille soi-même pour donner, de même je dirai que la clémence consiste, non à se montrer facile quand il s'agit du ressentiment des autres, mais à ne pas éclater lorsqu'on est agité par l'aiguillon de sa colère, à comprendre qu'il est grand de supporter les injures au faîte de la puissance, et que rien n'est plus glorieux qu'un bon prince impunément offensé.

XXI. La vengeance produit ordinairement deux avantages; elle procure à celui qui a reçu l'injure une consolation actuelle, et la sécurité pour l'avenir. La condition du prince est trop élevée pour qu'il ait besoin de consolation, et sa puissance est trop manifeste pour qu'il cherche à en prouver l'étendue par le malheur d'autrui. Ce que je viens de dire s'applique au cas où il a été attaqué et offensé par des inférieurs; car s'il voit ceux qui ont été ses égaux humiliés devant lui, il est assez vengé.

Regem et servus occidit, et serpens, et sagitta : servavit quidem nemo, nisi major eo quem servavit. Uti itaque animose debet tanto munere deorum, dandi auferendique vitam potens; in his præsertim, quos scit aliquando simile fastigium obtinuisse : hoc arbitrium adeptus, ultionem implevit, perfecitque quantum veræ pœnæ satis erat. Perdidit enim vitam, qui debet; et quisquis ex alto ad inimici pedes abjectus, alienam de capite regnoque sententiam exspectavit, in servatoris sui gloriam vivit, plusque nomini ejus confert incolumis, quam si ex oculis ablatus esset. Assiduum enim spectaculum alienæ virtutis est : in triumpho cito transisset. Si vero regnum quoque suum tuto relinqui apud eum potuit, reponique eo unde deciderat, ingenti incremento surgit laus ejus, qui contentus fuit, ex rege victo nihil præter gloriam sumere. Hoc est etiam ex victoria sua triumphare, testarique, nihil se quod dignum esset victore, apud victos invenisse. Cum civibus, et ignotis, atque humilibus, eo moderatius agendum est, quo minoris est, afflixisse eos. Quibusdam libenter parcas : a quibusdam te vindicare fastidias : et non aliter, quam ab animalibus parvis et obterentem inquinantibus reducenda manus est; at in iis, qui in ore civitatis servati punitique erunt occasione notæ clementiæ utendum est.

Un esclave, un serpent, une flèche, peuvent porter à un roi le coup mortel, mais, pour faire grâce de la vie, il faut être au dessus de celui à qui on l'accorde; l'homme qui a reçu le pouvoir de la donner ou de l'ôter, doit donc user avec générosité de ce magnifique présent des dieux; il le doit surtout envers ceux qu'il sait avoir occupé un rang pareil au sien. Par cela seul qu'il est devenu l'arbitre de leur sort, sa vengeance est accomplie, il leur a fait subir une peine réelle et suffisante; car c'est avoir perdu la vie que d'en être ainsi redevable; l'homme qui, précipité du haut des grandeurs aux pieds de son ennemi, a péniblement attendu la sentence de laquelle dépendaient et ses jours et son trône, n'existe plus que pour la gloire de son vainqueur; et vivant, il lui procure plus de gloire que s'il eût été retranché du nombre des humains. Il demeure pour être le monument perpétuel de la vertu de son rival; tandis que mené en triomphe il n'eût fait que passer. Mais si en outre la prudence a permis de lui rendre ses états et de le replacer sur le trône d'où il était tombé, quel accroissement de renommée pour celui qui, de la défaite d'un ennemi, n'a voulu recueillir d'autre fruit que la gloire! C'est là triompher de sa propre victoire et montrer que le vainqueur n'a trouvé chez les vaincus rien qui fût digne de lui. A l'égard des citoyens obscurs, des hommes d'une condition inférieure, on doit les traiter avec d'autant plus de modération, qu'il est moins glorieux de les accabler. Satisfaites votre cœur en pardonnant aux uns, dédaignez de vous venger des autres: faites comme envers ces faibles animaux qui souillent celui qui les écrase, retirez votre main. Quant aux hommes dont le nom sera dans toutes les bouches, soit qu'ils reçoivent leur grâce, soit qu'ils subissent

XXII. Transeamus ad alienas injurias : in quibus vindicandis hæc tria lex secuta est, quæ princeps quoque sequi debet : aut ut eum, quem punit, emendet; aut ut pœna ejus cæteros meliores reddat; aut ut sublatis malis securiores cæteri vivant. Ipsos facilius emendabis minore pœna : diligentius enim vivit, cui aliquid integri superest. Nemo dignitati perditæ parcit; impunitatis genus est, jam non habere pœnæ locum. Civitatis autem mores magis corrigit parcitas animadversionum : facit enim consuetudinem peccandi multitudo peccantium : et minus gravis nota est, quam turba damnatorum levat : et severitas, quod maximum remedium habet, assiduitate amittit auctoritatem. Constituit bonos mores civitati princeps; et vitia eruit si patiens eorum est, non tamquam probet, sed tamquam invitus, et cum magno tormento ad castigandum veniat. Verecundiam peccandi facit ipsa clementia regentis. Gravior multo pœna videtur, quæ a miti viro constituitur.

XXIII. Præterea videbis ea sæpe committi, quæ sæpe vindicantur. Pater tuus plures intra quinquennium culleo insuit, quam omnibus sæculis insutos accepimus. Multo minus audebant liberi nefas ultimum admittere, quamdiu sine lege crimen fuit : Summa enim prudentia

leur peine, il faut saisir cette occasion pour montrer une clémence qui attirera l'attention publique.

XXII. Passons aux offenses commises envers d'autres que le prince; la loi, en réglant leur punition, s'est proposé un triple but, que le prince doit aussi avoir en vue: elle veut ou corriger le condamné, ou rendre les autres citoyens meilleurs par l'exemple de son châtiment, ou procurer à la société plus de sécurité en retranchant de son sein les méchans. Des peines modérées sont plus utiles pour l'amendement des coupables; car l'homme qui a conservé une partie de son existence morale s'observe avec plus de soin. On n'a pas à ménager un honneur qui est entièrement perdu; et c'est un genre d'impunité de ne plus être susceptible de punition. Quant aux mœurs publiques, le moyen de les améliorer, c'est d'être sobre de châtiment : la multitude des coupables fait naître l'habitude du crime, la flétrissure s'atténue en raison du nombre des condamnés, et la sévérité, lorsque ses actes se multiplient trop, perd cette autorité, qui fait toute l'efficacité du remède. Un prince fonde les bonnes mœurs dans la société et en extirpe les vices, lorsqu'il supporte ces vices avec patience : non en homme qui les approuve, mais en homme qui ne se décide à punir que malgré lui et avec une vive douleur. La clémence du souverain ajoute à la honte du crime. Une peine paraît d'autant plus grave que celui qui la prononce a plus de bonté.

XXIII. D'ailleurs, vous verrez que les crimes fréquemment punis, sont ceux qui se commettent le plus fréquemment. Votre père, dans l'espace de cinq ans, a fait coudre dans le sac fatal plus de parricides qu'on n'en avait puni dans tous les siècles précédens. Tant qu'il n'y eut pas de loi spéciale contre ce forfait, les enfans se

altissimi viri et rerum naturæ peritissimi maluerunt, velut incredibile scelus et ultra audaciam positum præterire, quam, dum vindicant, ostendere posse fieri. Itaque parricidæ cum lege cœperunt; et illis facinus pœna monstravit; pessimo vero loco pietas fuit, postquam sæpius culleos vidimus, quam cruces. In qua civitate raro homines puniuntur, in ea consensus fit innocentiæ, et indulgetur velut publico bono. Putet se innocentem esse civitas; erit : magis irascitur a communi frugalitate desciscentibus, si paucos eos esse viderit. Periculosum est, mihi crede, ostendere, civitati, quanto plures mali sint.

XXIV. Indicta est aliquando a senatu sententia, ut servos a liberis cultus distingueret : deinde apparuit, quantum periculum immineret, si servi nostri numerare nos cœpissent. Idem scito metuendum esse, si nulli ignoscitur : cito apparebit, pars civitatis deterior quanto prægravet. Non minus principi turpia sunt multa supplicia, quam medico multa funera. Remissius imperanti melius paretur. Natura contumax est humanus animus, et in contrarium atque arduum nitens, sequiturque facilius, quam ducitur. Et ut generosi atque nobiles equi melius facili fræno reguntur, ita clementiam voluntaria innocentia impetu suo sequitur, et dignam putat civitas, quam servet sibi : plus itaque hac via proficitur. Crude-

montrèrent moins hardis à le commettre. Ce fut avec une haute prudence que d'illustres législateurs, pleins d'une connaissance profonde de la nature humaine, aimèrent mieux passer sous silence ce crime, comme impossible à supposer, et comme dépassant les limites de toute audace, que d'indiquer, en lui assignant une peine, qu'il pouvait être commis. Ainsi les parricides ont commencé avec la loi[52]. C'est la peine qui a suggéré la pensée du crime; c'en est fait de la piété filiale, depuis que nous avons vu plus de sacs que de croix. Dans les pays où les punitions sont rares, il s'établit un accord général de vertu, et c'est dans l'intérêt public qu'on use d'indulgence. Qu'un peuple se croie moral, il le sera : il s'indigne bien plus fortement contre ceux qui s'écartent de la probité commune, lorsqu'ils sont en petit nombre. Il est dangereux, croyez-moi, d'apprendre à la société qu'il y a plus de méchans qu'elle ne le pensait.

XXIV. On fit jadis, dans le sénat, la proposition de distinguer par le vêtement les esclaves des hommes libres; mais bientôt on sentit quels dangers nous menaceraient dès l'instant où nos esclaves commenceraient à nous compter[53]. Sachez que le péril sera le même si aucun pardon n'est accordé. On apercevra bientôt à quel point la partie corrompue de la société l'emporte sur le reste. La multitude des supplices est aussi peu honorable pour le prince, que la multitude des funérailles pour le médecin. Naturellement l'esprit humain est indocile, il lutte contre les obstacles et la contrainte; il aime mieux suivre que de se laisser conduire. De même qu'un coursier fier et généreux obéit d'autant mieux au frein qu'il est plus léger, de même la vertu marche d'un mouvement spontané à la suite de la clémence; et la so-

litas minime humanum malum est, indignum tam miti animo. Ferina ista rabies est, sanguine gaudere ac vulneribus; et, abjecto homine, in silvestre animal transire.

XXV. Quid enim interest, oro te, Alexander, leoni Lysimachum objicias, an ipse laceres dentibus tuis? tuum illud os est, tua illa feritas. O quam cuperes tibi potius ungues esse, tibi rictum illum edendorum hominum capacem! Non exigimus a te, ut manus ista, exitium familiarium certissimum, ulli salutaris sit; ut iste animus ferox, insatiabile gentium malum, citra sanguinem caedemque satietur: clementia vocatur, si ad occidendum amicum carnifex inter homines eligitur! Hoc est, quare vel maxime abominanda fit saevitia, quod excedit fines, primum solitos, deinde humanos. Nova supplicia conquirit, ingenium advocat, instrumenta excogitat, per quae varietur atque extendatur dolor; et delectatur malis hominum. Tunc ille dirus animi morbus ad insaniam pervenit ultimam, quum crudelitas versa est in voluptatem, et jam occidere hominem juvat.

Nam talem virum a tergo sequitur eversio, odia, venena, gladii; tam multis periculis petitur, quam multorum ipse periculum est: privatisque nonnunquam consi-

ciété, qui sent tout le prix de celle-ci, n'épargne rien pour la conserver. Ainsi cette voie conduit mieux au but. La cruauté est un vice contraire à l'essence de l'homme; elle est indigne d'une âme empreinte de tant de douceur. Se réjouir à l'aspect du sang et des blessures, c'est se livrer à une rage d'animal féroce; c'est abdiquer sa condition humaine, et se transformer en un monstre des forêts.

XXV. Je te le demande, Alexandre, quelle différence y a-t-il entre exposer Lysimaque à la fureur d'un lion [54], ou le déchirer de tes propres dents? Cette gueule dévorante est à toi; cette férocité est la tienne. Combien tu regrettes de n'être pas armé d'ongles, de n'avoir pas une bouche assez vaste pour engloutir un homme! Je ne demande pas que cette main, instrument trop sûr de la mort de tes amis, soit secourable à aucun d'entre eux; que ce cœur atroce, fléau inépuisable des nations, soit rassasié sans meurtre et sans carnage : choisis parmi les hommes un bourreau pour ton ami; je dirai que c'est là de la clémence! Voilà ce qui rend surtout la cruauté exécrable; c'est qu'elle franchit d'abord les limites ordinaires, puis bientôt les limites de l'humanité. Elle recherche de nouveaux supplices; elle appelle à son secours le génie des inventions; elle imagine des instrumens pour varier et prolonger la douleur; elle se repaît avec délices des souffrances humaines. Cette horrible maladie de l'âme arrive enfin au dernier excès de la démence, lorsque la barbarie devient une jouissance et qu'on trouve du bonheur à donner la mort.

Celui qui est atteint de cette maladie, est poursuivi par la révolte, la haine, le poison et le fer. Il est menacé par autant de dangers qu'il existe d'hommes pour lesquels il

liis, alias vero consternatione publica circumvenitur. Levis enim et privata pernicies non totas urbes movet; quod late furere cœpit, et omnes appetit, undique configitur. Serpentes parvulæ fallunt, nec publice conficiuntur: ubi aliqua solitam mensuram transiit, et in monstrum excrevit, ubi fontes potu infecit, et si afflavit, deurit obteritque quacumque incessit, ballistis petitur. Possunt verba dare, et evadere pusilla mala; ingentibus obviam itur. Sic unus æger nec domum quidem perturbat: at ubi crebris mortibus pestilentiam esse apparuit, conclamatio civitatis, ac fuga est, et diis ipsis manus intentantur. Sub uno aliquo tecto flamma apparuit: familia vicinique aquam ingerunt; at incendium vastum, et multas jam domos depastum, parte urbis obruitur.

XXVI. Crudelitatem privatorum serviles quoque manus sub certo crucis periculo ultæ sunt: tyrannorum, gentes populique, et quorum erat malum, et hi quibus imminebat, exscindere aggressi sunt. Aliquando sua præsidia in ipsos consurrexerunt, perfidiamque, et impietatem, et feritatem, et quidquid ab illis didicerant, in ipsos exercuerunt. Quid enim potest ab eo quisquam sperare, quem malum esse docuit? Non diu apparet nequitia, nec quantum jubetur, peccat. Sed puta tutam

est lui-même un danger. Il est en butte tantôt à des attentats isolés, tantôt à l'indignation générale. La tyrannie, lorsqu'elle est modérée et lorsqu'elle n'atteint que quelques hommes, ne soulève pas les villes entières; mais quand ses ravages s'étendent, et quand elle menace tous les citoyens, les traits partent contre elle de toutes parts. De petits serpens se dérobent aux poursuites, et on ne se réunit pas pour les détruire; mais s'il s'en trouve un qui, excédant toutes les dimensions ordinaires, devient un monstre, empoisonne les fontaines dans lesquelles il se désaltère, brûle de son souffle, ou écrase tout ce qu'il rencontre, alors on l'attaque avec des machines de guerre[55]. Les maux légers peuvent tromper l'attention et passer inaperçus; mais on court au devant de ceux qui sont extrêmes. Un seul malade ne répand pas l'effroi, même dans la maison qu'il habite; mais lorsque le nombre des morts fait reconnaître l'existence de la peste, un cri général s'élève, on fuit, on s'arme contre les dieux mêmes. Le feu éclate-t-il dans une seule maison, la famille qui l'habite et les voisins apportent de l'eau; mais si l'incendie est vaste, s'il a déjà dévoré plusieurs maisons, on démolit une partie de la ville pour l'étouffer.

XXVI. Des esclaves, bravant l'inévitable supplice de la croix, se sont quelquefois vengés de la cruauté de leurs maîtres; des nations opprimées ou seulement menacées d'oppression, se sont armées pour exterminer leurs tyrans; quelquefois ceux-ci ont vu leurs propres satellites se soulever, et mettre en pratique contre eux les leçons de perfidie, d'impiété et de férocité qu'ils leur avaient données. Que peut-on espérer de ceux qu'on a formés au crime? L'iniquité ne reste pas long-temps soumise, et elle ne s'astreint pas à ne faire le mal que dans

esse crudelitatem : quale ejus regnum est! non aliud, quam captarum urbium forma, et terribiles facies publici metus. Omnia mœsta, trepida, confusa : voluptates ipsæ timentur. Non convivia secura ineunt, in quibus lingua sollicite etiam ebriis custodienda est : non spectacula, ex quibus materia criminis ac periculi quæritur. Apparentur licet magna impensa, et regiis opibus, et artificum exquisitis nominibus; quem tamen ludi in carcere juvent?

Quod istud, dii boni, malum est, occidere, sævire, delectari sono catenarum, et civium capita decidere, quocumque ventum est multum sanguinis fundere, adspectu suo terrere ac fugare? Quæ alia vita esset, si leones ursique regnarent? si serpentibus in nos, ac noxiosissimo cuique animali daretur potestas? Illa rationis expertia et a nobis immanitatis crimine damnata, abstinent suis, et tuta est etiam inter feras similitudo : horum ne a necessariis quidem rabies temperat sibi, sed externa suaque in æquo habet, quo possit exercitatior a singulorum cædibus deinde in exitia gentium serpere. Et injicere tectis ignem, aratrum vetustis urbibus inducere potentiam putat : et unum occidi jubere aut alterum, parum imperatorium credit; nisi eodem tempore grex miserorum subjectus stetit, crudelitatem suam in ordinem coactam putat. Felicitas illa, multis salutem dare, et ad vitam ab ipsa morte revocare, et mereri clementia

les limites des ordres qu'elle reçoit. Mais supposons que la cruauté puisse être en sûreté ; quel règne que le sien ! Il offre l'aspect d'une ville prise d'assaut, et le caractère hideux de la terreur générale. Ce n'est que tristesse, alarmes, confusion ; on craint jusqu'au plaisir ; plus de sécurité ni dans les festins où il faut, au milieu même de l'ivresse, retenir soigneusement sa langue, ni dans les spectacles, où le pouvoir cherche des prétextes pour accuser et proscrire. A quoi servent ces dépenses énormes, cette magnificence royale, ces artistes célèbres ? Quel est celui à qui les jeux pourront plaire quand on fait du théâtre une prison ?

Quelle horreur, grands dieux, d'égorger, de torturer, de se complaire au bruit des chaînes, de verser des flots de sang sur son passage, de répandre l'épouvante et de mettre tout en fuite ! Si les lions et les ours régnaient, si le ciel nous avait soumis aux serpens, aux animaux les plus funestes, quelle autre vie mèneraient-ils ? et cependant ces êtres privés de raison, que nous accusons de férocité, épargnent leur espèce : la ressemblance, chez les brutes, est une sauve-garde [56]. Mais la fureur des tyrans ne respecte pas leur propre famille : étrangers, parens, tout est égal à leurs yeux ; ils s'exercent par le meurtre des individus au massacre des nations. Lancer sur les maisons la torche incendiaire, faire passer la charrue sur les villes antiques, c'est ce qu'ils appellent la puissance ; ils croient au dessous de la dignité du trône d'envoyer à la mort une ou deux victimes ; si tout un troupeau d'infortunés ne tend la gorge au supplice, il leur semble que leur cruauté est soumise à des entraves. Quel bonheur, au contraire, de sauver une multitude d'hommes, de les rappeler à la vie, pour ainsi

civicam. Nullum ornamentum principis fastigio dignius pulchriusque est, quam illa corona ob cives servatos: non hostilia arma detracta victis, non currus barbarorum sanguine cruenti, non parta bello spolia. Hæc divina potentia est, gregatim ac publice servare; multos autem occidere, et indiscretos, incendii ac ruinæ potentia est.

dire, du sein de la mort, et de mériter par sa clémence la couronne civique! Non, il n'y a pas d'ornement plus beau, plus digne du rang suprême, que cette couronne donnée au sauveur des citoyens : non, les faisceaux d'armes enlevés aux vaincus, les chars teints du sang des barbares, les dépouilles conquises par la valeur n'ont rien de comparable! Sauver des populations entières, c'est une puissance céleste; frapper indistinctement une foule de victimes, c'est le pouvoir de l'incendie et de la ruine.

NOTES[*]

DU PREMIER LIVRE DU TRAITÉ DE LA CLÉMENCE.

I. 1. *Digne d'elle.* Les stoïciens voulaient que l'on ne s'attachât à la vertu que pour elle-même..... (*Voyez* le second paradoxe de Cicéron, intitulé Ὅτι αὐτάρκης ἡ ἀρετὴ πρὸς εὐδαιμονίαν, *in quo virtus sit, ei nihil deesse ad bene vivendum.*)

2. *Même le plus vil....* Racine a exprimé ainsi cette pensée :

Le sang le plus abject vous était précieux.
Britannicus, act. IV, sc. 3.

3. *Je serais prêt à le leur rendre.* Diderot a traduit ce passage. Je transcris sa traduction, afin que le lecteur puisse comparer :

« Qu'il est doux de pouvoir se dire à soi-même : seul d'entre les mortels, j'ai été choisi pour représenter les dieux sur la terre ! Arbitre absolu de la vie et de la mort chez toutes les nations, le sort des peuples et des individus fut déposé entre mes mains. C'est par ma bouche que la force déclare ce qu'il convient d'accorder, et la justice ce qu'il convient de refuser. C'est de mes réponses que les royaumes et les cités reçoivent les motifs et de leur désolation et de leur allégresse. Nulle partie du monde n'est florissante que par ma faveur. Ces milliers de glaives que la paix retient dans leurs fourreaux, d'un clin d'œil je les en ferai sortir. C'est moi qui décide que les nations seront anéanties ou transférées, affranchies ou réduites en servitude ; quels souverains seront faits esclaves, quels fronts seront ceints du bandeau royal ; quelles villes on détruira, quelles autres on élèvera sur leurs ruines. Malgré cette puissance illimitée, on ne peut me reprocher aucun châtiment injuste. Je ne me suis livré ni à la colère, ni à la fougue de la jeunesse, ni à la témérité des uns, ni à l'opiniâtreté des autres, qui lassent les âmes les plus tranquilles, ni à la cruelle ambition, si commune dans les maîtres de la terre, de manifester leur pouvoir par la terreur.

[*] Les notes sans signature sont de M. Vatimesnil.

Avare du sang le plus vil, le titre d'homme est une recommandation suffisante auprès de moi. A ma cour, la sévérité marche voilée, et la clémence se montre à visage découvert. J'ai tiré les lois de l'obscurité, et je m'observe comme si je leur devais compte de mes actions. Je suis touché de la jeunesse de l'un, de la caducité de l'autre, de la faiblesse de celui-ci, de la considération de celui-là; et au défaut d'un motif de commisération, je pardonne pour me complaire à moi-même. Dieux immortels, paraissez, interrogez-moi sur mon administration; je suis prêt à vous répondre! »

4. *Et à votre protection.* Néron, au commencement de son règne, développa devant le sénat son plan de gouvernement, qui était l'ouvrage de Sénèque. Entre autres promesses, il fit celle de ne pas confondre ce qui concernait sa maison avec ce qui concernait la république : *Discretam domum et rempublicam.* (TACITE, *Annales*, liv. XIII, ch. 4.) Il paraît que, dans les premiers temps, il fut fidèle à cet engagement. Sénèque fait évidemment allusion à cette circonstance.

5. *De Tibère.* Cette première période du règne de Tibère dura cinq ans. Elle se termina à la mort de Germanicus.

II. 6. *A être punies.* Cicéron, dans le discours pour Marcellus, exprime une idée analogue à celle-là : « *Noli igitur in conservandis bonis viris defatigari, non cupiditate præsertim, aut pravitate aliqua lapsis, sed opinione officii, stulta fortasse, certe non improba et specie quadam reipublicæ.* » (cap. VI.) Il est facile, dans tout ce qui tient à la vie privée, de distinguer le juste de l'injuste; mais combien, dans la vie politique, la ligne de démarcation entre la loyauté et la félonie est souvent incertaine! Et pourtant ce sont les crimes politiques que les codes des nations civilisées poursuivent avec l'acharnement le plus impitoyable. On punit jusqu'aux non-révélateurs; c'est-à-dire ceux qui, ayant refusé de participer à des projets coupables, ont voulu, en même temps, ne trahir ni la confiance ni l'amitié.

III. 7. *D'introduction. Manumissio* est pris ici dans le sens de *manuductio*, introduction.

8. *Parmi nous.* C'est-à-dire parmi les stoïciens. La doctrine du

Portique sur ce point était aussi saine que philanthropique. Dans le traité *de Finibus bonorum et malorum*, Cicéron la fait développer par Caton en ces termes : « *Ex hoc nascitur ut etiam communis hominum inter homines naturalis sit commendatio, etc........ ... Ex quo natura consequi ut communem utilitatem nostræ anteponamus* » (liv. III). La sagesse et l'amour de l'humanité n'ont jamais inspiré de plus belles paroles.

9. *De force que pour nuire.* Ce passage rappelle ces vers de La Fontaine :

> L'amour est fils de la clémence,
> La clémence est fille des dieux,
> Sans elle toute leur puissance
> Ne serait qu'un titre odieux.
>   *Ode au Roi pour M. Fouquet.*   C. D.

10. *Dans un gouffre.* Allusion manifeste à Mucius Scévola et à Curtius.

J'ai traduit *ambitiosus* par avide de gloire. Dans notre langue, le mot *ambitieux* ne peut s'appliquer à l'homme qui fait le sacrifice de sa vie par amour de la gloire. En latin, *ambitio* et *ambitiosus* ont un sens plus étendu que leurs dérivés ne l'ont en français. Ils répondent assez exactement aux mots grecs φιλοτιμία et φιλότιμος.....

IV. 11. *Que discorde civile.* Ces vers sont de l'abbé Delille, trad. des *Géorgiques*, liv. IV.

12. *Avec la république.* Cette idée a été depuis exprimée d'une manière plus remarquable encore par ce mot fameux : *L'état, c'est moi*, devise énergique du pouvoir absolu.

V. 13. *Que les autres.* L'égalité des vertus et des vices était un des dogmes de la secte stoïcienne. Ὅτι ἴσα τὰ ἁμαρτήματα καὶ τὰ κατορθώματα. (CICÉRON, troisième paradoxe.)

Le raisonnement employé pour prouver l'égalité des vertus était celui-ci : « *Etenim, si bene facta, recte facta sunt; et nihil recto rectius; certe ne bono quidem melius quidquam inveniri potest.* » (CICÉRON, loc. cit.).

Pour prouver l'égalité des vices, les stoïciens employaient diverses comparaisons, entre autres celle-ci, qui paraîtra peut-être un peu burlesque :

« *Ut enim, catulus ille qui jam appropinquat ut videat, non plus cernit, quam is qui modo est natus ; ita qui processit aliquantum ad virtutis aditum, nihilominus in miseria est quam ille qui nihil processit.* » (CICÉRON, *de Finib. bon. et mal.*, lib. III, cap. 14.)

Cicéron, qui s'était moqué de cette doctrine dans son plaidoyer pour Muréna, la réduisait à l'absurde dans ses ouvrages philosophiques, en disant que son résultat était de mettre sur la même ligne Platon et Phalaris.... « *Platonem quoque necesse est, quoniam nondum videbat sapientiam, æque cæcum animo ac Phalarim fuisse.* » (*de Fin. bon. et mal.*, lib. IV, cap. 23).

14. *Sur un terrain élevé.* Le mot latin *tribunal* ne signifie pas ici lieu où l'on rend la justice, mais lieu élevé ; on en trouve des exemples dans Pline et dans Tacite. (Voyez *Nat. Hist.*, lib. XVI, cap. 1, et *Annal.*, lib. II, cap. 83.)

15. *Dont la colère ne rencontre pas d'obstacle.* En lisant ce passage, on se rappelle encore ces vers de La Fontaine dans l'ode au roi déjà citée, qui n'est pas seulement une belle pièce de vers, mais une belle action :

> Tu peux d'un éclat de ta foudre
> Achever de le mettre en poudre :
> Mais si les dieux à ton pouvoir
> Aucunes bornes n'ont prescrites,
> Moins ta grandeur a de limites,
> Plus ton courroux en doit avoir.   (*Ibid.*)   C. D.

14*. *Aux sentimens de la divinité.*

> Du titre de clément rendez-le ambitieux,
> C'est par là que les rois sont semblables aux dieux.
>   LA FONTAINE, *Élégie au surintendant Fouquet sur sa disgrâce.*   C. D.

VI. 15*. *Vers trois théâtres.* Ces théâtres étaient celui de Pompée, celui de Marcellus et celui de Balbus. Les deux premiers pouvaient contenir chacun environ 80,000 spectateurs.

VII. 16. *Les restes foudroyés*, etc. Allusion à la mort de Romulus.   C. D.

Les aruspices étaient chargés de consacrer aux dieux les lieux frappés de la foudre et d'ensevelir les personnes tuées par le feu du ciel. Ils sacrifiaient une brebis de deux ans, ce qui avait fait donner à cette cérémonie le nom de *bidentales*. Elle avait été prescrite par une loi de Numa.

17. *Si les dieux se laissent fléchir.*

>Comme les dieux sont bons, ils veulent que les rois
>>Le soient aussi ; c'est l'indulgence
>>Qui fait le plus beau de leurs droits,
>>Non les douceurs de la vengeance.
>>>La Fontaine, *le Roi, le Milan et le Chasseur*, fable.

Chénier a dit aussi, dans *la Bataviade*, chant II :

>La foudre dans ses mains déjà prête à partir,
>N'attend, pour s'arrêter, que notre repentir.   C. D.

18. *Ils ne punissent pas immédiatement.*

>O vous, rois qu'il voulut faire
>>Arbitres de notre sort!
>>Laissez entre la colère
>>Et l'orage qui la suit,
>>L'intervalle d'une nuit.
>>>La Fontaine, *Jupiter et les Tonnerres*, fable.   C. D.

19. *S'il y renonce.*

>Du magnanime Henri qu'il contemple la vie ;
>Dès qu'il put se venger, il en perdit l'envie.
>>La Fontaine, *Épître aux nymphes de Vaux.*   C. D.

VIII. 20. *Cette liberté de paroles.*

>Le roi n'éclata point : les cris sont indécens
>>A la majesté souveraine.
>>>La Font., *le Roi, le Milan et le Chasseur*, fable.   C. D.

21. *Ce qu'il lui serait possible de faire.* Ce trait de Sénèque a quelque analogie avec cette pensée de Cicéron dans le discours *pro Sulla* (cap. XXVI): « *Sed quia majus est beneficium, quam posse debet civis civi dare, ideo a vobis peto, ut, quod potuit, tempori tribuatis ; quod fecit, ipsi.* »

On avait pu observer, sous la tyrannie de Tibère, de Caïus et

de Claude, ces symptômes que signale ici Sénèque, et que Racine
a si bien exprimés dans ces vers :

> Vous allumez un feu qui ne pourra s'éteindre :
> Craint de tout l'univers, il vous faudra tout craindre;
> Soutenir vos rigueurs par d'autres cruautés,
> Et laver dans le sang vos bras ensanglantés.
>   *Britannicus.*   C. D.

22. *Un exemple tiré de votre famille.* Agrippine, mère de Néron, était arrière-petite-fille d'Auguste, et Claude, son père adoptif, était petit-neveu du même empereur.

Personne n'ignore que le récit contenu dans ce chapitre a fourni à Corneille le sujet de l'une de ses plus belles tragédies.

Suétone ne fait aucune mention de la conjuration de Cinna. Sénèque et Dion Cassius sont les seuls auteurs qui rapportent ce fait. Ils ne sont d'accord ni sur les lieux ni sur les dates. Selon Sénèque, la conjuration aurait été formée et découverte pendant le séjour d'Auguste dans les Gaules, c'est-à-dire en l'an 738 de Rome, époque à laquelle ce prince avait quarante-huit ans, tandis que, selon Dion, cet évènement se serait passé à Rome en l'an 757. Il est vraisemblable que Dion, qui écrivait sous le règne d'Alexandre Sévère, a puisé dans le traité de *la Clémence* ce qui concerne le complot de Cinna, car son récit n'est presque qu'une traduction de celui de Sénèque. Quant à la différence de date, on peut conjecturer que Dion Cassius, habituellement exact en fait de chronologie, a rectifié l'indication de temps et de lieu donnée par Sénèque, parce qu'il a remarqué que Cinna avait été consul en 758, et que, d'après la nature même du fait, cette dignité avait dû lui être conférée presque immédiatement après son pardon.

La conjuration de Cinna est loin de présenter tous les caractères de la certitude historique.

IX. 23. *Que lorsqu'il régna seul.* Lagrange a fait un contresens grave en traduisant *a principatu* par ces mots : *au commencement de son règne.*   C. D.

24. *Petit-fils de Pompée.* Cinna était fils de Cornelius Faustus et de la fille de Pompée. Cornelius Faustus était fils du fameux Sylla.

25. *Un avocat de ses propres sentimens* Le mot *advocatus*

changea d'acception dans l'intervalle qui s'écoula depuis Cicéron jusqu'à Sénèque. Il signifiait originairement *un ami que l'on appelait pour le consulter sur un procès, et qui, lors du jugement, assistait la partie à titre purement honorifique* (Ernest., *Clavis Ciceron.*, au mot *advocatus*). L'orateur qui plaidait la cause s'appelait alors *patronus*. Mais dès le règne de Claude le mot *advocatus* avait le même sens que son dérivé a dans notre langue. (Voir *les Annales de Tacite*, liv. II, ch. 5 et 6, où cet historien rapporte les discussions qui eurent lieu relativement aux honoraires des avocats, l'an 800 de Rome.)

26. *Je te demande avant tout.* Corneille a traduit en vers une grande partie de ce chapitre dans la tragédie de *Cinna*, acte v, scène 1. On trouve dans l'imitation du poëte les principales idées du philosophe, mais exprimées avec cette précision qui caractérise les grands écrivains, et qui ajoute encore au charme de la poésie. On s'aperçoit aisément que Corneille a voulu lutter contre Sénèque, et surtout ne pas rester au dessous de son modèle. C'est la copie d'un excellent original faite par un homme de génie. La plupart des traits mâles et vigoureux de ce discours d'Auguste, Corneille les doit à Sénèque, je n'en excepte pas même ce vers sublime et si justement admiré :

Soyons amis, Cinna, c'est moi qui t'en convie.

Sénèque a dit avec la même simplicité : *Ex hodierno die inter nos amicitia incipiat.* (Note de Lagrange.)

27. *De leurs ancêtres.* On sait qu'à Rome les portraits de famille étaient ce que sont chez nous les titres de noblesse et les armoiries.

28. *Plus tard.* J'ai traduit *post hæc* par *plus tard*, à cause du vague et de l'incertitude que présentent les dates, en supposant que le fait même de la conjuration soit vrai. (*Voyez* plus haut, note 22.)

29. *Contre lui.* Montaigne raconte la conjuration de Cinna, il ne fait presque que traduire Sénèque. Je crois qu'on ne me saura pas mauvais gré de transcrire ici ce morceau :

« L'empereur Auguste estant en la Gaule, receut certain advertissement d'une conjuration que lui brassoit L. Cinna : il délibéra de s'en venger et manda pour cet effet au lendemain le conseil de ses amis : mais la nuict d'entre deux, il la passa avec grande inquiétude, considérant qu'il avoit à faire mourir un jeune homme de bonne maison et nepveu du grand Pompeius, et produisoit en se plaignant plusieurs divers discours :

« Quoy donc, faisoit-il, sera-t-il dict que je demeureray en crainte et en alarme, et que je lairrai mon meurtrier se pourmener cependant à son ayse ? S'en ira il quitte, ayant assailly ma teste, que j'ay sauvée de tant de guerres civiles, de tant de batailles, par mer et par terre, et après avoir establi la paix universelle du monde ? Sera-t-il absous, ayant délibéré, non de me meurtrir seulement, mais de me sacrifier ? Car la conjuration estoit faicte de le tuer, comme il feroit quelque sacrifice. Après cela, s'estant tenu coy quelque espace de temps, il recommençoit d'une voix plus forte, et s'en prenoit à soi-mesme. « Pourquoy vis-tu, « s'il importe à tant de gens que tu meures ? N'y aura il point de « fin à tes vengeances et à tes cruautez ? Ta vie vaut-elle que tant « de dommage se fasse pour la conserver ? »

» Livia, sa femme, le sentant en ces angoisses : « Et les conseils « des femmes y seront-ils receus ? lui dit-elle. Fais ce que font les « médecins quand les recettes accoutumées ne peuvent servir, ils « en essayent de contraires. Par sévérité, tu n'as jusqu'à cette « heure rien profité : Lepidus a suivy Salvidienus, Murena Lepi- « dus, Cœpio Murena, Égnatius Cœpio. Commence à expérimen- « ter comment te succéderont ta douceur et ta clémence. Cinna est « convaincu, pardonne luy : de te nuire désormais il ne pourra, « et profitera à ta gloire. »

» Auguste fut bien ayse d'avoir trouvé un avocat de son humeur, et ayant remercié sa femme et contremandé ses amis qu'il avoit assignez au conseil, commanda qu'on fit venir à lui Cinna tout seul. Et ayant faict sortir tout le monde de sa chambre et faict donner un siège à Cinna, il lui parla en cette manière : « En pre- « mier lieu, je te demande, Cinna, paisible audience : n'inter- « romps pas mon parler, je te donneray temps et loisir d'y res- « pondre. Tu sais, Cinna, que t'ayant pris au camp de mes enne- « mis, non-seulement t'estant faict mon ennemy, mais estant né « tel, je te sauvay, je te mis entre les mains tous tes biens, et t'ay « enfin rendu si accommodé et si aisé, que les victorieux sont en-

« vieux de la condition du vaincu : l'office du sacerdoce que tu me
« demandas, je te l'ottroyai, l'ayant refusé à d'autres, desquels les
« pères avaient toujours combattu avec moi : t'ayant si fort obligé,
« tu as entrepris de me tuer. » A quoi Cinna s'estant escrié qu'il
estoit bien esloigné d'une si meschante pensée : « Tu ne me tiens
« pas, Cinna, ce que tu m'avois promis, suivit Auguste : tu m'avois
« asseuré que je ne serois pas interrompu : Ouy, tu as entrepris de
« me tuer, en tel lieu, tel jour, en telle compagnie et de telle fa-
« çon. » Et le voyant transi de ces nouvelles et en silence, non
plus pour tenir le marché de se taire, mais de la presse de sa
conscience : « Pourquoy, adjousta il, le fais-tu ? Est-ce pour être
« empereur ? Vrayment il va bien mal à la chose publique, s'il n'y
« a que moy qui t'empesche d'arriver à l'empire. Tu ne peux pas
« seulement deffendre ta maison et perdis dernièrement un procès
« par la faveur d'un simple libertin. Quoi ! n'as-tu moyen ny pou-
« voir en autre chose qu'à entreprendre César ? Je le quitte, s'il
« n'y a que moy qui empesche tes espérances. Penses-tu que Pau-
« lus, que Fabius, que les Cosséens et Serviliens te souffrent ? Et
« une si grande troupe de nobles, non-seulement nobles de nom,
« mais qui, par leur vertu, honorent leur noblesse. » Après plusieurs autres propos (car il parla à luy plus de deux heures entières). « Or va, luy dit il, je te donne, Cinna, la vie à traistre et
« à parricide, que je donnay autrefois à ennemy. Que l'amitié com-
« mence de cejourd'huy entre nous : essayons qui de nous deux de
« meilleure foy, moy t'aye donné ta vie, ou tu l'ayes receue. » Et
se départit d'avec luy en cette manière. Quelque temps après, il
luy donna le consulat, se plaignant de quoy il ne le luy avoit osé
demander. Il l'eut depuis pour fort ami, et fut seul faict par luy
héritier de ses biens. Or depuis cet accident qui advinst à Auguste au
quarantième an de son aage, il n'y eut jamais de conjuration ny
d'entreprise contre luy, et receut une juste récompense de cette
sienne clémence. » (*Essais*, liv. 1, ch. 23.)

Plus d'un lecteur regrettera peut-être cette allure simple, fran-
che et vive du 16e siècle, qui donnait tant de charme à la narra-
tion, et qui était si propre à conserver la physionomie des ouvrages de l'antiquité.

X. 30. *Salluste.* C. Crispus, fils d'une sœur de l'historien de ce nom, qui l'adopta et le fit son héritier. Le jeune Salluste fut successivement le favori d'Auguste et de Tibère, et, à l'exemple de Mécène, il ne voulut jamais s'élever au dessus de l'ordre des chevaliers, dans lequel il était né. Il mourut l'an de Rome 772.

C. D.

Les Cocceius. La famille des Cocceius demeurée obscure jusqu'au temps des empereurs, parvint sous ces princes au plus haut degré d'illustration. Sénèque parle ici de M. Cocceius Nerva, qui, après avoir été l'ami d'Antoine, devint celui d'Octave, qu'il servit très-utilement dans plusieurs négociations. Il était fort habile jurisconsulte et fut élevé au consulat l'an 718 de Rome. Il était le bisaïeul de l'empereur Nerva.

C. D.

Les Dellius. Q. Dellius passa tour à tour du parti d'Octave à celui d'Antoine pour revenir à celui d'Octave, ce qui le fit surnommer par Messalla Corvinus *Desultorius*, métaphore empruntée d'un *voltigeur* qui sautait d'un cheval sur un autre : c'est à lui qu'Horace adresse une de ses odes (liv. II, ode 3). On peut encore consulter sur ce personnage Dion Cassius (liv. II, ch. 23) et Sénèque le père dans le livre intitulé *Suasoriæ*.

C. D.

31. *Les premières entrées.* Les tribuns Caïus Gracchus et Livius Drusus avaient divisé leurs amis en deux classes. Ceux de la première s'appelaient *primæ admissionis*; ceux de la seconde, *secundæ admissionis*. Tibère partagea ce qu'il appelait ses amis, c'est-à-dire ses flatteurs, en trois classes, *tribus classibus factis pro dignitate cujusque*, dit Suétone (*in Tiber.*, cap. XLVI).

Sous les règnes suivans, ces distinctions furent tantôt supprimées, tantôt rétablies. Vespasien se rendit accessible à tous les Romains. Trajan suivit ce noble exemple. Alexandre Sévère avait des amis de plusieurs ordres, mais il allait les voir indistinctement, lorsqu'ils étaient malades.

Il y avait, dans les cours modernes, *de premières entrées*. Il m'a semblé que ces mots répondaient assez exactement à ceux de *primæ admissionis*.

32. *La mort de Lépide.* Lépide, vaincu par Auguste, en l'an 718 de Rome, vécut paisible jusqu'en l'an 741, et conserva le pontificat jusqu'à sa mort.

33. *Des ordres écrits pour s'y faire conduire.* Le mot *diploma*

est défini ainsi qu'il suit par Ernesti, dans sa *Clavis Ciceroniana :*
« Ita dicebant literas publicas, quæ profecturis dabantur, ut in
« oppidis per quæ iter esset, magistratus operam darent ut cele-
« riter equos et quæ ad iter sunt necessaria reperirent. Nomen duc-
« tum est a duplici tabellarum forma. »

Au reste, il n'est pas exact de dire qu'Auguste ait épargné tous les amans de Julie. Il fit périr Julius Antoninus et quelques autres Romains de famille illustre, dont le seul crime était d'avoir pris part à des désordres qui avaient de si nombreux complices. On inventa la supposition absurde qu'ils avaient considéré cette intimité passagère avec la fille du monarque, comme un moyen d'arriver au trône. (Dion, liv. LV, ch. 10; Tacite, *Annales,* liv. IV, ch. 44; et liv. III, ch. 24.)

XI. 33*. *Tel fut Auguste dans sa vieillesse.*

. . . . Enfin Néron naissant
A toutes les vertus d'Auguste vieillissant.
Racine, *Britannicus,* act. I, sc. I.   C. D.

34. *Sur les rivages de la Sicile.* Ces évènemens appartiennent à la guerre qu'Auguste fit à Sextus Pompée. La flotte d'Auguste fut battue dans trois rencontres, à Scylla, à Cumes et à Messine; mais plus tard Agrippa détruisit celle de Sextus Pompée à Myles.

35. *Les autels de Pérouse.* En l'an 713 de Rome, après la prise de Pérouse, Auguste fit immoler aux mânes de César, le jour des ides de mars, une partie des prisonniers faits dans cette ville. Suétone en porte le nombre à 300, et Dion Cassius à 400 (Suéton., *Octav.,* cap. 15; Dion, liv. XLVIII, ch. 14). Auguste prévint leurs supplications par ce seul mot : *Moriendum est.*

J'ai traduit mot à mot les mots *post Perusianas aras.* Il me semble qu'ici le sens littéral est le meilleur et le plus énergique.

36. *L'appui le plus certain du trône.* Ce passage rappelle ce vers de Claudien (*Consulat d'Honorius,* liv. IV) :

Non sic excubiæ nec circumstantia tela
Quam regem tutatur amor. . . . .

et ce passage du *Panégyrique de Trajan,* par Pline : *Hæc ars inaccessa, hoc inexpugnabile munimentum, munimento non egere.*
C. D.

XII. 37. *Par mon ordre.* Dans Plutarque, le mot de Sylla a quelque chose de plus froidement atroce encore :

Νουθετεῖσθαι γὰρ αὐτοῦ κελεύσαντος ἐνίους τῶν πονηρῶν........ « Que l'on châtiait par ses ordres quelques-uns des mauvais citoyens. »

Plutarque porte le nombre de ces victimes à 6,000.

38. *Pourvu que l'on me craigne.* Il paraît que ce mot atroce avait été mis par le poëte tragique Accius, dans la bouche d'Atrée.

En effet, 1° il est constant qu'Accius est auteur d'une tragédie d'Atrée ;

2°. Il était né (selon Saint-Jérôme) l'an de Rome 584 ; il était mort dans un âge très-avancé ; ainsi il avait pu composer cette tragédie du temps de Sylla. Or Sénèque, dans le traité *de Ira*, dit que le mot *oderint dum metuant*, a été écrit du temps de Sylla (*Sullano scias sæculo scriptam*, liv. 1, ch. 26).

3°. Cicéron, dans son traité *des Offices* (liv. 1, ch. 28), suppose d'une manière manifeste que le mot *oderint dum metuant*, et cet autre si horrible : *natis sepulchrum ipse sit parens* se trouvaient dans la tragédie d'Atrée. Il dit que de telles expressions, dans la bouche d'Éaque ou de Minos, seraient déplacées, parce que la tradition nous les représente comme des hommes justes, mais qu'il en est autrement, lorsque c'est Atrée qui les prononce : « At Atreo dicente, plausus excitantur : est enim digna persona « oratio. »

Caligula admirait cet adage, si digne d'un tyran (SUÉTONE, *Caligula*, ch. 30). V.

Racine a dit :

Heureux ou malheureux il suffit qu'on me craigne.
Britannicus, act. III, sc. 8.

Decet timeri Cæsarem.
Octavie, act. II, sc. 11.   C. D.

39. *L'objet de leur effroi.* Sénèque fait ici allusion à un filet, appelé en latin *formido*, à cause de la frayeur qu'il causait aux bêtes fauves. Il parle aussi de cet engin de chasse dans le traité *de la Colère* (liv. II, ch. 12)..... « Nec est mirum, quum maximos « ferarum greges linea pennis distincta contineat et insidias agat; « *ab ipso effectu dicta formido.* »

Sénèque emploie, comme on voit, tantôt le mot *penna*, tantôt le mot *pinna*, dont le sens est le même; l'un et l'autre signifient grosse plume d'oiseau. C'était surtout des plumes de cygne et de vautour qu'on employait. Les commentateurs citent à cette occasion une foule de passages d'auteurs latins, que le lecteur me saura probablement gré de lui épargner.

XIII. 40. *Les plus grands criminels.* Lipse corrige le mot *rebus*, qui se trouve dans les manuscrits, et y substitue *reis*. Dans les Classiques latins de M. Lemaire, on a cru devoir écarter cette correction. Il me semble que c'est à tort. Le mot *rebus* ne présente aucun sens raisonnable, tandis que le mot *reis* rend la pensée forte et juste. J'ai donc adopté la correction de Lipse.

41. *Des crimes nouveaux.* La même pensée se retrouve dans ces deux vers de Racine, déjà cités note 21 :

> Soutenir vos rigueurs par d'autres cruautés.   C. D.

42. *Qu'un homme forcé d'être méchant.* Boileau a dit :

> Dans le crime il suffit qu'une fois l'on débute,
> Une chute toujours attire une autre chute :
> L'honneur est comme une île escarpée et sans bords,
> On n'y peut plus rentrer quand on en est dehors.
> Épître x, vers 165.

Plus récemment, feu M. d'Avrigny, dans la tragédie de *Jeanne d'Arc*, a dit :

> Ainsi donc sous la loi d'un funeste pouvoir,
> Le devoir est un crime et le crime un devoir.   C. D.

XIV. 43. *De coups de poinçon.* Comme on avait besoin de poinçon pour écrire, la plupart des Romains en portaient sur eux.

XV. 44. *Du tribunal domestique.* Non-seulement les fils de famille, mais encore les femmes mariées étaient soumises à la juridiction de ce tribunal domestique. On en trouve de nombreux exemples dans l'histoire. Ainsi, l'an de Rome 599, Publicia et Licinia, qui avaient empoisonné leurs maris, furent condamnées au supplice de la strangulation par une sentence de leurs proches (VALÈRE-MAXIME, liv. vi, ch. 358; TITE-LIVE, liv. 48). L'an de Rome 811, Pomponia Græcina, femme de haute naissance, fut accusée d'un crime que Tacite désigne par ces mots : *superstitionis externæ rea*; ce qui signifie probablement de christianisme. Elle fut renvoyée à son mari pour la juger; et celui-ci, selon l'ancien usage (*prisco instituto*), dit l'historien, réunit ses parens pour former le tribunal. Heureusement elle fut absoute; ce ne fut que quelques années après que le sang des martyrs coula pour la première fois.

La femme devenait, par l'effet de la cérémonie de la confarréation, *fille de famille* de son mari, c'est-à-dire que la puissance qu'il exerçait sur elle était la même que celle que les lois donnaient au père de famille sur ses enfans : voilà sans doute pourquoi la femme était, comme le fils de famille, soumise à la juridiction du tribunal domestique.

45. *La succession d'Arius, dont la fortune était considérable.* Il se faisait une multitude de testamens en faveur des empereurs. Les sommes qu'Auguste avait reçues par cette voie s'élevaient à 4,000,000,000 de sesterces, environ 800 millions de notre monnaie; et cependant Suétone dit qu'il s'était montré peu avide d'héritages (ch. LXVI).

46. *Ni pour le supplice des sacs et des serpens.* On cousait les parricides dans un sac de cuir, avec un serpent, un singe, un coq et un chien, et on les jetait dans la rivière (§ IX, *Instit. de publ. judic.*) V.

Cicéron, dans son plaidoyer pour Roscius d'Amérie, accusé d'avoir assassiné son père, fait une belle description de cet horrible supplice (ch. XV). C. D.

47. *Dont le crime sera digne d'excuse.* Les commentateurs trouvent difficile le sens de ce passage, qui me paraît assez simple. Si c'est la cruauté du chef qui force les soldats de déserter, leur crime deviendra susceptible d'indulgence.... *quibus tamen ignoscitur*. En général, à Rome, on accordait facilement la grâce aux déserteurs; et ce n'était guère qu'à la troisième fois qu'on les punissait de mort. Tacite atteste cet usage, et indique les motifs qui obligèrent Corbulon de s'en écarter (liv. XIII *des Annales*, ch. 35.)

48. *A secouer le joug.* Ces comparaisons, tirées des habitudes

et de l'instinct des diverses espèces d'animaux, étaient fort en usage parmi les stoïciens.

XVIII. 49. *Vedius Pollion.* Voyez le traité *de la Colère*, liv. III, ch. 40. Pline le Naturaliste rapporte ce trait, liv. IX, ch. 29.

C. D.

XIX. 50. *N'est en sûreté contre lui.*

. . . . Timet timentes.
Sen., *Hercul. furens*, act. II.

Auteur des maux de tous, à tous il est en butte.
Corneille.   C. D.

51. *C'est l'amour des citoyens.* (*Voyez* la note 36.)

XXIII. 52. *Les parricides ont commencé avec la loi.* Voilà de la haute philosophie et de la saine politique! Pourquoi ces vérités, appuyées sur l'expérience et sur la raison, ont-elles été si souvent méconnues par les gouvernemens et les factions? Le devoir des amis de l'humanité est de les répéter sans cesse, peut-être finiront-elles par triompher de l'ignorance et des passions; peut-être s'accordera-t-on un jour à reconnaître que les lois pénales sont de douloureux remèdes qu'il ne faut appliquer qu'aux maux véritables, qu'aux désordres qui affligent habituellement la société; qu'il est non-seulement inutile, mais encore dangereux de créer, par des abstractions législatives, des crimes dont on ne voit pas d'exemples autour de soi; que c'est même une sorte d'offense envers les citoyens, que de les supposer capables de se livrer à des forfaits inconnus; qu'enfin le mot terrible de peine capitale souille les tables de la loi, toutes les fois qu'il y est inscrit sans nécessité.

XXIV. 53. *Commenceraient à nous compter.* Dans ces paroles appliquées aux sociétés modernes, divisées non comme les anciennes, en hommes libres et en esclaves, mais en peuple et en castes privilégiées, se trouve le mot et la pensée de toute révolution populaire.
C. D.

XXV. 54. *Exposer Lysimaque à la fureur d'un lion.* Lysimaque, l'un de ceux qui furent *soldats sous Alexandre et rois après sa mort*, était ami et disciple de Callisthène. Selon Justin, Pline et Sénèque, Alexandre, irrité de ce que Lysimaque avait voulu dérober

Callisthène au supplice qui l'attendait, en lui procurant du poison, le condamna à être exposé à la fureur d'un lion; mais Lysimaque enveloppa sa main dans son manteau, la plongea dans la gueule du lion, et eut assez de force et d'adresse pour donner la mort à ce redoutable animal. Quinte-Curce traite ce récit de fable (liv. VIII, ch. 1). Il faut convenir que, si la vérité est du côté des trois premiers auteurs, la vraisemblance est du côté du dernier.

55. *Avec des machines de guerre.* Allusion au fameux serpent de Régulus.   C. D.

XXVI. 56. *La ressemblance chez les brutes est une sauvegarde.*

<blockquote>L'animal le plus fier qu'enfante la nature,
Dans un autre animal respecte sa figure.</blockquote>
      BOILEAU, sat. VIII, *de l'Homme.* C. D.

DE CLEMENTIA

LIBER SECONDUS.

I. Ut de clementia scriberem, Nero Cæsar, una me vox tua maxime compulit; quam ego non sine admiratione, et quum diceretur, audisse memini, et deinde aliis narrasse. Vocem generosam, magni animi, magnæ lenitatis, quæ non composita, nec alienis auribus data, subito erupit, et bonitatem tuam cum fortuna tua litigantem in medium adduxit! Animadversurus in latrones duos Burrhus præfectus tuus, vir egregius, et tibi principi notus, exigebat a te, scriberes, in quos et ex qua causa animadverti velles: hoc sæpe dilatum, ut aliquando fieret instabat. Invitus invito quum chartam protulisset, traderetque, exclamasti: « Vellem nescire literas! » O dignam vocem, quam audirent omnes gentes, quæ romanum imperium incolunt, quæque juxta jacent dubiæ libertatis, quæque se contra viribus aut animis attollunt! O vocem, in concionem omnium mortalium mittendam in cujus verba principes regesque jurarent! O vocem publica generis humani innocentia dignam, cui redderetur antiquum illud sæculum! Nunc profecto consentire decebat ad æquum bonumque, expulsa alieni cupidine,

DE LA CLÉMENCE

LIVRE SECOND[1].

I. Ce qui m'a principalement engagé, Néron, à écrire sur la clémence, c'est une de vos paroles, que je n'ai pu ni entendre, ni raconter à d'autres sans admiration, parole pleine de générosité, de grandeur et d'humanité, qui s'échappa soudain de votre bouche; qui n'était ni étudiée, ni destinée à devenir publique, et qui révéla le combat qui avait existé dans votre âme entre votre bonté et les devoirs de votre haute fortune. Burrhus, préfet de votre prétoire, homme vertueux et honoré de votre amitié, obligé de sévir contre deux voleurs, vous demandait d'écrire les noms des coupables et le motif de leur punition : il remettait sous vos yeux cette affaire que vous aviez souvent ajournée, et insistait pour vous décider à la terminer. Cette sentence fatale qu'il vous présentait à regret, vous la prîtes à regret, en vous écriant : *Que je voudrais ne vas savoir écrire*[2]! parole également digne d'être entendue des peuples qui habitent l'empire romain, des nations limitrophes qui ne jouissent plus que d'une indépendance précaire[3] et de celles dont les forces et le courage se déploient contre nous! parole qu'il faudrait adresser à l'assemblée générale du genre humain pour qu'elle devînt la formule du serment des rois! parole vraiment digne de faire renaître chez tous les hommes l'innocence des premiers âges du monde! Oui, c'est

ex qua omne animi malum oritur : pietatem integritatemque cum fide ac modestia resurgere, et vitia diuturno abusa regno tandem felici ac puro sæculo dare locum.

II. Futurum hoc, Cæsar, ex magna parte sperare et confiteri libet : tradetur ista animi tui mansuetudo, diffundeturque paullatim per omne imperii corpus, et cuncta in similitudinem tui formabuntur. A capite bona valetudo : inde omnia vegeta sunt atque erecta, aut languore demissa, prout animus eorum viget, aut marcet. Et erunt cives, erunt socii digni hac bonitate, et in totum orbem recti mores revertentur; parcetur ubique manibus. Tuis diutius me morari hic patere, non ut blandum auribus tuis : nec enim mihi hic mos est; maluerim veris offendere, quam placere adulando; quid ergo est? præter id quod bene factis dictisque tuis quam familiarissimum esse te cupio, ut, quod nunc natura et impetus est fiat judicium; illud mecum considero, multas voces magnas, sed detestabiles, in vitam humanam pervenisse, celebresque vulgo ferri : ut illam : « Oderint, dum metuant!» Cui græcus versus similis est, qui se mortuo terram misceri ignibus jubet, et alia hujus notæ. Ac nescio, quomodo ingenia immania et invisa, materia secundiori expresserunt sensus vehementes et concitatos.

aujourd'hui qu'il faudrait former en faveur de la vertu une généreuse conspiration, qu'il faudrait bannir l'injuste avidité, source de tous les égaremens de l'âme; c'est aujourd'hui qu'on devrait voir renaître la piété et la droiture, en même temps que la bonne foi et la modération; c'est aujourd'hui que les vices, après avoir exercé trop long-temps leur funeste empire, devraient faire place à un siècle de bonheur et de pureté.

II. Je l'avoue, César, j'aime à espérer que cet avenir nous est en grande partie réservé. La douceur de votre âme se communiquera; elle pénétrera graduellement dans les diverses parties de votre empire, et tout se formera sur votre modèle. C'est dans la tête que réside le principe de la santé : selon que l'âme est forte ou abattue, le reste est vigoureux et énergique, ou accablé de langueur. Oui, citoyens et alliés, tous se montreront dignes de la bonté de leur prince; les bonnes mœurs renaîtront sur la surface entière du monde, et partout la violence disparaîtra. Souffrez que je continue à parler de vous; ce n'est point pour charmer votre oreille; telle n'est pas ma coutume [4]; j'aimerais bien mieux vous blesser par des vérités, que de vous plaire par la flatterie. Quel est donc mon but? Je désire que vous vous pénétriez le plus possible de tout ce que vous avez fait et dit de louable, afin que ce qui est aujourd'hui l'élan d'un heureux naturel, devienne l'œuvre de la réflexion. Je songe qu'il s'est introduit parmi les hommes des maximes fières, mais horribles, qui ont acquis une grande célébrité; celle-ci, par exemple, *qu'on me haïsse pourvu qu'on me craigne*, à laquelle ressemble celle qu'exprime ce vers grec, dont le sens est *qu'après ma mort la terre soit livrée aux flammes* [5], et d'autres adages de même nature. Je ne sais

Nullam adhuc vocem audivi ex bono lenique animosam. Quid ergo est? ut raro, invitus, et cum magna cunctatione, ita aliquando scribas necesse est illud, quod tibi in odium literas adduxit; sed, sicut facis, cum magna cunctatione, cum multis dilationibus.

III. Et ne forte decipiat nos speciosum clementiæ nomen, aliquando et in contrarium abducat, videamus quid sit clementia, qualisque sit, et quos fines habeat. Clementia est temperantia animi, in potestate ulciscendi: vel, lenitas superioris adversus inferiorem in constituendis pœnis. Plura proponere est tutius, ne una definitio parum rem comprehendat, et, ut ita dicam, formula excidat: itaque dici potest et inclinatio animi ad lenitatem in pœna exigenda. Illa finitio contradictiones inveniet, quamvis maxime ad verum accedat. Si dixerimus, clementiam esse moderationem, aliquid ex merita ac debita pœna remittentem; reclamabitur, nullam virtutem quidquam minus debito facere. Atqui hoc omnes intelligunt, clementiam esse, quæ se flectit citra id quod merito constitui posset. Huic contrariam imperiti putant severitatem; sed nulla virtus virtuti contraria est.

pourquoi des esprits atroces et exécrés ont trouvé des termes puissans et énergiques pour exprimer leurs sentimens, comme si le sujet y avait prêté, tandis que jusqu'ici je ne connaissais aucune parole pleine d'âme, qui fût sortie de la bouche d'un prince vertueux et humain. Au reste, ces mots qui vous ont rendu l'écriture odieuse, et que vous ne tracez que rarement, à regret et après une longue hésitation, vous êtes quelquefois dans la nécessité de les écrire; mais écrivez-les toujours, comme vous l'avez fait, avec anxiété et après des délais multipliés.

III. De peur que le mot séduisant de clémence ne vous abuse et ne vous entraîne dans un excès contraire, examinons en quoi consiste la clémence et quelles sont ses limites. La clémence est la modération dans un homme qui a le pouvoir de se venger, ou bien c'est l'humanité d'un supérieur dans la punition de son inférieur. Il est plus sûr de donner plusieurs définitions de peur qu'une seule n'embrasse pas le sujet tout entier, et (si l'on peut s'exprimer de la sorte) que la cause ne pèche par le vice de la formule[6]; ainsi l'on peut dire encore que la clémence est une disposition de l'âme à la douceur dans l'application des peines. Il est une dernière définition, qui trouvera des contradictions, quoique peut-être ce soit celle qui approche le plus de la vérité. Cette définition, la voici : La clémence est la modération qui nous porte à remettre une partie du châtiment encouru et mérité. On va se récrier; on dira qu'il n'y a aucune vertu qui puisse consister à faire moins que ce qui est dû. Cependant tout le monde comprend que la clémence reste en deçà de la peine qui aurait pu être justement infligée. Les ignorans croient que la sévérité

IV. Quid ergo opponitur clementiæ? Crudelitas, quæ nihil aliud est, quam atrocitas animi in exigendis pœnis. Sed quidam non exigunt pœnas, crudeles tamen sunt: tamquam, qui ignotos homines et obvios non in compendium, sed occidendi causa occidunt. Nec interficere contenti, sæviunt; ut Sinis ille et Procrustes, et piratæ, qui captos verberant, et in ignem vivos imponunt. Hæc crudelitas quidem : sed quia nec ultionem sequitur (non enim læsa est), nec peccato alicui irascitur (nullum enim antecessit crimen), extra finitionem nostram cadit: quæ finitio continebat in exigendis pœnis intemperantiam animi. Possumus dicere, non esse hanc crudelitatem, sed feritatem, cui voluptati sævitia est, possumus insaniam vocare: nam varia sunt genera ejus, et nullum certius, quam quod in cædes hominum et laniationes pervenit. Illos ergo crudeles vocabo, qui puniendi causam habent, modum non habent. Sicut in Phalari, quem aiunt non quidem in homines innocentes, sed super humanum ac probabilem modum sævisse. Possumus effugere cavillationem, et ita finire, ut sit crudelitas inclinatio animi ad asperiora. Hanc clementia repellit longius a se: nam severitatem illi convenire, certum est. Ad rem pertinet, quærere hoc loco, quid sit misericordia. Plerique enim ut virtutem eam laudant, et bonum hominem vocant

est le contraire de la clémence mais il n'y a point de vertu qui soit le contraire d'une autre vertu.

IV. Quel est donc l'opposé de la clémence? C'est la cruauté, qui n'est autre chose que l'inhumanité dans l'exercice de la vindicte publique. Mais, dira-t-on, il y a des hommes qui sont cruels hors de l'application des peines; par exemple, ceux qui tuent des inconnus et des passans, non pour satisfaire leur avidité, mais uniquement pour le plaisir de tuer; ceux qui, non contens de donner la mort, emploient les tortures, comme Sinis, comme Procruste, comme les pirates, qui accablent de coups leurs prisonniers et les brûlent tout vifs. Oui, sans doute, c'est de la cruauté; mais comme elle n'accompagne pas la vengeance, puisqu'il n'y a pas eu d'offense commise, et qu'elle ne s'exerce pas contre un coupable, puisqu'elle n'a été provoquée par aucun crime, elle est en dehors de notre définition; définition qui ne comprend que l'excès de la rigueur dans la punition des délits. On peut dire encore que ce n'est pas là de la cruauté, mais une véritable férocité qui trouve des jouissances dans les tourmens qu'elle inflige. On peut la nommer folie; car il y a diverses espèces de folies, et aucune n'est plus caractérisée que celle qui va jusqu'à l'homicide et aux tortures : je n'appellerai donc cruels que ceux qui punissent pour une juste cause, mais sans mesure. Tel était Phalaris, auquel on reproche, non d'avoir puni des innocens, mais d'avoir infligé des supplices qui révoltaient l'humanité et la raison : pour échapper aux sophismes, on peut définir la cruauté une disposition de l'âme à la rigueur. La clémence repousse loin d'elle la cruauté, tandis qu'elle n'a certainement rien d'incompatible avec la sévérité. Il n'est pas hors de mon sujet de rechercher ici ce

misericordem. At hæc vitium animi est. Utraque circa severitatem, circaque clementiam posita sunt : quæ vitare debemus, ne per speciem severitatis in crudelitatem, neve per speciem clementiæ in misericordiam incidamus. In hoc, leviore periculo erratur; sed par error est a vero recedentium.

V. Ergo quemadmodum religio deos colit, superstitio violat : ita clementiam mansuetudinemque omnes boni præstabunt, misericordiam autem vitabunt. Est enim vitium pusilli animi, ad speciem alienorum malorum succidentis. Itaque pessimo cuique familiarissima est. Anus et mulierculæ sunt, quæ lacrymis nocentissimorum moventur, quæ, si liceret, carcerem effringerent. Misericordia non causam, sed fortunam spectat; clementia rationi accedit. Scio male audire apud imperitos sectam Stoicorum, tanquam nimis duram, et minime principibus regibusque bonum daturam consilium. Objicitur enim illi, quod sapientem negat misereri, negat ignoscere. Hæc si per se ponantur, invisa sunt : videntur enim nullam spem relinquere humanis erroribus; sed omnia delicta ad pœnam deducere. Quod si est, quidni hæc scientia, quæ dediscere humanitatem jubet, portumque adversus fortunam certissimum mutuo auxilio cludit? Sed nulla secta benignior leniorque est, nulla amantior hominum, et communibus bonis attentior : ut

que c'est que la compassion. En général, on la loue comme une vertu et on donne le titre de bon à l'homme compatissant. Cependant la compassion est une disposition vicieuse. La cruauté et la compassion sont voisines, l'une de la sévérité, l'autre de la clémence. Nous devons éviter de nous laisser entraîner vers la cruauté, sous l'apparence de la sévérité, et vers la compassion, sous celle de la clémence. Dans le second cas, le péril est moindre; mais dès que l'on s'écarte de la vérité, l'erreur est égale.

V. De même que la religion honore les dieux, tandis que la superstition les outrage, de même les gens de bien doivent montrer de la clémence et de l'humanité, mais éviter la compassion⁷; c'est le vice d'une âme faible, qui succombe à l'aspect des maux d'autrui. Aussi la rencontre-t-on souvent même chez les méchans. On voit des vieilles et des femmelettes que les larmes des plus grands coupables attendrissent tellement, qu'elles briseraient, si elles le pouvaient, les portes de leur prison. La compassion considère les malheurs de celui auquel elle s'attache, mais non leur cause; la clémence, au contraire, est d'accord avec la raison. L'ignorance, je le sais, décrie la secte des stoïciens, comme trop dure, et comme incapable de donner aux princes de bons conseils. On lui reproche d'interdire au sage la pitié et le pardon; doctrine qui, présentée dans de pareils termes, serait odieuse, car elle ne laisserait aucune espérance aux erreurs de l'humanité, et conduirait tous les délits à un infaillible châtiment. S'il en était ainsi, que faudrait-il penser d'une philosophie qui ordonnerait d'oublier l'humanité, et qui, en proscrivant l'indulgence mutuelle, fermerait le port le plus sûr contre l'adversité? mais, au contraire, il n'y a pas de secte plus bienveillante, plus

propositum sit usui esse aut auxilio, nec sibi tantum, sed universis singulis que consulere.

Misericordia est ægritudo animi, ob alienarum miseriarum speciem; aut, tristitia ex alienis malis contracta, quæ accidere immerentibus credit. Ægritudo autem in sapientem virum non cadit : serena ejus mens est; nec quidquam incidere potest, quod illam obducat; nihilque, quam magnus animus decet : non potest autem magnus esse idem, si metus et mœror contundit, si mentem obducit et contrahit. Hoc sapienti ne in suis quidem accidet calamitatibus, sed omnem fortunæ iram reverberabit, et ante se franget; eamdem semper faciem servabit, placidam, inconcussam : quod facere non posset, si tristitiam reciperet. Adjice, quod sapiens providet, et in expedito consilium habet; nunquam autem liquidum sincerumque ex turbido venit. Tristitia enim inhabilis est ad dispiciendas res, utilia excogitanda, periculosa vitanda, æqua æstimanda. Ergo non miseretur, quia et sine miseria animi non fit : cetera omnia, quæ qui miserentur solent facere, hic libens et alius animo faciet.

VI. Succurret alienis lacrymis, non accedet : dabit manum naufrago, exsuli hospitium, egenti stipem, non hanc contumeliosam, qua pars major horum, qui se miseri-

douce, plus amie du genre humain, plus occupée du bien public; car sa morale consiste à rendre service, à porter secours, à ne pas veiller seulement à ses propres intérêts, mais à ceux des autres, soit en général, soit en particulier.

La compassion est l'affliction que l'âme éprouve à la vue des maux d'autrui; ou, si l'on veut, c'est une tristesse produite par les malheurs de nos semblables, lorsque nous croyons qu'ils ne sont pas mérités. Or, le sage est inaccessible à la douleur, son esprit est toujours serein; aucun évènement ne peut y faire naître de nuages, et rien ne lui sied mieux qu'une âme forte; mais comment sera-t-elle forte, si la crainte et la tristesse l'abattent, l'obscurcissent ou la resserrent? C'est ce que le sage n'éprouvera jamais, même dans ses propres malheurs; il repoussera et verra se briser devant lui le courroux du sort; son visage restera toujours calme, toujours impassible; ce qui ne pourrait être, si la tristesse l'atteignait : ajoutez que le sage est prévoyant, et que son esprit a des ressources toujours prêtes. Or, ces conceptions nettes et justes ne peuvent naître dans une âme agitée. La tristesse est incapable de discerner les objets, de découvrir des moyens utiles, d'éviter les dangers et de reconnaître ce que veut l'équité. Ainsi le sage ne se livre pas à la compassion, parce qu'elle est toujours accompagnée d'une souffrance de l'âme; mais tout ce que l'on fait ordinairement par compassion, il le fait avec plaisir, quoique par un autre sentiment.

VI. Il séchera les larmes des autres, mais il n'y mêlera pas les siennes. Il donnera la main aux naufragés, l'hospitalité aux exilés et des secours aux indigens; non

cordes videri volunt, objicit et fastidit quos adjuvat, contingique ab his timet; sed ut homo homini, ex communi dabit. Donabit lacrymis maternis filium, et catenas solvi jubebit, et ludo eximet, et cadaver etiam noxium sepeliet; at faciet ista tranquilla mente, vultu suo. Ergo non miserebitur sapiens, sed succurret, sed proderit, in commune auxilium natus ac publicum bonum, ex quo dabit cuique partem : etiam ad calamitosos, pro portione imprebandos et emendandos bonitatem suam permittet. Afflictis vero, et fortius laborantibus, multo libentius subveniet. Quoties poterit, fortunæ intercedet; ubi enim opibus potius utetur aut viribus, quam ad restituenda, quæ casus impulit? vultum quidem non dejiciet nec animum, ob æruscantis civis aridam ac pannosam maciem, et innixam baculo senectutem. Ceterum omnibus dignis proderit, et, deorum more, calamitosos propitius respiciet. Misericordia vicina est miseriæ : habet enim aliquid, trahitque ex ea. Imbecilles oculos esse scias, qui ad alienam lippitudinem et ipsi suffunduntur: tam mehercule, quam morbum esse, non hilaritatem, semper arridere ridentibus, et ad omnium oscitationem ipsum quoque os diducere. Misericordia vitium est animorum nimis miseriæ faventium : quam si quis a sapiente exigit, prope est, ut lamentationem exigat, et in alienis funeribus gemitus.

cette aumône humiliante, avec laquelle ceux qui affectent un air de compassion dégradent et repoussent, tout en les soulageant, les malheureux dont ils semblent craindre l'approche, mais ce que l'homme doit donner à son semblable sur le patrimoine commun de l'humanité. Il rendra le fils aux larmes de sa mère; il fera tomber ses fers; il le retirera de l'arêne; il donnera la sépulture aux coupables; et il fera toutes ces choses avec un esprit calme et sans changer de visage. Ainsi le sage ne sera pas compatissant, mais il sera secourable; il rendra service, parce qu'il est né pour aider ses semblables, pour contribuer au bien public, et pour en procurer une part à chacun; il signalera sa bonté même envers les méchans, en les réprimandant et en travaillant à les corriger; mais il trouvera plus de satisfaction à venir au secours de ceux qui éprouvent des afflictions et des traverses; il s'interposera entre eux et leur mauvaise fortune. Quel meilleur usage, en effet, peut-il faire de ses richesses ou de son pouvoir, que de réparer les injures du sort? Sans doute sa figure ne s'altérera pas, son âme ne sera pas ébranlée à l'aspect des haillons du mendiant, de sa vieillesse décharnée qui se traîne appuyée sur un bâton. Mais il obligera tous ceux qui en sont dignes, et, comme les dieux, il jettera sur les infortunés un regard favorable. La pitié est voisine de la misère; elle participe en quelque sorte de sa nature. Ce sont des yeux bien faibles que ceux qui se remplissent de larmes quand ils aperçoivent d'autres yeux malades; rire chaque fois qu'on voit rire les autres, ce n'est pas gaîté, c'est maladie; il faut en dire autant de ceux qui bâillent lorsqu'on bâille devant eux. La pitié est le défaut des âmes trop sensibles à la misère. Vouloir l'obtenir du sage, c'est presque lui deman-

VII. At quare non ignoscat, dicam. Constituamus nunc quoque quid sit venia, ut sciamus dari illam a sapiente non debere. Venia est pœnæ meritæ remissio. Hanc sapiens quare non debeat dare, reddunt rationem diutius, quibus hoc propositum est. Ego ut breviter, tanquam in alieno judicio, dicam : ei ignoscitur, qui puniri debuit; sapiens autem nihil facit, quod non debet, nihil prætermittit, quod debet; itaque pœnam, quam exigere debet, non donat; sed illud, quod ex venia consequi vis, honestiore tibi via tribuit : parcit enim sapiens consulit et corrigit. Idem facit, quod si ignosceret, nec ignoscit; quoniam qui ignoscit, fatetur aliquid se, quod fieri debuit, omisisse. Aliquem verbis tantum admonebit, pœna non afficiet, ætatem ejus emendabilem intuens : aliquem invidia criminis manifeste laborantem, jubebit incolumem esse, quia deceptus est, quia per vinum lapsus. Hostes dimittet salvos, aliquando etiam laudatos, si honestis causis, pro fide, pro fœdere, pro libertate in bellum accincti sunt. Hæc omnia non veniæ, sed clementiæ opera sunt. Clementia liberum arbitrium habet : non sub formula, sed ex æquo et bono judicat; et absolvere illi licet, et quanti vult, taxare litem. Nihil ex his facit, tanquam justo minus fecerit, sed tanquam id quod constituit, justissimum sit. Ignoscere autem est, quæ judicas punienda, non punire. Venia, debitæ pœnæ remissio est :

der des larmes et des gémissemens lorsqu'il assiste aux funérailles d'une personne qui lui est étrangère.

VII. Maintenant, je vais dire pourquoi le sage ne pardonne pas. Commençons par établir ce que c'est que le pardon, afin de comprendre pourquoi le sage ne doit pas l'accorder. Le pardon est la remise d'une peine méritée. Ceux qui ont traité ce sujet déduisent longuement les raisons qui s'opposent à ce que le sage pardonne. Je les exposerai en peu de mots, comme on le fait lorsqu'on rend compte de l'opinion d'autrui. On pardonne à l'homme qui aurait dû être puni. Or le sage ne fait jamais ce qu'il ne doit pas, et n'omet rien de ce qu'il doit faire. Il ne remet donc pas une peine qu'il est de son devoir d'infliger; mais ce que vous voulez obtenir de lui par le pardon, il vous l'accorde par une voie plus honorable; le sage épargne, prévoit et corrige; il agit comme s'il pardonnait, et pourtant il ne pardonne pas, parce que pardonner, c'est reconnaître que l'on manque à l'accomplissement d'un devoir. Le sage, au lieu de punir celui-ci, se contentera de le réprimander en considération de son âge, qui le rend susceptible de retour au bien; et celui-là que poursuit trop vivement l'indignation publique, il lui fera grâce, parce qu'il a été entraîné par la séduction ou par l'ivresse. Il renverra les prisonniers de guerre sains et saufs, quelquefois même avec des éloges, s'ils ont entrepris la guerre par des motifs honorables, tels que la loyauté, la foi des traités, la liberté. Ce ne sont pas là des œuvres de pardon, mais des œuvres de clémence. La clémence a son libre arbitre; elle ne juge point d'après des formules, mais d'après l'équité; elle a le pouvoir d'absoudre ou de fixer à son gré les limites de la peine; et dans l'un et l'autre cas, ses déci-

clementia hoc primum præstat, ut quos dimittit, nihil aliud illos pati debuisse pronuntiet.

Plenior est ergo quam venia, et honestior. De verbo, ut mea fert opinio, controversia est; de re quidem convenit. Sapiens multa remittet; multos parum sani, sed sanabilis ingenii, servabit. Agricolas bonos imitabitur, qui non tantum rectas procerasque arbores colunt, sed illis quoque, quas aliqua depravavit causa, adminicula quibus regantur, applicant; alias circumcidunt, ne proceritatem rami premant; quasdam, infirmas vitio loci, nutriunt; quibusdam, aliena umbra laborantibus, celum aperiunt. Secundum hæc videbit perfectus sapiens, quod ingenium qua ratione tractandum sit, quo modo in rectum prava flectantur.

sions ont pour objet, non de déroger à la justice, mais de s'y conformer plus exactement. Pardonner, c'est ne pas punir ce que l'on juge digne de punition. Le pardon est la remise d'une peine méritée, la clémence a pour effet immédiat de déclarer que ceux qu'elle affranchit de la condamnation, n'ont dû être soumis à aucune peine autre que celle qu'elle réserve.

Elle est donc plus large et plus honorable que le pardon. A mon avis, on ne dispute que sur les mots, et on est d'accord sur les choses. Le sage remettra un grand nombre de peines; il conservera beaucoup d'hommes dont l'âme est malade, mais susceptible de guérison ; il imitera les agriculteurs habiles, qui ne se bornent pas à cultiver les arbres dont la tige est droite et élevée, mais qui adaptent à ceux que quelque accident a fait dévier, des appuis au moyen desquels ils les redressent, élaguant les uns pour que l'abondance de leurs branches ne les empêche pas de croître en hauteur, fournissant des engrais à ceux qui souffrent de la stérilité du terrain, et donnant de l'air à ceux qui languissent sous une ombre étrangère. De même, le véritable sage examine quels moyens il faut employer à l'égard des divers caractères, pour rectifier progressivement leur mauvaise direction.

NOTES

DU SECOND LIVRE DU TRAITÉ DE LA CLÉMENCE.

I. 1. DE LA CLÉMENCE. *Livre second.* Après avoir cité ce mot de Néron, avant de signer une condamnation : *Je voudrais ne pas savoir écrire*, Sénèque dit que cette belle parole l'a engagé à écrire sur la clémence (ch. 1), afin que de la part de ce prince ce sentiment qui fut chez lui l'élan d'un heureux naturel, devienne le résultat de la réflexion. Il observe que des esprits atroces ont souvent rencontré des mots énergiques, mais qu'il ne connaissait aucune parole pleine d'âme, sortie de la bouche d'un prince vertueux et sensible (ch. II). Dans le chapitre III, Sénèque s'attache à la définition de la clémence. Il établit ensuite (ch. IV) une distinction entre cette vertu et la cruauté, qui, dit-il, n'est autre chose que l'inhumanité dans la vindicte publique; puis il indique, par les exemples de Sinis, de Procruste et de Phalaris, les divers genres de férocité. Poussant jusqu'à l'excès la doctrine du Portique, il établit que si le sage doit pratiquer la clémence, il doit se défendre de la compassion, qui, selon lui (ch. V et VI), est une faiblesse condamnable. Par une distinction subtile, il voit une différence notable entre la clémence et le pardon. Toujours clément, le sage ne pardonne pas (ch. VII). Ici se termine ce que nous possédons de ce second livre.   C. D.

2. *Que je voudrais ne pas savoir écrire.*

Tout le monde connaît ces beaux vers de Racine :

> Un jour, il m'en souvient, le sénat équitable
> Vous pressait de souscrire à la mort d'un coupable ;
> Vous résistiez, seigneur, à leur sévérité ;
> Votre cœur s'accusait de trop de cruauté ;
> Et plaignant les malheurs attachés à l'empire,
> Je voudrais, disiez-vous, ne pas savoir écrire.
>   *Britannicus*, act. IV, sc. 3.

3. *D'une indépendance précaire.* Telles étaient, par exemple, la Comagène et l'Arménie. On peut juger du vasselage de ces con-

trées par le récit que fait Suétone de la manière dont Tiridate, roi d'Arménie, fut reçu par Néron l'an 819 de Rome.

L'empereur était assis dans une chaise curule placée sur la tribune aux harangues; il était revêtu d'ornemens triomphaux, et environné d'étendards; des cohortes armées étaient rangées autour du forum. Tiridate se jeta aux genoux de Néron, qui le releva et l'embrassa; il le supplia de lui ceindre le diadème; Néron déféra à cette prière; un personnage, qui avait été revêtu de la dignité de préteur, lui servit d'interprète, et rendit ses paroles, en élevant la voix, de manière à se faire entendre du peuple. Tiridate fut ensuite conduit au théâtre; là il prit encore une attitude suppliante envers Néron, qui le fit asseoir à sa droite. A cette occasion, l'empereur reçut des félicitations, on porta des lauriers au Capitole, et le temple de Janus fut fermé.

Tiridate avait tenté de se soustraire au joug des Romains; mais Corbulon le contraignit de se soumettre, et de recevoir le diadème des mains de Néron.

II. 4. *Telle n'est pas ma coutume.* Tacite (*Annales*, liv. xv, ch. 61) rapporte que Sénèque, accusé d'avoir trempé dans la conspiration de Pison, répondit entre autres choses pour sa défense : « Que son caractère ne le portait point à la flatterie, et que per- « sonne ne le savait mieux que Néron, à qui il avait plus souvent « parlé en homme libre qu'en esclave. »   C. D.

5. *Soit livré aux flammes.* Ce vers grec est : Ἐμοῦ θανόντος γαῖα μιχθήτω πυρί........ Mot à mot : *Qu'après ma mort la terre soit mêlée avec le feu.* On croit que ce vers se trouvait dans *le Sisyphe* ou dans *le Bellérophon* d'Euripide, pièces perdues. Tibère le répétait sans cesse (Dion Cassius, liv. lviii, chap. 23). Quelqu'un l'ayant un jour cité devant Néron, celui-ci répondit : « *Immo* ἐμοῦ ζῶντος. » ..... « et plutôt encore de mon vivant. »...... L'incendie de Rome prouva que ce mot était quelque chose de plus qu'une horrible facétie (Suét., *Néron*, ch. xxxviii).   V.

Il est dans notre langue une expression proverbiale qui répond à ce mot atroce, mais qui ne se dit qu'en plaisantant : *Après moi le déluge.* Sur le mot, « qu'on me haïsse, pourvu qu'on me craigne, » *voyez* la note 38 du premier livre de ce traité, et le ch. xiii du premier livre du traité *de la Colère.* (*V.* encore Cicéron, *pro Sextio*, cap. xlviii.)   C. D.

III. 6. *Par le vice de la formule.* J'ai conservé le mot *formule*, parce qu'il est caractéristique. A Rome, chaque nature d'action en justice avait une formule qui lui était propre. Si le demandeur s'écartait le moins du monde de cette formule, il encourait la déchéance de son action, ce qui s'appelait *causa cadere*...... ou *formula excidere*....... C'est à quoi Quintilien fait allusion, lorsqu'il dit : « Nam est etiam periculosum, quum si uno verbo sit erratum, tota causa cecidisse videamur. »

Souvent le préteur relevait le demandeur de la déchéance qu'il avait encourue, par une erreur de cette espèce. Sénèque parle de cet usage dans sa 48e épître, en ces termes : « Quid enim aliud « agitis, quum eum quem interrogatis, scientes in fraudem indu- « citis, quam ut formula *cecidisse videatur?* Sed quemadmodum « illum prætor, sic hos *in integrum* philosophia *restituit.* »

On voit que le mot formule ne peut admettre d'équivalent. Il doit être traduit littéralement, comme toutes les expressions qui se rattachent aux usages, aux mœurs ou aux lois; c'est ainsi que la traduction peut présenter, du moins jusqu'à un certain degré, la physionomie du texte.

V. 7. *Mais éviter la compassion.* Dans cet ouvrage, observe Diderot, les conséquences des principes de l'auteur le mènent à des assertions difficiles à digérer. Il prononce décidément que la compassion est un défaut réel; que la cruauté et la compassion sont deux extrêmes, l'une de la sévérité, l'autre de la clémence : ce qui m'inclinait d'abord à croire qu'en passant du latin dans notre langue, le mot compatir avait changé d'acception; ou que l'influence des mœurs générales sur les notions du vice et de la vertu faisait traiter de faiblesse à Rome ce que nous regardons comme un sentiment d'humanité; mais il est évident, par ce qui suit, que l'opinion de Sénèque est la pure doctrine de Zénon, qui regardait la grandeur d'âme comme incompatible avec la crainte et le chagrin, et la leçon d'une école dont le sage était sans pitié, parce que la pitié était un état pénible de l'âme. Zénon disait, et Sénèque après Zénon : « Mais sans compassion ni pitié, notre philosophe fera tout ce que l'homme sensible et compatissant..... » J'en doute; en secourant celui qui souffre, l'homme sensible et compatissant se soulage lui-même.

DE LA BRIÈVETÉ

DE LA VIE

TRADUCTION NOUVELLE

PAR M. CH. DU ROZOIR

PROFESSEUR D'HISTOIRE AU COLLÈGE DE LOUIS-LE-GRAND
SUPPLÉANT A LA FACULTÉ DES LETTRES.

ARGUMENT.

Ce traité s'adresse à tous les hommes qui tendent à perfectionner leur intelligence, et qui aspirent à la sagesse.

Sénèque s'élève d'abord, (ch. i) contre l'injustice du vulgaire, et même d'hommes illustres qui se plaignent à tort de la brièveté de la vie : nous n'avons pas trop peu de temps, dit-il, nous en perdons trop. La nature (ch. ii) s'est montrée assez libérale envers nous. C'est seulement à nous à ne pas consumer notre vie dans le délire des passions, ni dans une suite d'occupations frivoles. On ne trouve personne (ch. iii) qui consente à partager avec autrui ce qu'il possède, et tous les hommes sont prodigues de leur temps, la seule chose dont il soit permis d'être avare. Qu'un vieillard, arrivé au terme de la vie la plus longue, se rappelle le temps que lui ont fait perdre ses créanciers, ses maîtresses, ses protecteurs, ses cliens, ses disputes avec sa femme, les maladies, etc., et il trouvera qu'il a vécu beaucoup moins d'années qu'il n'en compte. On entend dire tous les jours (ch. iv), Je me retirerai des affaires à cinquante, à soixante ans. Qui vous a donné l'assurance d'atteindre ce terme? Quelle folie que d'attendre, pour commencer à vivre, le moment où il faut sortir de la vie! L'auteur cite pour exemple de cette inconséquence (ch. v) l'empereur Auguste dont il dessine le règne en quelques traits rapides ; et Cicéron qui, inquiet même dans la prospérité, fut sans courage contre l'infortune, et qui se disait *libre à demi* dans sa retraite de Tusculum : propos bien peu digne d'un sage. Vient ensuite (ch. vi) le tribun Livius Drusus qui s'écriait que même étant enfant il ne s'était pas donné un seul jour de repos. L'homme trop occupé ne vit point. La vie entière n'est pas trop longue pour apprendre à vivre : elle ne l'est pas trop pour apprendre à mourir. Que de grands hommes ont renoncé, sur la fin de leurs jours, au tracas des affaires, pour s'instruire dans cette grande science! Et plusieurs parmi eux sont sortis de la vie en reconnaissant qu'ils l'ignoraient encore. Cependant, le commun des hommes, tout en perdant leur vie en d'inutiles occupations, n'ignorent point la perte qu'ils en font. Le jour présent leur pèse, même au sein des honneurs qu'ils ont ambitionnés. Mais celui qui sait faire de son temps un usage avantageux pour lui, ne craint ni ne désire le lendemain. Ce n'est pas avoir long-temps vécu que d'avoir été long-temps sur la terre (ch. VIII). Vivre c'est connaître le prix du temps. Ceux même qui en sont le plus prodigues, parce qu'ils n'en voient pas le terme, quel prix n'y attachent-ils pas dès qu'ils se croient en danger de mourir? Si l'on pouvait savoir le nombre des années à venir, comme celui des années passées, on verrait trembler ceux qui n'ont plus que peu de temps à vivre. Mais la vie suit sa marche ainsi qu'elle a commencé, sans que rien annonce son terme qui peut venir à chaque pas : insensiblement elle s'écoulera : ni les ordres des rois, ni la faveur du peuple, ne pourront la prolonger ; et, que vous ayez ou non des affaires, la mort se présentera : bon gré mal gré il faudra la recevoir. Nous arrangeons notre vie aux dépens de notre vie même (ch. IX). Nos idées se portent toujours dans le lointain : nous ne prenons pas garde que tout délai est une perte pour le présent. La vie des personnes engagées dans les affaires est très-courte (ch. X); elle se partage en trois temps, le présent, le passé, l'avenir. Le présent est court, l'avenir est incertain, le passé est assuré; mais il n'appartient qu'au sage de revenir avec satisfaction sur le passé : le méchant n'y peut trouver qu'une source d'amers repentirs. Les hommes occupés n'ont pas le temps de reporter leurs regards en arrière, la vie se perd comme dans un tourbillon, le présent seul leur appartient ; mais il est si court que ce temps même leur échappe au milieu des préoccupations qui les agitent. Voulez-vous savoir combien ils vivent peu (ch. XI)? Voyez comme ils désirent prolonger leur vie! Des vieillards décrépits fatiguent les dieux de leurs prières : ils se mentent à eux-mêmes en se cachant leur âge; et quand le moment fatal arrive, ils ne sortent point de la vie, ils en sont arrachés et se reprochent de n'avoir point su vivre. A cette existence agitée, Sénèque oppose la vie du sage qui s'est tenu loin des affaires, et pour qui la vie fut longue en tant que suffisante. Que faut-il entendre par personnes occupées? Ce ne sont pas seulement les plaideurs, les ambitieux, les flatteurs des grands, les coureurs d'encan, mais encore ceux qui portent dans les loisirs de la retraite l'agitation de leur âme. La vie de bien des gens ne peut être réputée oisive : c'est une stérile activité. Puis (ch. xii) Sénèque fait l'énumération de ces hommes qui passent leur temps dans une suite d'occupations frivoles, depuis l'amateur de vases de Corinthe et de combats d'athlètes, jusqu'à ces efféminés qui se font une affaire des recherches de la mollesse. Il vient ensuite à ceux qui se livrent aux investigations d'une érudition frivole (ch. xiii et xiv). Le vrai repos ne se trouve que dans l'étude de la sagesse; c'est pour les philosophes seuls que la vie est faite : le passé leur appartient comme le présent; ce sont leurs travaux qui pour nous ont étendu, préparé l'usage de la vie, qui pour nous ont élargi les limites du temps. Par eux, nous vivons avec les sages de l'antiquité : à toute heure nous pouvons les aborder, les consulter. Quant aux hommes qui briguent les emplois, et qui courtisent les grands, qu'ils disent combien de mécomptes ils ont éprouvés, combien de personnes leur ont fermé leur porte! Toujours les Socrate, les Carnéade, les Zénon, les Pythagore, vous recevront avec plaisir. Vous ne sortirez point les mains vides de la maison de pareils hôtes (ch. xv). Ils vous montreront la route qui conduit à l'immortalité; ils mettront à votre disposition les trésors de sagesse de tous les siècles. Car le temps qui renverse les trophées des héros n'a aucune prise sur les monumens et les découvertes de la sagesse. La vie du sage a donc une étendue sans limites. Il embrasse le passé par le souvenir, use du présent, et jouit d'avance de l'avenir. A la vie du sage, l'auteur oppose la vie très-courte et très-inquiète de ceux qui oublient le passé, négligent le présent et redoutent l'avenir. Ces gens-là (ch. xvi) invoquent cent fois le secours de la mort; mais il ne faut pas en conclure que leur vie soit longue; elle est seulement tourmentée par leur faute. Le temps ne leur paraît long que parce qu'ils ne savent pas en faire usage. Le temps qui retarde le plaisir qu'ils espèrent leur est insupportable; puis au moment de la jouissance ils sont assiégés par cette pensée importune : « Combien ce bonheur doit-il durer? » — Pourquoi les plaisirs sont-ils mêlés d'inquiétude (ch. xvii)? Cela tient à leur caractère fragile et impur. On n'est pas plus heureux dans la recherche des dignités. A peine y est-on arrivé que de protégé l'on devient protecteur. Après avoir cité l'exemple de Marius, de Scipion, de Cincinnatus, Sénèque en conclut que dans cette carrière les affaires rendent le repos toujours impossible. Il termine (ch. XVIII, XIX et XX) par une exhortation à Paulinus qu'il engage à se démettre du laborieux emploi d'intendant général des vivres de l'empire, pour se livrer au repos et s'adonner à l'étude de la sagesse. Il lui indique quelques-unes des hautes questions qui font l'objet des spéculations du sage; puis, revenant encore sur la destinée malheureuse des hommes occupés, il déplore l'aveuglement de ceux qui persistent à vouloir mourir au milieu des affaires, et qui vont jusqu'à s'en faire une des détails de leurs propres funérailles.

Juste Lipse suppose que Paulinus, à qui ce traité est adressé, était père de Pauline, la seconde femme de Sénèque; d'autres présument que c'était son frère. La première de ces conjectures est la plus généralement adoptée. Paulinus remplissait à Rome la charge de *præfectus annonæ*.

Dans quel temps fut composé ce traité? On voit bien par le chapitre XVIII que ce fut postérieurement au règne de Caligula, puisque Sénèque y parle de la mort de ce tyran; mais rien n'indique si ce fut immédiatement ou long-temps après. On a remarqué que les raisons par lesquelles il engage Paulinus à renoncer aux emplois, sont en contradiction avec les motifs qu'il fait valoir auprès de Serenus dans son Traité de la *Tranquillité de l'âme*, pour le porter à s'intéresser à la chose publique. Ces contradictions se rencontrent plus d'une fois dans les ouvrages de notre philosophe. Tel était au reste le travers habituel des stoïciens, qui, à force d'exagérer leurs préceptes, donnaient à leurs assertions quelque chose de paradoxal et même de déraisonnable. Qu'y a-t-il, en effet, de plus faux que de mettre la vie contemplative d'un rêveur oisif au dessus de l'utile activité d'un intendant des vivres probe et zélé? « On ne manquera pas, dit Sénèque (ch. XVIII), de gens d'une exacte probité, d'une stricte attention. » A cela Diderot répond : « Vous vous trompez : on trouvera cent contemplateurs oisifs, pour un homme actif, cent rêveurs sur les choses d'une autre vie, pour un bon administrateur des choses de celle-ci. Votre doctrine tend à enorgueillir des paresseux et des fous, et à dégoûter les bons princes et les bons magistrats, les citoyens vraiment essentiels. Si Paulinus fait mal son devoir, Rome sera dans le tumulte; si Paulinus fait mal son devoir, Sénèque manquera de pain. Le philosophe est un homme estimable partout, mais plus au sénat que dans l'école, plus dans un tribunal que dans une bibliothèque; et la sorte d'occupations que vous dédaignez est vraiment celle que j'honore; elle demande de la fatigue, de l'exactitude, de la probité; et les hommes doués de ces qualités vous semblent communs! »

Ce traité a été traduit par Chalvet, Les-Fargues, Du Ryer et Lagrange; en extrait, par Nicole et La Beaumelle. Nicole a joint à sa traduction des réflexions chrétiennes, dans lesquelles il attaque, avec les armes de la foi, ce qu'il appelle la vanité de la philosophie humaine. Nous y reviendrons dans les notes.

C. D.

DE BREVITATE VITÆ.

I. Major pars mortalium, Pauline, de naturæ malignitate conqueritur, quod in exiguum ævi gignimur, quod hæc tam velociter, tam rapide dati nobis temporis spatia decurrant, adeo ut, exceptis admodum paucis, ceteros in ipso vitæ apparatu vita destituat. Nec huic publico, ut opinantur, malo, turba tantum et imprudens vulgus ingemuit : clarorum quoque virorum hic affectus querelas evocavit. Inde illa maximi medicorum exclamatio est : « Vitam brevem esse, longam artem. » Inde Aristoteli, cum rerum natura exigenti, minime conveniens sapienti viro lis est : illam animalibus tantum indulsisse, ut quina aut dena secula educerent, homini in tam multa ac magna genito, tanto citeriorem terminum stare.

Non exiguum temporis habemus : sed multum perdimus. Satis longa vita, et in maximarum rerum consummationem large data est, si tota bene collocaretur. Sed ubi per luxum ac negligentiam defluit, ubi nulli rei

DE
LA BRIÈVETÉ DE LA VIE.

I. La plupart des mortels, Paulinus, se plaignent de l'injuste rigueur de la nature, de ce que nous naissons pour une vie si courte[1], de ce que la mesure de temps qui nous est donnée fuit avec tant de vitesse, tant de rapidité, qu'à l'exception d'un très-petit nombre, la vie délaisse le reste des hommes, au moment où ils s'apprêtaient à vivre. Cette disgrâce commune, à ce qu'on pense, n'a point fait gémir la foule seulement et le vulgaire insensé : même à d'illustres personnages ce sentiment a arraché des plaintes. De là cette exclamation du prince de la médecine : *La vie est courte, l'art est long*[2]. De là, prenant à partie la nature, Aristote[3] lui intente un procès peu digne d'un sage : il la blâme d'avoir favorisé les animaux de la faculté d'exister cinq ou dix siècles, tandis que, pour l'homme appelé à des destinées si variées et si hautes, le terme de la vie est incomparablement plus court.

Nous n'avons pas trop peu de temps, mais nous en perdons beaucoup. La vie est assez longue; elle suffirait[4], et au delà, à l'accomplissement des plus grandes entreprises, si tous les momens en étaient bien employés. Mais quand elle s'est écoulée dans les plaisirs et dans l'indolence,

bonæ impenditur; ultima demum necessitate cogente, quam ire non intelleximus, transisse sentimus. Ita est, non accepimus brevem vitam, sed fecimus : nec inopes ejus, sed prodigi sumus. Sicut amplæ et regiæ opes, ubi ad malum dominum pervenerunt, momento dissipantur, at quamvis modicæ, si bono custodi traditæ sunt, usu crescunt : ita ætas nostra bene disponenti multum patet.

II. Quid de rerum natura querimur? illa se benigne gessit : vita, si scias uti, longa est. Alium insatiabilis tenet avaritia : alium in supervacuis laboribus operosa sedulitas : alius vino madet : alius inertia torpet : alium defatigat ex alienis judiciis suspensa semper ambitio : alium mercandi præceps cupiditas circa omnes terras, omnia maria, spe lucri, ducit. Quosdam torquet cupido militiæ, nunquam non aut alienis periculis intentos, aut suis anxios : sunt quos ingratus superiorum cultus voluntaria servitute consumat. Multos aut affectatio alienæ fortunæ, aut suæ odium detinuit : plerosque nihil certum sequentes, vaga et inconstans et sibi displicens levitas per nova consilia jactavit. Quibusdam nihil quo cursum dirigant, placet, sed marcentes oscitantesque fata deprehendunt : adeo ut quod apud maximum poetarum more oraculi dictum est, verum esse non dubitem :

sans que rien d'utile en ait marqué l'emploi, le dernier, l'inévitable moment vient enfin nous presser : et cette vie que nous n'avions pas vue marcher nous sentons qu'elle est passée. Voilà la vérité : nous n'avons point reçu une vie courte, c'est nous qui l'avons rendue telle : nous ne sommes pas indigens, mais prodigues. D'immenses, de royales richesses, échues à un maître vicieux, sont dissipées en un instant, tandis qu'une fortune modique, confiée à un gardien économe, s'accroît par l'usage qu'il en fait : ainsi notre vie a beaucoup d'étendue pour celui qui sait en disposer sagement.

II. Pourquoi ces plaintes contre la nature? elle s'est montrée si bienveillante ; la vie, pour qui sait l'employer, est assez longue. Mais l'un est dominé par une insatiable avarice ; l'autre s'applique laborieusement à des travaux frivoles ; un autre se plonge dans le vin ; un autre s'endort dans l'inertie ; un autre nourrit une ambition toujours soumise aux jugemens d'autrui ; un autre témérairement passionné pour le négoce est poussé par l'espoir du gain sur toutes les terres, par toutes les mers ; quelques-uns, tourmentés de l'ardeur des combats, ne sont jamais sans être occupés ou du soin de mettre les autres en péril, ou de la crainte d'y tomber eux-mêmes. On en voit qui, dévoués à d'illustres ingrats, se consument dans une servitude volontaire. Plusieurs convoitent la fortune d'autrui ou maudissent leur destinée ; la plupart des hommes, n'ayant point de but certain, cédant à une légèreté vague, inconstante, importune à elle-même, sont ballottés sans cesse en de nouveaux desseins ; quelques-uns ne trouvent rien qui les attire, ni qui leur plaise ; et la mort les surprend dans leur langueur et leur incertitude[5]. Aussi cette sentence sortie comme

Exigua pars est vitæ, quam nos vivimus;

certum quidem omne spatium, non vita, sed tempus est. Urgentia circumstant vitia undique : nec resurgere, aut in dispectum veri attollere oculos sinunt, sed mersos, et in cupiditatibus infixos premunt. Nunquam illis recurrere ad se licet, si quando aliqua quies fortuito contigit : velut in profundo mari, in quo post ventum quoque volutatio est, fluctuantur, nec unquam illis a cupiditatibus suis otium instat.

De istis me putas disserere, quorum in confesso mala sunt : aspice illos ad quorum felicitatem concurritur : bonis suis effocantur. Quam multis graves sunt divitiæ? quam multorum eloquentia, quotidiano ostentandi ingenii spatio, sanguinem educit? quam multi continuis voluptatibus pallent? quam multis nihil liberi relinquit circumfusus clientium populus? Omnes denique istos, ab infimis usque ad summos, pererra : hic advocat, hic adest, ille periclitatur, ille defendit, ille judicat. Nemo se sibi vindicat : alius in alium consumitur. Interroga de istis, quorum nomina ediscuntur : his illos dignosci videbis notis : « Hic illius cultor est, ille illius, suus nemo. » Deinde dementissima quorundam indignatio est : que-

un oracle de la bouche d'un grand poète[6] me paraît incontestable :

> Nous ne vivons que la moindre partie
> Du temps de notre vie ;

car tout le reste de sa durée n'est point de la vie, mais du temps. Les vices nous entourent et nous pressent de tous côtés : ils ne nous permettent ni de nous relever, ni de reporter nos yeux vers la contemplation de la vérité ; ils nous tiennent plongés, abîmés dans la fange des passions. Il ne nous est jamais permis de revenir à nous : même lorsque le hasard nous amène quelque relâche. Nous flottons comme sur une mer profonde, où, même après le vent, on sent encore le roulis des vagues ; et jamais à la tourmente de nos passions on ne voit succéder le calme.

Vous croyez que je ne parle que de ceux dont chacun publie les misères : mais considérez ces heureux du jour, autour desquels la foule se presse ; leurs biens les étouffent. Combien d'hommes que l'opulence accable ; combien d'autres pour cette éloquence, qui dans une lutte de chaque jour les force à déployer leur génie, ont épuisé leur poitrine ; combien sont pâles de leurs continuelles débauches ; que de grands à qui le peuple des cliens toujours autour d'eux empressé ne laisse aucune liberté ! Enfin parcourez tous les rangs de la société, depuis les plus humbles jusqu'aux plus élevés[7], l'un réclame votre appui en justice, l'autre vous y assiste ; celui-ci voit sa vie en péril, celui-là le défend, cet autre est juge : nul ne s'appartient ; chacun se consume contre un autre. Informez-vous de ces cliens dont les noms s'apprennent par cœur, vous verrez à quels signes on les reconnaît : *celui-ci*

runtur de superiorum fastidio, quod ipsis adire volentibus non vacaverint. Audet quisquam de alterius superbia queri, qui sibi ipse nunquam vacat? Ille tamen, quisquis est, insolenti quidem vultu, sed aliquando respexit : ille aures suas ad tua verba demisit : ille te ad latus suum recepit; tu non inspicere te unquam, non audire dignatus es.

III. Non est itaque, quod ista officia cuiquam imputes : quoniam quidem quum illa faceres, non esse cum alio volebas, sed tecum esse non poteras. Omnia licet quæ unquam ingenia fulserunt, in hoc unum consentiant, nunquam satis hanc humanarum mentium caliginem mirabuntur. Prædia sua occupari a nullo patiuntur, et si exigua contentio est de modo finium, ad lapides et arma discurrunt : in vitam suam incedere alios sinunt, immo vero ipsi etiam possessores ejus futuros inducunt. Nemo invenitur, qui pecuniam suam dividere velit : vitam unusquisque quam multis distribuit? Adstricti sunt in continendo patrimonio : simul ad temporis jacturam ventum est, profusissimi in eo cujus unius honesta avaritia est. Libet itaque ex seniorum turba comprehendere aliquem : « Pervenisse te ad ultimum ætatis humanæ vide-
« mus : centesimus tibi, vel supra, premitur annus : age-
« dum, ad computationem ætatem tuam revoca. Dic

rend ses devoirs à un tel, celui-là à tel autre, personne ne s'en rend à soi-même. Enfin rien de plus extravagant que les colères de quelques-uns ; ils se plaignent de la hauteur des grands qui n'ont pas eu le temps de les recevoir. Comment ose-t-il se plaindre de l'orgueil d'un autre, celui qui jamais ne trouve un moment pour lui-même ? Cet homme quel qu'il soit, avec son visage dédaigneux, vous a du moins regardé, il a prêté l'oreille à vos discours, vous a fait placer à ses côtés ; et vous, jamais vous n'avez daigné tourner un regard sur vous-même ni vous donner audience.

III. Vous n'êtes donc pas en droit de reprocher à personne ces bons offices ; car vous les rendiez moins par le désir d'être avec un autre, que par impuissance de rester avec vous-même [8]. Quand tous les génies qui ont jamais brillé se réuniraient pour méditer sur cet objet, ils ne pourraient s'étonner assez de cet aveuglement de l'esprit humain. Aucun homme ne souffre qu'on s'empare de ses propriétés ; et, pour le plus léger différent sur les limites, on a recours aux pierres et aux armes. Et pourtant la plupart permettent qu'on empiète sur leur vie ; on les voit même en livrer d'avance à d'autres la possession pleine et entière. On ne trouve personne qui vous fasse part de son argent, et chacun dissipe sa vie à tous venans. Tels s'appliquent à conserver leur patrimoine, qui, vienne l'occasion de perdre leur temps, s'en montrent prodigues, alors seulement que l'avarice serait une vertu. Je m'adresserai volontiers ici à quelqu'homme de la foule des vieillards : « Tu « es arrivé, je le vois, au terme le plus reculé de la vie « humaine ; tu as cent ans ou plus sur la tête ; hé bien, « calcule l'emploi de ton temps ; dis-nous combien t'en

« quantum ex isto tempore creditor, quantum amica,
« quantum reus, quantum cliens abstulerit : quantum lis
« uxoria, quantum servorum coercitio, quantum officiosa
« per urbem discursatio. Adjice morbos, quos manu fe-
« cimus ; adjice, quod et sine usu jacuit : videbis te pau-
« ciores annos habere quam numeras. Repete memoria
« tecum, quando certus consilii fueris, quotus quisque
« dies, ut destinaveras, recesserit ; qui tibi usus tui fue-
« rit ; quando in statu suo vultus, quando animus intre-
« pidus ; quid tibi in tam longo ævo facti operis sit; quam
« multi vitam tuam diripuerint, te non sentiente quid
« perderes ; quantum vanus dolor, stulta lætitia, avida
« cupiditas, blanda conversatio abstulerit ; quam exi-
« guum tibi de tuo relictum sit : intelliges, te imma-
« turum mori ! »

IV. Quid ergo est in causa ? tanquam semper victuri vivitis : nunquam vobis fragilitas vestra succurrit. Non observatis quantum jam temporis transierit : velut ex pleno et abundanti perditis, quum interim fortasse ille ipse, alicui vel homini vel rei donatus, ultimus dies sit. Omnia, tanquam mortales, timetis : omnia, tanquam immortales, concupiscitis. Audies plerosque dicentes : « A quinqua-
« gesimo in otium secedam : sexagesimus annus ab officiis
« me demittet. » Et quem tandem longioris vitæ præ-
dem accipis ? quis ista, sicuti disponis, ire patietur ? Non pudet te reliquias vitæ tibi reservare, et id solum tem-

« ont enlevé un créancier, une maîtresse, un accusé 9 un
« client; combien tes querelles avec ta femme, la correc-
« tion de tes esclaves, tes démarches officieuses dans la
« ville. Ajoute les maladies que nos excès ont faites; ajoute
« le temps qui s'est perdu dans l'inaction, et tu verras que
« tu as beaucoup moins d'années que tu n'en comptes.
« Rappelle à ton souvenir combien de fois tu as per-
« sisté dans un projet; combien de jours ont eu l'emploi
« que tu leur destinais; quel avantage tu as retiré de
« toi-même; combien de fois ton visage a été calme et ton
« cœur intrépide; quels travaux utiles ont rempli une si
« longue suite d'années ; combien d'hommes ont mis ta
« vie au pillage, sans que tu sentisses le prix de ce que
« tu perdais; combien de temps t'ont dérobé des chagrins
« sans objet, des joies insensées, l'âpre convoitise, les
« charmes de la conversation : vois alors combien peu
« il t'est resté de ce temps qui t'appartenait, et tu re-
« connaîtras que ta mort est prématurée [10]. »

IV. Quelle en est donc la cause? mortels vous vivez
comme si vous deviez toujours vivre. Il ne vous souvient
jamais de la fragilité de votre existence ; vous ne remarquez pas combien de temps a déjà passé; et vous le perdez
comme s'il coulait d'une source intarissable, tandis que
ce jour, que vous donnez à un tiers ou à quelqu'affaire,
est peut-être le dernier de vos jours. Vous craignez
tout, comme étant mortels : vous désirez tout, comme si
vous étiez immortels. La plupart des hommes disent : *A
cinquante ans, j'irai vivre dans la retraite; à soixante
ans, je renoncerai aux emplois.* Et qui vous a donné
caution d'une vie plus longue [11]? qui permettra que tout
se passe comme vous l'arrangez ? N'avez-vous pas honte
de ne vous réserver que les restes de votre vie, et de des-

pus bonæ menti destinare, quod in nullam rem conferri possit? Quam serum est, tunc vivere incipere, quum desinendum est? quæ tam stulta mortalitatis oblivio, in quinquagesimum et sexagesimum annum differre sana consilia : et inde velle vitam inchoare, quo pauci perduxerunt? Potentissimis, et in altum sublatis hominibus excidere voces videbis, quibus otium optent, laudent, omnibus bonis suis præferant. Cupiunt interim ex illo fastigio suo, si tuto liceat, descendere. Nam ut nihil extra lacessat aut quatiat, in se ipsa fortuna ruit.

V. Divus Augustus, cui dii plura quam ulli præstiterunt, non desiit quietem sibi precari, vacationem a Republica petere. Omnis ejus sermo ad hoc semper revolutus est, ut sibi speraret otium. Hoc labores suos, etiamsi falso, dulci tamen oblectabat solatio : « Aliquando se « victurum sibi. » In quadam ad senatum missa epistola, quum requiem suam non vacuam fore dignitatis, nec a priore gloria discrepantem, pollicitus esset, hæc verba inveni : « Sed ista fieri speciosius, quam promitti pos- « sunt; me tamen cupido temporis optatissimi mihi pro- « vexit, ut quoniam rerum lætitia moratur adhuc, præ- « ciperem aliquid voluptatis ex verborum dulcedine. » Tanta visa est res otium, ut illam, quia usu non poterat, cogitatione præsumeret! Qui omnia videbat ex se uno pendentia, qui hominibus gentibusque fortunam

tiner à la culture de votre esprit le seul temps qui n'est plus bon à rien? N'est-il pas trop tard de commencer à vivre lorsqu'il faut sortir de la vie? Quel fol oubli de notre condition mortelle, que de remettre à cinquante ou soixante ans les sages entreprises, et de vouloir commencer la vie à une époque où peu de personnes peuvent parvenir! Entendez les paroles qui échappent aux hommes les plus puissans, les plus élevés en dignité; ils désirent le repos, ils vantent ses douceurs, ils le mettent au dessus de tous les autres biens dont ils jouissent [12]; ils n'aspirent qu'à descendre du faîte des grandeurs, pourvu qu'ils puissent le faire sans danger [13]; car bien que rien au dehors ne l'attaque ni ne l'ébranle, la fortune est sujette à s'écrouler sur elle-même.

V. Le divin Auguste, à qui les dieux avaient plus accordé qu'à tout autre mortel, ne cessa de réclamer pour soi le repos et de souhaiter d'être délivré des soins du gouvernement [14]. Dans tous ses discours il en revenait toujours à ce point qu'il espérait pour lui le repos. Au milieu de ses travaux il trouvait pour les alléger une consolation illusoire, mais douce toutefois, en se disant : *Quelque jour je vivrai pour moi.* Dans une de ses lettres, adressée au sénat, où il assurait que son repos ne manquerait point de dignité, et ne démentirait point sa gloire, j'ai remarqué ces mots : « Mais de tels projets « sont plus beaux à réaliser qu'en spéculation. Cependant « mon impatience de voir arriver un moment si passion- « nément désiré, me procure du moins cet avantage, « que puisque ce bien se fait encore attendre, j'en goûte « d'avance les douceurs par le seul plaisir d'en parler. » Combien faut-il que le repos lui parût précieux, puisqu'à défaut de la réalité, il voulait en jouir en imagination [15]!

dabat, illum diem lætissimus cogitabat, quo magnitudinem suam exueret. Expertus erat, quantum illa bona, per omnes terras fulgentia, sudoris exprimerent, quantum occultarum sollicitudinum tegerent : cum civibus primum, deinde cum collegis, novissime cum affinibus, coactus armis decernere, mari terraque sanguinem fudit per Macedoniam, Siciliam, Ægyptum, Syriam, Asiamque, et omnes prope oras bello circumactus, Romana cæde lassos exercitus ad externa bella convertit. Dum Alpes pacat, immixtosque mediæ paci et imperio hostes perdomat, dum ultra Rhenum, Euphratem et Danubium terminos movet, in ipsa urbe, Murenæ, Cæpionis Lepidi, Egnatiorum in eum mucrones acuebantur. Nondum horum effugerat insidias : filia, et tot nobiles juvenes adulterio velut sacramento adacti, jam infractam ætatem territabant; plusque et iterum timenda cum Antonio mulier. Hæc ulcera cum ipsis membris absciderat : alia subnascebantur. Velut quum grave multo sanguine corpus, parte semper aliqua rumpebatur. Itaque otium optabat : in hujus spe et cogitatione labores ejus residebant. Hoc votum erat ejus qui voti compotes facere poterat.

Marcus Cicero inter Catilinas Clodiosque jactatus, Pompeiosque et Crassos, partim manifestos inimicos, partim dubios amicos, dum fluctuatur cum republica,

Celui qui voyait tout soumis à son unique volonté, qui tenait en ses mains les destinées des hommes et des nations, envisageait avec joie le jour où il pourrait se dépouiller de toute sa grandeur. L'expérience lui avait prouvé combien ces biens dont l'éclat remplissait toute la terre, coûtaient de sueurs, et combien ils cachaient d'inquiétudes secrètes. Forcé de combattre à main armée d'abord ses concitoyens, ensuite ses collègues, enfin ses parens [16], il versa des flots de sang sur terre et sur mer ; entraîné par la guerre en Macédoine, en Sicile, en Égypte, en Syrie et en Asie, et presque sur tous les rivages, il dirigea contre les étrangers du dehors ses armées lassées de massacrer des Romains. Tandis qu'il pacifie les Alpes, et dompte des ennemis incorporés à l'empire dont ils troublaient la paix [17], tandis qu'il en recule les limites au delà du Rhin, de l'Euphrate et du Danube, dans Rome même, les poignards des Muréna, des Cépion, des Lépide, des Egnatius s'aiguisaient contre lui [18]. A peine est-il échappé à leurs embûches que sa fille et tant de jeunes patriciens, liés par l'adultère comme par un serment solennel, épouvantent sa vieillesse fatiguée, et lui font craindre pis qu'une nouvelle Cléopâtre avec un autre Antoine [19]. Quand il eut amputé ces plaies avec les membres mêmes, d'autres renaissaient à l'instant. Ainsi dans un corps trop chargé de sang, toujours quelqu'épanchement s'opère. Auguste désirait donc le repos : dans cet espoir, dans cette pensée, il trouvait l'allégement de ses travaux. Tel était le vœu de celui qui pouvait combler les vœux de tout l'univers.

M. Cicéron qui fut ballotté entre les Catilina et les Clodius, les Pompée et les Crassus, les uns ses ennemis déclarés, les autres ses amis douteux ; qui, battu de l'orage

et illam pessum euntem tenet, novissime abductus, nec secundis rebus quietus, nec adversarum patiens, quoties illum ipsum consulatum suum non sine causa, sed sine fine laudatum, detestatur? quam flebiles voces exprimit in quadam ad Atticum epistola, jam victo patre Pompeio, adhuc filio in Hispania fracta arma refovente? « Quid agam, » inquit, « hic, quæris? moror in Tuscu-« lano meo semiliber. » Alia deinceps adjicit, quibus et priorem ætatem complorat, et de præsenti queritur, et de futura desperat. Semiliberum se dixit Cicero! at mehercules nunquam sapiens in tam humile nomen procedet, nunquam semiliber erit : integræ semper libertatis et solidæ, solutus, et sui juris, altior ceteris. Quid enim supra eum potest esse, qui supra fortunam est?

VI. Livius Drusus, vir acer et vehemens, quum leges novas et mala Gracchana movisset, stipatus ingenti totius Italiæ cœtu, exitum rerum non providens, quas nec agere licebat, nec jam liberum erat semel inchoatas relinquere, exsecratus inquietam a primordiis vitam, dicitur dixisse : « Uni sibi, nec puero quidem, unquam « ferias contigisse. » Ausus enim et pupillus adhuc et prætextatus, judicibus reos commendare, et gratiam suam foro interponere tam efficaciter, ut quædam judicia constet ab illo rapta. Quo non irrumperet tam immatura ambitio? scires in malum ingens, et privatum

avec la république, la retint quelque temps sur le bord de l'abîme où il fut enfin précipité avec elle ; qui, inquiet dans la bonne fortune, fut sans courage dans l'adversité ; combien de fois ne maudit-il pas son consulat qu'il avait loué non sans sujet, mais sans mesure ? Quelles lamentations ne fait-il pas entendre dans une lettre adressée à Atticus [20] au moment où, après la défaite de son père, le jeune Pompée cherchait à relever en Espagne son parti abattu ? « *Vous me demandez*, dit-il, *ce que je fais ici. Je vis à moitié libre, dans ma maison de Tusculum.* » Puis entrant dans d'autres détails, il déplore le passé, se plaint du présent et désespère de l'avenir. Cicéron se disait à moitié libre ! jamais certainement le sage ne prendra un nom si humiliant ; jamais il ne sera à moitié libre ; toujours il jouira d'une liberté pleine et entière, affranchi de tout lien, ne dépendant que de lui, supérieur à tous les autres ; car qui pourrait être au dessus de celui qui est supérieur à la fortune [21].

VI. Livius Drusus, homme âpre et violent, qui, par des lois nouvelles, réveilla les séditions des Gracques, entouré d'une immense multitude venue de toute l'Italie, hors d'état de prévoir l'issue d'une lutte qu'il ne pouvait ni terminer, ni abandonner, après l'avoir engagée, maudissait, dit-on, cette vie de tous temps agitée, et disait *que lui seul, même dans son enfance, n'avait jamais eu de congés.* En effet, encore sous la garde d'un tuteur et revêtu de la robe prétexte [22], il osa recommander des accusés aux juges, et interposer son crédit dans le barreau avec tant d'efficacité, que plus d'un arrêt fut notoirement imposé par lui aux magistrats. Jusqu'où ne devait point se porter une ambition si prématurée ? Et déjà l'on pouvait savoir les malheurs pu-

et publicum, evasuram illam tam præcocem audaciam ! Sero itaque querebatur, « nullas sibi ferias contigisse, » a puero seditiosus, et foro gravis. Disputatur, an ipse sibi manus attulerit. Subito enim vulnere per inguen accepto collapsus est : aliquo dubitante, an mors voluntaria esset : nullo, an tempestiva.

Supervacuum est commemorare plures, qui quum aliis felicissimi viderentur, ipsi in se verum testimonium dixerunt, prodentes omnem actum annorum suorum. Sed his querelis nec alios mutaverunt, nec se ipsos. Nam quum verba eruperunt, affectus ad consuetudinem relabuntur. Vestra mehercule vita, licet supra mille annos exeat, in arctissimum contrahetur : ista vitia nullum non seculum devorabunt : hoc vero spatium, quod, quamvis natura currit, ratio dilatat, cito vos effugiat necesse est. Non enim apprehenditis, nec retinetis, nec velocissimæ omnium rei moram facitis, sed abire ut rem supervacuam ac reparabilem sinitis.

In primis autem et illos numero, qui nulli rei, nisi vino ac libidini vacant : nulli enim turpius occupati sunt. Ceteri, etiamsi vana gloriæ imagine teneantur, speciose tamen errant. Licet avaros mihi, licet vel iracundos enumeres, vel odia exercentes injusta, vel bella : omnes isti virilius peccant. In ventrem ac libidinem projectorum inhonesta labes est. Omnia istorum tem-

blics et privés que devait entraîner une audace si précoce ! C'est donc trop tard qu'il se plaignait de *n'avoir pas eu de congés*, après avoir été, dès son enfance, un séditieux, un tyran du barreau. On ne saurait dire s'il se donna la mort : il fut tout à coup renversé d'une blessure reçue dans l'aîne ; quelques-uns doutèrent que sa mort eût été volontaire, tout le monde convint qu'elle venait fort à propos [23].

Il serait superflu de rappeler l'exemple de beaucoup d'hommes qui, jouissant en apparence de la plus grande félicité, ont rendu d'eux-mêmes un témoignage sincère, en mettant à découvert toute leur vie passée : mais leurs plaintes n'ont changé ni les autres ni eux-mêmes ; et, à peine ces paroles sorties de leur bouche, leurs passions les faisaient retomber dans les mêmes habitudes. Oui, certes, votre vie allât-elle au delà de mille ans, peut se renfermer en un très-petit espace ; vos vices dévoreront des siècles ; cet espace qu'en dépit de la rapidité de la nature la raison pourrait étendre, doit nécessairement bientôt vous échapper, car vous ne saisissez pas, vous ne retenez pas, vous ne retardez pas dans sa course la chose du monde la plus fugitive ; vous la laissez s'éloigner comme chose superflue et facile à recouvrer.

Je mets en tête de cette catégorie ceux qui n'ont d'autre passe-temps que l'ivrognerie et la débauche, car il n'en est point qui soient plus honteusement occupés. Les autres hommes sont séduits par les illusions d'une fausse gloire, et leurs égaremens ne sont pas sans excuse. Mettez, j'y consens, dans ce nombre les avares, les hommes colères, ceux qui se livrent à des inimitiés ou à des guerres injustes : eux, au moins, commettent des fautes plus convenables à des hommes. Mais ceux qui se

pora excute : adspice quamdiu computent, quamdiu insidientur, quamdiu timeant, quamdiu colant, quamdiu colantur, quantum vadimonia sua atque aliena occupent, quantum convivia, quæ jam ipsa officia sunt; videbis, quæmadmodum illos respirare non sinant vel mala sua, vel bona. Denique inter omnes convenit, nullam rem bene exerceri posse ab homine occupato : non eloquentiam, non liberales disciplinas : quando districtus animus nihil altius recipit, sed omnia velut inculcata respuit. Nihil minus est hominis occupati, quam vivere : nullius rei difficilior est scientia.

VII. Professores aliarum artium vulgo multique sunt. Quasdam vero ex his pueri admodum ita percepisse visi sunt, ut etiam præcipere possent. Vivere tota vita discendum est : et quod magis fortasse mirabere, tota vita discendum est mori. Tot maximi viri, relictis omnibus impedimentis, quum divitiis, officiis, voluptatibus renuntiassent, hoc unum in extremam usque ætatem egerunt, ut vivere scirent : plures tamen ex his nondum se scire confessi e vita abierunt : nedum ut isti sciant.

Magni, mihi crede, et supra humanos errores eminentis viri est, nihil ex suo tempore delibari sinere : et

plongent dans l'intempérance et dans la débauche se dégradent entièrement. Examinez l'emploi que ces gens là font tout de leur temps ; observez combien ils en perdent à compter leur argent, à tendre des embûches, à s'inquiéter ; combien à rendre ou à recevoir des hommages obséquieux ; combien à obtenir pour eux ou à offrir pour un tiers des cautions en justice ; combien à défendre leur cause ou celle d'autrui ; combien à donner des repas qui maintenant sont des devoirs : et vous verrez que leurs maux ou leurs biens ne leur donnent pas le temps de respirer. Enfin tout le monde convient qu'un homme trop occupé, ne peut rien faire de bien : il ne peut cultiver ni l'éloquence ni les arts libéraux ; un esprit tiraillé, distrait n'approfondit rien, il rejette tout comme si on l'eût fait entrer de force ; l'homme occupé ne songe à rien moins qu'à vivre : cependant aucune science n'est plus difficile que celle de la vie.

VII. Des maîtres en toutes autres sciences se trouvent partout et en grand nombre : on a vu même des enfans en posséder si bien quelques-unes qu'ils auraient pu les professer. Mais l'art de vivre, il faut toute la vie pour l'apprendre ; et ce qui vous surprendra peut-être davantage, toute la vie il faut apprendre à mourir[24]. Tant de grands hommes, après s'être affranchis de tout soin, après avoir renoncé aux richesses, aux emplois, aux plaisirs, ne se sont occupés, jusqu'au terme de leur carrière, que de savoir vivre. Cependant presque tous ont avoué en quittant la vie, qu'ils n'avaient pu acquérir cette science : comment à plus forte raison les hommes dont nous parlons, l'auraient-ils apprise ?

Il appartient croyez-moi, à un grand homme, élevé au dessus des erreurs humaines, de ne point se laisser

ideo vita ejus longissima est, cui quantumcumque patuit, totum ipsi vacavit. Nihil inde incultum otiosumque jacuit : nihil sub alio fuit; neque enim quidquam reperit dignum quod cum tempore suo permutaret, custos ejus parcissimus. Itaque satis illi fuit : his vero necesse est defuisse, ex quorum vita multum populus tulit. Nec est quod putes, hinc illos non intelligere damnum suum; plerosque certe audies ex is quos magna felicitas gravat, inter clientium greges, aut causarum actiones, aut ceteras honestas miserias exclamare interdum : « Mihi vivere non licet ! » Quidni non liceat? omnes illi qui te sibi advocant, tibi abducunt. Ille reus quot dies abstulit? quot ille candidatus? quot illa anus, efferendis heredibus lassa? quot ille ad irritandam avaritiam captantium simulatus æger? quot ille potentior amicus, qui vos non in amicitia, sed in apparatu habet? Dispunge, inquam, ac recense vitæ tuæ dies : videbis paucos admodum et ridiculos apud te resedisse. Assecutus ille quos optaverat fasces, cupit ponere, et subinde dicit : « Quando hic annus præteribit? » Facit ille ludos, quorum sortem sibi obtingere magno æstimavit : « Quando, inquit, istos effugiam? » Diripitur ille toto foro patronus, et magno concursu omnia, ultra quam audiri potest, complet : « Quando, inquit, res pro-
« ferentur? » Præcipitat quisque vitam suam, et futuri desiderio laborat, præsentium tædio. At ille, qui nul-

dérober la plus petite partie de son temps : car celui-là a joui d'une très-longue vie qui a su n'employer qu'à vivre tout le temps de sa durée; il n'en a rien laissé d'oiseux ni de stérile; il n'en a rien mis à la disposition d'un autre ; il n'a rien trouvé qui fût digne d'être échangé contre son temps, dont il est le gardien économe : aussi la vie a-t-elle été suffisante pour lui; mais nécessairement doit-elle manquer à ceux qui la laissent gaspiller par tout le monde. Et ne croyez pas qu'ils soient sans s'apercevoir de ce qu'ils perdent : vous entendrez souvent la plupart de ceux qu'une grande prospérité accable, au milieu de la foule de leurs cliens, du conflit des procès, et des autres honorables misères : « *Je n'ai pas le temps de vivre!* » Pourquoi donc ? parce que tous ceux qui vous attirent à eux, vous enlèvent à vous-même. Combien de jours ne vous ont pas dérobés cet accusé, ce candidat, cette vieille fatiguée d'enterrer ses héritiers, et cet homme riche, qui fait le malade pour irriter la cupidité des coureurs de successions? et ce puissant ami qui vous recherche, non par amitié, mais par ostentation? Supputez, dis-je, un à un et passez en revue tous les jours de votre vie[25], et vous verrez qu'il n'en est resté pour vous qu'un très-petit nombre, et de ceux qui ne valent pas la peine d'en parler. Celui-ci, qui vient d'obtenir les faisceaux qu'il avait désirés avec ardeur, n'aspire qu'à les déposer, et dit souvent : *Quand cette année sera-t-elle passée ?* Cet autre, en donnant des jeux dont il remerciait le sort de lui avoir attribué la célébration : *Ah!* dit-il, *quand serai-je délivré de tout cet embarras ?* On s'arrache cet avocat dans tous les tribunaux[26], il attire un si grand concours d'auditeurs, que tous ne peuvent l'entendre;

lum non tempus in usus suos confert, qui omnes dies tanquam vitam ordinat, nec optat crastinum, nec timet. Quid enim est, quod jam ulla hora novæ voluptatis possit afferre? Omnia nota, omnia ad satietatem percepta sunt : de cetero fors fortuna, ut volet, ordinet; vita jam in tuto est. Huic adjici potest, detrahi nihil : et adjici sic, quemadmodum aliquis ventre saturo jam, non pleno, aliquid cibi, quod nec desiderat, capit.

VIII. Non est itaque, quod quemquam propter canos aut rugas putes diu vixisse : non ille diu vixit, sed diu fuit. Quid enim? si illum multum putes navigavisse, quem sæva tempestas a portu exceptum huc et illuc tulit, ac viribus ventorum ex diverso furentium per eadem spatia in orbem egit? non ille multum navigavit, sed multum jactatus est. Mirari soleo, quum video aliquos tempus petere, et eos, qui rogantur, facillimos. Illud uterque spectat, propter quod tempus petitum est : ipsum tempus quidem neuter. Quasi nihil petitur, quasi nihil datur : re omnium pretiosissima luditur. Fallit autem illos, quia res incorporalis est, quia sub oculos non venit : ideoque vilissima æstimatur, immo pæne nullum pretium ejus est. Annua congiaria homines clarissimi accipiunt, et his aut laborem, aut operam, aut

et pourtant il s'écrie : *Quand les fêtes viendront-elles suspendre les affaires ?* Chacun anticipe sur sa vie, tourmenté qu'il est de l'impatience de l'avenir et de l'ennui du présent. Mais celui qui n'emploie son temps que pour son propre usage, qui règle chacun de ses jours comme sa vie, ne désire ni ne craint le lendemain : car quelle heure pourrait lui apporter quelque nouveau plaisir? Il a tout connu, tout goûté jusqu'à satiété : que l'aveugle fortune décide du reste comme il lui plaira, déjà sa vie est en sûreté. On peut y ajouter, mais non en retrancher; et encore si l'on y ajoute, c'est comme quand un homme dont l'estomac est rassasié, mais non rempli, prend encore quelques alimens, qu'il mange sans appétit.

VIII. Ce n'est donc pas parce qu'il a des rides et des cheveux blancs, qu'il faut croire qu'un homme a long-temps vécu : il n'a pas long-temps vécu, il est resté long-temps sur la terre [27]. Quoi donc ! pensez-vous qu'un homme a beaucoup navigué, lorsque, surpris dès le port par une tempête cruelle, il a été çà et là balotté par les vagues, et qu'en butte à des vents déchaînés en sens contraire, il a toujours tourné autour du même espace ? il n'a pas beaucoup navigué, il a été long-temps battu par la mer. Je ne puis contenir ma surprise, quand je vois certaines gens demander aux autres leur temps, et ceux à qui on le demande se montrer si complaisans. Les uns et les autres ne s'occupent que de l'affaire pour laquelle on a demandé le temps; mais le temps même, aucun n'y songe [28]. Comme si ce qu'on demande, comme si ce qu'on accorde n'était rien, on se joue de la chose la plus précieuse qui existe. Ce qui les trompe, c'est que le temps est une chose incorporelle, et qui ne frappe point les yeux : voilà pourquoi on l'estime à si bas

diligentiam suam locant : nemo æstimat tempus. Utuntur illo laxius, quasi gratuito. At eosdem ægros vide, si mortis periculum admotum est propius, medicorum genua tangentes : si metunt capitale supplicium, omnia sua, ut vivant, paratos impendere : tanta in illis discordia affectuum est. Quod si posset, quemadmodum præteritorum annorum cujusque numerus proponi, sic futurorum, quomodo illi, qui paucos viderent superesse, trepidarent, quomodo illis parcerent? Atqui facile est, quamvis exiguum, dispensare quod certum est : id debet servari diligentius, quod nescias quando deficiat. Nec est tamen, quod ignorare putes illos, quam cara res sit. Dicere solent iis, quos validissime diligunt, paratos se partem annorum suorum dare. Dant, nec intelligunt : dant autem ita, ut sine illorum incremento sibi detrahant : sed hoc ipsum an detrahant, nesciunt : ideo tolerabilis est illis jactura detrimenti latentis. Nemo restituet annos, nemo iterum te tibi reddet. Ibit qua cœpit ætas, nec cursum suum aut revocabit, aut supprimet : nihil tumultuabitur, nihil admonebit velocitatis suæ : tacita labetur. Non illa se regis imperio non favore populi longius proferet. Sicut missa est a primo, decurret : nusquam divertet, nusquam remorabitur. Quid fiet? tu occupatus es, vita festinat : mors interim aderit, cui, velis nolis, vacandum est.

prix, bien plus comme n'étant presque de nulle valeur. De nobles sénateurs [29] reçoivent des pensions annuelles, et donnent en échange leurs travaux, leurs services, leurs soins : mais personne ne met à prix son temps ; chacun le prodigue comme s'il ne coûtait rien. Voyez les mêmes hommes quand ils sont malades : si le danger de la mort les menace, ils embrassent les genoux des médecins ; s'ils craignent le dernier supplice, ils sont prêts à tout sacrifier pourvu qu'ils vivent : tant il y a d'inconséquence dans les sentimens qui les affectent ! Que si l'on pouvait leur faire connaître d'avance le nombre de leurs années à venir [30], comme celui de leurs années écoulées, quel serait l'effroi de ceux qui verraient qu'il ne leur en reste plus qu'un petit nombre ! comme ils en deviendraient économes ! Rien ne s'oppose à ce qu'on use d'un bien qui nous est assuré, quelque petit qu'il soit ; mais on ne saurait ménager avec trop de soin le bien qui d'un moment à l'autre peut nous manquer. Toutefois ne croyez pas que les hommes dont nous parlons ignorent combien le temps est chose précieuse : ils ont coutume de dire à ceux qu'ils aiment passionnément, qu'ils sont prêts à leur sacrifier une partie de leurs années ; ils les donnent en effet, mais de façon à se dépouiller eux-mêmes, sans profit pour les autres : c'est tout au plus s'ils ne savent qu'ils s'en dépouillent ; aussi supportent-ils aisément cette perte dont ils ignorent l'importance. Personne ne vous restituera vos années, personne ne vous rendra à vous-même. La vie marchera comme elle a commencé sans retourner sur ses pas ni suspendre son cours ; et cela sans tumulte, sans que rien vous avertisse de sa rapidité, elle s'écoulera d'une manière insensible [31]. Ni l'ordre d'un monarque, ni la faveur du peuple, ne pourront la prolon-

IX. Potestne quisquam, dico hominum eorum, qui prudentiam jactant, et operosius occupati sunt quam ut melius possint vivere? Impendio vitæ vitam instruunt, cogitationes suas in longum ordinant : maxima porro vitæ jactura dilatio est. Illa primum quemque extrahit diem, illa eripit præsentia, dum ulteriora promittit. Maximum vivendi impedimentum est exspectatio, quæ pendet ex crastino. Perdis hodiernum : quod in manu fortunæ positum est, disponis : quod in tua, dimittis. Quo spectas, quo te extendis? omnia quæ ventura sunt, in incerto jacent : protinus vive. Clamat ecce maximus vates, et velut divino ore instinctus salutare carmen canit :

> Optima quæque dies miseris mortalibus ævi
> Prima fugit.

Quid cunctaris, inquit, quid cessas? Nisi occupas, fugit : quum occupaveris, tamen fugiet. Itaque cum celeritate temporis, utendi velocitate certandum est : velut ex torrente rapido, nec semper casuro, cito hauriendum est. Hoc quoque pulcherrime ad exprobrandam infinitam cogitationem, quod non optimam quamque ætatem, sed diem dicit. Quid securus, et in tanta tem-

ger : elle suivra l'impulsion qu'elle a d'abord reçue; elle ne se détournera, elle ne s'arrêtera nulle part. Qu'arrivera-t-il? tandis que vous êtes occupé, la vie se hâte, la mort cependant arrivera, et bon gré mal gré il faudra la recevoir.

IX. Peut-il y avoir pour les hommes (je dis ceux qui se piquent de prudence, et qui sont le plus laborieusement occupés) de soin plus important que d'améliorer leur existence? Ils arrangent leur vie aux dépens de leur vie même; ils s'occupent d'un avenir éloigné : or, différer, c'est perdre une grande portion de la vie; tout délai commence par nous dérober le jour actuel, il nous enlève le présent en nous promettant l'avenir[32]. Ce qui nous empêche le plus de vivre, c'est l'attente, qui se fie au lendemain[33]. Vous perdez le jour présent[34] : ce qui est encore dans les mains de la fortune, vous en disposez[35]; ce qui est dans les vôtres, vous le laissez échapper. Quel est donc votre but? jusqu'où s'étendent vos espérances? Tout ce qui est dans l'avenir est incertain : vivez dès à cette heure. C'est ce que vous crie le plus grand des poëtes; et comme inspiré par une bouche divine, il vous adresse cette salutaire maxime :

« Le jour le plus précieux pour les malheureux mortels, est celui qui s'enfuit le premier[36]. »

Pourquoi temporiser? dit-il; que tardez-vous? Si vous ne saisissez ce jour, il s'envole, et même quand vous le tiendriez, il vous échappera. Il faut donc combattre la rapidité du temps, par votre promptitude à en user. C'est un torrent rapide qui ne doit pas couler toujours : hâtez-vous d'y puiser. On ne saurait trop admirer com-

porum fuga lentus, menses tibi et annos, et longam seriem, utcunque aviditati tuæ visum est, exporrigis? de die tecum loquitur, et de hoc ipso fugiente. Non dubium est ergo quin prima quæque optima dies fugiat mortalibus miseris, id est, occupatis : quorum pueriles adhuc animos senectus opprimit, ad quam imparati inermesque veniunt. Nihil enim provisum est : subito in illam, nec opinantes inciderunt : accedere eam quotidie non sentiebant. Quemadmodum aut sermo, aut lectio, aut aliqua interior cogitatio iter facientes decipit; pervenisse se ante sciunt, quam appropinquasse : ita hoc iter vitæ assiduum et citatissimum, quod dormientes vigilantesque eodem gradu facimus, occupatis non apparet, nisi in fine.

X. Quod proposui, si in partes velim et argumenta diducere, multa mihi occurrent, per quæ probem brevissimam esse occupatorum vitam. Solebat dicere Fabianus, non ex his cathedrariis philosophis, sed ex veris et antiquis : « Contra affectus impetu, non subtili-« tate pugnandum, nec minutis vulneribus, sed incursu « avertendam aciem non probam : cavillationem enim « retundi debere, non vellicari. » Tamen ut illis error

ment le poëte, pour vous reprocher vos pensées infinies, ne dit point, la vie la plus précieuse, mais le jour le plus précieux. Arrière cette sécurité, cette indolence en présence du temps qui fuit si rapidement, et cette manie d'embrasser, au gré de notre avidité, une longue suite de mois et d'années! Le poëte ne vous parle que d'un jour, et d'un jour qui fuit. Il ne faut donc pas en douter : le jour le plus précieux est celui qui le premier échappe aux mortels malheureux, c'est-à-dire occupés; et dont les esprits encore dans l'enfance, sont accablés par la vieillesse[37], à laquelle ils arrivent sans préparation et désarmés. En effet, ils n'ont rien prévu; ils sont tombés dans la vieillesse subitement, sans s'y attendre; ils ne la voyent point chaque jour plus proche. Un récit, une lecture ou la distraction intérieure de leurs pensées, trompe les voyageurs sur la longueur du chemin; et ils s'aperçoivent qu'ils sont arrivés, avant d'avoir songé qu'ils approchaient : il en est ainsi du chemin continuel et rapide de la vie : dans la veille comme dans le sommeil, nous le parcourons d'un pas égal; et occupés que nous sommes, nous ne nous en apercevons qu'à son terme.

X. Ces propositions, si je voulais les soumettre à des divisions, à une argumentation en forme, me fourniraient cent preuves pour établir que la vie des hommes occupés est infiniment courte. Fabianus[38], non pas un de ces philosophes de l'école, mais un vrai sage à la manière antique, avait coutume de dire : « C'est à force ouverte, « et non par des subtilités, qu'il faut combattre contre « nos passions. Pour repousser une telle milice, je n'ap- « prouve point les petites attaques, mais une charge im- « pétueuse. Ce n'est pas assez de déjouer leurs stratagê-

exprobretur suus, docendi, non tantum deplorandi sunt.

In tria tempora vita dividitur : quod est, quod fuit, et quod futurum est. Ex his quod agimus, breve est; quod acturi sumus, dubium; quod egimus, certum. Hoc est enim, in quod fortuna jus perdidit, quod in nullius arbitrium reduci potest. Hoc amittunt occupati : nec enim illis vacat præterita respicere, et si vacet, injucunda est pœnitendæ rei recordatio. Inviti namque ad tempora male exacta animum revocant, nec audent ea retentare, quorum vitia, etiam quæ aliquo præsentis voluptatis lenocinio subripiebantur, retractando patescunt. Nemo, nisi a quo omnia acta sunt sub censura sua, quæ nunquam fallitur, libenter se in præteritum retorquet. Ille qui multa ambitiose concupiit, superbe contemsit, impotenter vicit, insidiose decepit, avare rapuit, prodige effudit, necesse est memoriam suam timeat. Atqui hæc est pars temporis nostri sacra ac dedicata, omnes humanos casus supergressa, extra regnum fortunæ subducta : quam non inopia, non metus, non morborum incursus exagitat. Hæc nec turbari, nec eripi potest : perpetua ejus et intrepida possessio est. Singuli tantum dies, et hi per momenta præsentes sunt : at præteriti temporis omnes, quum jusseris, aderunt, ad arbitrium tuum se inspici ac detineri patientur; quod facere occupatis non vacat. Securæ et quietæ

« mes, il faut les confondre. » Cependant, en reprochant aux hommes leurs erreurs, on doit les éclairer, et ne pas se borner à les plaindre.

La vie se divise en trois temps : le présent, le passé et l'avenir. Le présent est court, l'avenir incertain, le passé seul est assuré : car sur lui la fortune a perdu ses droits; et il n'est au pouvoir de personne d'en disposer de nouveau. Les hommes occupés d'affaires n'en tirent aucun parti, car ils n'ont pas le loisir de porter un regard en arrière; et quand ils l'auraient, des souvenirs mêlés de regrets ne leur sont point agréables. C'est malgré eux qu'ils se rappellent le temps mal employé; ils n'osent se retracer des vices dont la laideur s'effaçait devant la séduction du plaisir présent, mais qui, au souvenir, se montrent à découvert [39]. Nul homme ne se reporte volontiers dans le passé, si ce n'est celui qui a toujours soumis ses actions à la censure de sa conscience, qui ne s'égare jamais [40]. Mais celui qui fut dévoré d'ambition, celui qui se montrait insolemment dédaigneux, qui abusa sans mesure de la victoire, celui qui fut un fourbe, un déprédateur avare, un dissipateur insensé, doit nécessairement craindre ses souvenirs. Et cependant cette portion de notre vie est sacrée, irrévocable [41] : elle se trouve hors de la puissance des évènemens humains et affranchie de l'empire de la fortune. Ni la pauvreté, ni la crainte, ni l'atteinte des maladies ne peuvent la troubler : elle ne saurait être ni agitée, ni ravie; nous en jouirons à jamais et à l'abri des alarmes. C'est seulement l'un après l'autre que chaque jour devient présent, et encore n'est-ce que par instans qui se succèdent; mais tous les instans du passé se représenteront à vous, quand vous l'ordonnerez : vous pourrez les passer en revue, les retenir à votre gré [42].

mentis est, in omnes vitæ suæ partes discurrere; occupatorum animi velut sub jugo sunt, flectere se ac respicere non possunt. Abiit igitur vita eorum in profundum, et ut nihil prodest, quantumlibet ingeras, si non subest quod excipiat, ac servet : sic nihil refert, quantum temporis detur, si non est ubi subsidat. Per quassos foratosque animos transmittitur. Præsens tempus brevissimum est, adeo quidem, ut quibusdam nullum videatur : in cursu enim semper est, fluit et præcipitatur : ante desinit esse, quam venit : nec magis moram patitur, quam mundus, aut sidera, quorum irrequieta semper agitatio, nunquam in eodem vestigio manet. Solum igitur ad occupatos præsens pertinet tempus : quod tam breve est, ut arripi non possit, et id ipsum illis districtis in multa, subducitur.

XI. Denique vis scire, quam non diu vivant? vide quam cupiant diu vivere. Decrepiti senes paucorum annorum accessionem votis mendicant. Minores natu se ipsos esse fingunt, mendacio sibi blandiuntur, et tam libenter fallunt, quam si fata una decipiant. Jam vero quum illos aliqua imbecillitas mortalitatis admonuit, quemadmodum paventes moriuntur, non tanquam exeant de vita, sed tanquam extrahantur? stultos se fuisse, quod non vixerint, clamitant, et, si modo eva-

C'est ce que les hommes occupés n'ont pas le loisir de faire. Une âme paisible et calme est toujours à même de revenir sur toutes les époques de sa vie [43]; mais l'esprit des hommes affairés est sous le joug : ils ne peuvent se détourner ni reporter leurs regards en arrière. Leur vie s'est engloutie dans un abîme; et comme une liqueur, quelque abondamment que vous la versiez, se perd si un vase ne la reçoit et ne la conserve, de même que sert le temps, quelque long qu'il vous soit donné, s'il n'est aucun fond qui le contienne? il s'évapore au travers de ces âmes sans consistance et percées à jour. Le présent est très-court, si court que quelques hommes ont nié son existence. En effet, il est toujours en marche, il vole et se précipite : il a cessé d'être, avant d'être arrivé [44], et ne s'arrête pas plus que le monde ou les astres, dont la révolution est éternelle, et qui ne restent jamais dans la même position. Le présent seul appartient donc aux hommes occupés : il est si court, qu'on ne peut le saisir; et cependant, qu'ils sont tiraillés, distraits par mille affaires, ce temps même leur échappe.

XI. Enfin, voulez-vous savoir combien leur vie est courte? Voyez combien ils désirent de la prolonger. Des vieillards décrépits demandent à mains jointes quelques années de plus; ils se font plus jeunes qu'ils ne sont, et se berçant de ce mensonge, ils le soutiennent aussi hardiment que s'ils pouvaient tromper le destin [45]. Mais si quelque infirmité vient leur rappeler leur condition mortelle, ils meurent remplis d'effroi; ils ne sortent pas de la vie, ils en sont arrachés [46]; ils s'écrient qu'ils ont été insensés de n'avoir point vécu [47]. Que seulement ils réchappent de cette maladie, comme ils vivront dans le

serint ex illa valetudine, in otio victuros. Tunc, quam frustra paraverint quibus non fruerentur, quam incassum omnis labor ceciderit, cogitant.

At quibus vita procul ab omni negotio agitur, quidni spatiosa sit? nihil ex illa delegatur, nihil alio atque alio spargitur, nihil inde fortunæ traditur, nihil negligentia interit, nihil largitione detrahitur, nihil supervacuum est: tota, ut ita dicam, in reditu est. Quantulacunque itaque abunde sufficit : et ideo quandocunque ultimus dies venerit, non cunctabitur vir sapiens ire ad mortem certo gradu.

Quæris forte, quos occupatos vocem? non est quod me solos putes dicere, quos a basilica immissi demum canes ejiciunt; quos aut in sua vides turba speciosius elidi, aut in aliena contemtius; quos officia domibus suis evocant, ut alienis foribus illidant; quos hasta prætoris infami lucro, et quandoque suppuraturo, exercet. Quorumdam otium occupatum est : in villa, aut in lecto suo, in media solitudine, quamvis ab omnibus recesserunt, sibi ipsi molesti sunt. Quorumdam non otiosa vita est dicenda, sed desidiosa occupatio.

XII. Illum tu otiosum vocas, qui Corinthia paucorum furore pretiosa, anxia subtilitate concinnat, et majorem dierum partem in æruginosis lamellis consu-

repos! Alors, reconnaissant la vanité de leurs efforts pour se procurer des biens dont ils ne devaient pas jouir, ils voient combien tous leurs travaux furent impuissans et stériles!

Mais pour celui qui a passé sa vie loin de toute affaire, combien n'est-elle pas longue! rien n'en est sacrifié[48], ni prodigué à l'un et à l'autre; rien n'en est livré à la fortune, perdu par négligence, retranché par prodigalité; rien n'en demeure superflu. Tous ses momens sont, pour ainsi dire, placés à intérêt. Quelque courte qu'elle soit, elle est plus que suffisante; et aussi lorsque le dernier jour arrivera, le sage n'hésitera pas à marcher vers la mort d'un pas assuré[49].

Vous me demanderez, peut-être, quels sont les hommes que j'appelle occupés. Ne croyez pas que je donne ce nom seulement à ceux qui ne sortent des tribunaux que lorsque les chiens viennent les en chasser[50]; ni à ceux que vous voyez honorablement étouffés par la multitude de leurs courtisans, ou foulés avec mépris par les cliens des autres; ni à ceux que d'obséquieux devoirs arrachent de leurs maisons pour aller se presser à la porte des grands; ni de ceux à qui la baguette du préteur adjuge un profit infâme, et qui sera pour eux quelque jour comme un chancre dévorant. Il est des hommes dont le loisir même est affairé : à la campagne, dans leur lit, au milieu de la solitude, quoiqu'éloignés du reste des hommes, ils sont insupportables à eux-mêmes. La vie de certaines gens ne peut être appelé une vie oisive, c'est une activité paresseuse.

XII. Appelez-vous oisif celui qui, avec une attention inquiète, s'occupe à ranger symétriquement des vases de Corinthe[51], que la folle manie de quelques curieux a ren-

mit? qui in ceromate (nam, proh facinus, ne Romanis quidem vitiis laboramus!) spectator puerorum rixantium sedet? qui victorum suorum greges in ætatum et colorum paria diducit? qui athletas notissimos pascit? Quid? illos otiosos vocas, quibus apud tonsorem multæ horæ transmittuntur, dum decerpitur, si quid proxima nocte succrevit; dum de singulis capillis in consilium itur; dum aut disjecta coma restituitur, aut deficiens hinc atque illinc in frontem compellitur? Quomodo irascuntur, si tonsor paulo negligentior fuit? tanquam virum tonderet! Quomodo excandescunt, si quid ex juba sua decisum est, si quid extra ordinem jacuit, nisi omnia in annulos suos reciderunt? Quis est istorum, qui non malit rempublicam suam turbari, quam comam? qui non sollicitior sit de capitis sui decore, quam de salute? qui non comtior esse malit, quam honestior? Hos tu otiosos vocas, inter pectinem speculumque occupatos? Quid illi, qui in componendis, audiendis, dicendis canticis operati sunt : dum vocem, cujus rectum cursum natura et optimum et simplicissimum fecit, inflexu modulationis inertissimæ torquent? Quorum digiti aliquod inter se carmen metientes semper sonant: quorum quum ad res serias, sæpe et tristes, adhibiti sunt, exauditur tacita modulatio? non habent isti otium, sed iners negotium. Convivia mehercule horum non posuerim inter vacantia tempora, quum videam, quam sol-

dus précieux, et qui passe la plus grande partie de ses jours à polir des lames couvertes de rouille? ou celui qui au gymnase (car, ô dépravation! nous ne sommes pas infectés seulement des vices romains) va, pour contempler les jeunes combattans, s'installer dans le lieu même où ils se frottent d'huile [52]? celui qui s'amuse à assortir par compagnies, selon leur âge et leur couleur [53] les champions accoutumés à vaincre? celui qui nourrit la voracité des athlètes les plus en renom? Direz-vous livrés au repos, ceux qui passent tant d'heures chez un barbier [54], pour se faire arracher le moindre poil qui leur sera poussé pendant la nuit, pour tenir conseil sur chaque cheveu, pour qu'on relève leur coiffure abattue, et qu'on ramène également de chaque côté du front leurs cheveux clairsemés? Comme ils se mettent en colère, si le barbier croyant avoir affaire à des hommes, met à les raser quelque négligence! comme ils pâlissent de courroux, s'il leur a coupé les faces d'un peu trop près [55], si quelques cheveux dépassent les autres, si tous ne tombent pas en boucles bien égales! Est-il un seul d'entre eux qui n'aimât mieux voir sa patrie en désordre, que sa coiffure? qui ne soit plus inquiet de l'ajustement de sa tête, que de sa santé? qui ne préférât être bien coiffé qu'homme de bien? Appelez-vous oisifs, ces hommes toujours occupés entre le peigne et le miroir [56]? Que sont donc ceux qui ont l'esprit sans cesse tendu à composer, entendre et réciter des chansons, qui forçant leur voix, formée par la nature à rendre des sons simples et faciles, lui font exécuter les modulations apprêtées d'une languissante mélodie? Leurs doigts marquent sans cesse la mesure de quelque air qu'ils ont dans la tête, et même au milieu d'affaires sérieuses,

liciti argentum ordinent, quam diligenter exoletorum suorum tunicas succingant, quam suspensi sint, quomodo aper a coquo exeat; quanta celeritate, signo dato, glabri ad ministeria discurrant; quanta arte scindantur aves in frusta non enormia; quam curiose infelices pueruli ebriorum sputa detergeant. Ex his elegantiæ lautitiæque fama captatur, et usque eo in omnes vitæ successus mala sua illos sequuntur, ut nec bibant sine ambitione, nec edant.

Nec illos quidem inter otiosos numeraveris, qui sella se et lectica huc et illuc ferunt, et ad gestationum suarum, quasi deserere illas non liceat, horas occurrunt: quos, quando lavari debeant, quando natare, quando coenare, alius admonet: et usque eo nimio delicati animi languore solvuntur, ut per se scire non possint, an esuriant. Audio quemdam ex delicatis (si modo deliciæ vocandæ sunt, vitam et consuetudinem humanam dediscere!) quum ex balneo inter manus elatus, et in sella positus esset, dixisse interrogando : « Jam sedeo? » Hunc tu ignorantem an sedeat, putas scire an vivat, an videat, an otiosus sit? non facile dixerim, utrum magis

dans des circonstances tristes, ils font entendre un léger fredonnement? Ces gens-là ne sont pas oisifs, mais inutilement occupés. Et certes je ne regarderai pas leurs festins comme des momens de repos, quand je vois avec quelle sollicitude ils rangent leur vaisselle ; quelle importance ils mettent à ce que les tuniques de leurs échansons soient relevées avec grâce ; combien ils sont inquiets sur la manière dont un sanglier sortira des mains d'un cuisinier ; avec quelle célérité leurs esclaves bien épilés savent, au signal donné, s'acquitter de leurs services divers ; avec quel art la volaille est découpée en menus morceaux [57]; avec quel soin de malheureux esclaves font disparaître les dégoûtantes sécrétions des convives? C'est ainsi qu'on se fait une réputation de magnificence et de délicatesse. Les vices de ces gens-là les accompagnent si constamment dans tous les momens de leur vie, qu'ils mettent une ambitieuse vanité même dans le boire et dans le manger.

Vous ne compterez pas sans doute, parmi les oisifs, ces hommes lâches et mous qui se font promener de côté et d'autre en chaise et en litière, et qui, pour se faire porter ainsi, comme si l'obligation en était indispensable, ne manquent jamais l'heure marquée; qui ont besoin qu'on les avertisse du moment où ils doivent se laver, aller au bain ou souper? Tant est profonde la mollesse où languit leur âme, qu'ils ne peuvent savoir par eux-mêmes s'ils ont appétit. J'ai ouï dire, qu'un de ces voluptueux (si toutefois on peut nommer volupté ce complet oubli de la manière de vivre qui convient à l'homme), au moment où plusieurs bras l'enlevaient du bain et le plaçaient sur un siège, demanda : « Suis-je assis [58]? » Et cet homme, qui ignore s'il est assis, pensez-

miserear, si hoc ignoravit, an si se ignorare finxit. Multarum quidem rerum oblivionem sentiunt, sed multarum et imitantur : quædam vitia illos, quasi felicitatis argumenta, delectant. Nimis humilis et contemti hominis esse videtur, scire quid faciat. I nunc, et mimos multa mentiri ad exprobrandam luxuriam puta. Plura mehercule prætereunt quam fingunt, et tanta incredibilium vitiorum copia, ingenioso in hoc unum seculo, processit, ut jam mimorum arguere possimus negligentiam. Esse aliquem, qui usque eo deliciis interierit, ut, an sedeat, alteri credat!

XIII. Non est ergo otiosus hic; aliud nomen imponas : æger est; immo mortuus est. Ille otiosus est, cui otii sui sensus est : hic vero semivivus, cui ad intelligendos corporis sui habitus indice opus est; quomodo potest hic alicujus temporis dominus esse? Persequi singulos longum est, quorum aut latrunculi, aut pila, aut excoquendi in sole corporis cura, consumpsere vitam. Non sunt otiosi, quorum voluptates multum negotii habent. Nam de illis nemo dubitavit, quin operose nihil agant, qui in litterarum inutilium studiis detinentur : quæ jam apud Romanos quoque magna manus est. Græcorum iste morbus fuit, quærere, quem numerum remigum Ulysses habuisset : prior scripta esset Ilias,

vous qu'il puisse mieux savoir s'il vit, s'il voit, s'il est en repos? Je ne saurais dire s'il mérite plus de pitié pour être capable d'une telle ignorance, que pour l'affecter : car si ces gens là oublient réellement bien des choses, ils feignent aussi d'en oublier beaucoup. Certains vices les charment comme la preuve d'une situation brillante. Il n'appartient qu'à un homme obscur et méprisable de savoir ce qu'il fait. Allez maintenant dire que nos mimes chargent le tableau quand ils tournent en ridicule les excès de notre luxe : à coup-sûr ils en oublient beaucoup plus qu'ils n'en inventent. Oui, dans ce siècle ingénieux seulement pour le mal, les vices, chaque jour plus nombreux, ont pris un essor si incroyable, que l'on devrait plutôt accuser nos mimes d'en affaiblir la peinture. Quoi, il existe un homme tellement énervé par les plaisirs, qu'il ait besoin d'apprendre d'un autre s'il est assis!

XIII. Un tel homme n'est point oisif : il faut lui donner un autre nom, il est malade; bien plus, il est mort. Celui-là est oisif, qui a le sentiment de son oisiveté; mais l'homme qui a besoin d'un autre pour connaître la position de son corps, comment pourrait-il être le maître de quelque portion de son temps. Il serait trop long de parler de ceux qui ont passé toute leur vie à jouer aux échecs, à la paume ou à exposer leur corps aux ardeurs d'un soleil brûlant. Ils ne sont point oisifs, ceux à qui les plaisirs donnent beaucoup d'affaires. Personne ne doute que ceux qui s'appliquent à d'inutiles études littéraires, ne se donnent beaucoup de peine pour ne rien faire : le nombre en est déjà assez grand chez nous autres Romains. C'était la maladie des Grecs de chercher quel était le nombre des rameurs d'Ulysse;

an Odyssea : præterea, an ejusdem esset auctoris. Alia deinceps hujus notæ : quæ sive contineas, nihil tacitam conscientiam juvant : sive proferas, non doctior videberis, sed molestior. Ecce Romanos quoque invasit inane studium supervacua discendi ! His diebus audivi quemdam sapientem referentem, quæ primus quisque ex Romanis ducibus fecisset. Primus navali prœlio Duillius vicit, primus Curius Dentatus in triumpho duxit elephantos. Etiamnunc ista, etsi ad veram gloriam non tendunt, circa civilium tamen operum exempla versantur. Non est profutura talis scientia : est tamen quæ nos speciosa rerum vanitate detineat. Hoc quoque quærentibus remittamus, quis Romanis primus persuasit navem conscendere? Claudius is fuit, Caudex ob hoc ipsum appellatus, quia plurium tabularum contextus caudex apud antiquos vocabatur : unde publicæ tabulæ, codices dicuntur : et naves nunc quoque, quæ ex antiqua consuetudine per Tiberim commeatus subvehunt, caudicariæ vocantur. Sane et hoc ad rem pertineat, quod Valerius Corvinus primus Messanam vicit, et primus ex familia Valeriorum, urbis captæ in se translato nomine Messana appellatus est, paulatimque vulgo permutante litteras, Messala dictus. Num et hoc quemquam curare permittas, quod primus L. Sulla in circo leones solutos dedit, quum alioquin alligati darentur, ad conficiendos eos missis a rege Boccho jaculatori-

si l'Iliade fut écrite avant l'Odyssée, si ces deux poëmes étaient du même auteur ; et d'autres questions de cette importance, qui, à les garder pour vous, ne peuvent vous procurer aucune satisfaction intérieure, et que vous ne sauriez communiquer aux autres sans leur paraître non pas plus savant, mais plus ennuyeux [59]. Ainsi, ne voilà-t-il pas les Romains possédés de cette étrange manie d'acquérir de vaines connaissances [60]. J'ai entendu ces jours derniers un certain philosophe rapporter ce que chacun des généraux romains avait fait le premier. Duillius avait, le premier, vaincu sur mer ; et le premier, Curius Dentatus, montré des éléphans dans son triomphe. Encore que ces connaissances ne mènent pas à la vraie gloire, elles tendent du moins à nous faire connaître par des exemples les exploits de nos concitoyens. Une telle science n'est guère profitable ; néanmoins, en dépit de sa futilité, elle a dans son objet quelque chose de spécieux. Apprenons à ceux [61] qui aiment ces sortes de recherches, quel fut le premier qui engagea les Romains à monter sur un vaisseau : ce fut Claudius, surnommé pour cette raison Caudex, nom que les anciens donnaient à un assemblage de plusieurs planches ; d'où les tables publiques où sont inscrites nos lois ont été appelées codes ; et de nos jours encore, les bateaux qui, de temps immémorial, apportent à Rome ses subsistances par le Tibre, s'appellent caudicaires. Il est sans doute bien important de savoir que Valerius Corvinus s'empara, le premier, de la ville de Messana, et fut le premier de la maison Valeria qui, empruntant son nom d'une ville prise, fut appelé Messana, puis vulgairement Messala, au moyen du changement d'une lettre. On peut encore permettre à quelqu'un de chercher à savoir que L. Sylla

bus? et hoc sane remittatur. Num et Pompeium primum in circo elephantorum duodeviginti pugnam edidisse, commissis more proelii noxiis hominibus, ad ullam rem bonam pertinet? Princeps civitatis, et inter antiquos principes, ut fama tradidit, bonitatis eximiæ, memorabile putavit spectaculi genus, novo more perdere homines. Depugnant? parum est; lancinantur? parum est : ingenti mole animalium exterantur. Satius erat ista in oblivionem ire, ne quis postea potens disceret, invideretque rei minime humanæ.

XIV. O quantum caliginis mentibus humanis objicit magna felicitas! Ille se supra rerum naturam esse tunc credidit, quum tot miserorum hominum catervas sub alio coelo natis belluis objiceret; quum bellum inter tam disparia animalia committeret; quum in conspectu populi romani multum sanguinis funderet, mox plus ipsum fundere coacturus. At idem postea alexandrina perfidia deceptus, ultimo mancipio transfodiendum se præbuit, tum demum intellecta inani jactatione cognominis sui.

Sed ut illo revertar, unde decessi, et in alia materia ostendam supervacuam quorumdam diligentiam : idem narrabat, Metellum, victis in Sicilia Poenis, triumphan-

présenta le premier, dans le Cirque, des lions en liberté, tandis qu'auparavant ils étaient attachés, et que le roi Bocchus envoya des archers pour les tuer. Eh bien! passe encore pour cela. Mais que Pompée ait donné le premier au peuple un combat de dix-huit éléphans, contre des malfaiteurs; quel avantage peut-on tirer de la connaissance de ce fait? Le premier citoyen de Rome, que son extrême bonté a fait comparer à nos anciens héros, crut donner un spectacle mémorable en inventant un nouveau moyen de faire périr les hommes. Ils combattent, c'est peu; ils sont criblés de coups, ce n'est point encore assez : il faut, de plus, qu'ils soient écrasés par l'énorme masse des éléphans. Il valait mieux laisser de pareilles actions dans l'oubli, pour empêcher que quelque homme puissant ne les connût dans la suite, et n'enchérît sur ces actes que réprouve l'humanité.

XIV. O quelles profondes ténèbres répand dans l'esprit des mortels une grande prospérité! Pompée se croyait au dessus de la nature, lorsqu'il exposait tant d'infortunés à la fureur des bêtes féroces, nés sous un autre ciel; lorsqu'il mettait aux prises des combattans de forces si disproportionnées, et versait des flots de sang sous les yeux du peuple romain, qu'il devait bientôt forcer d'en répandre davantage. Plus tard ce même homme, victime d'une affreuse perfidie de la part des Alexandrins, présenta sa tête au fer du dernier des esclaves, et comprit alors sans doute le vain étalage de son surnom.

Mais pour revenir au sujet dont je me suis écarté, je vais encore exposer les inutiles efforts de quelques hommes sur des objets différens. Le même savant racontait que Metellus, après sa victoire sur les Carthaginois en

tem, unum omnium Romanorum ante currum centum et viginti captivos elephantos duxisse : Sullam ultimum Romanorum protulisse pomœrium, quod nunquam provinciali, sed Italico agro acquisito, mos proferre apud antiquos fuit. Hoc scire magis prodest, quam Aventinum montem extra pomœrium esse, ut ille affirmabat, propter alteram ex duabus causis : aut quod plebs eo secessisset, aut quod Remo suspicante illo loco aves non addixissent. Alia deinceps innumerabilia, quæ aut ficta sunt, aut mendacii similia. Nam ut concedas omnia eos fide bona dicere, ut ad præstationem scribant; tamen cujus ista errores minuent? cujus cupiditates prement? quem fortiorem, quem justiorem, quem liberaliorem facient? Dubitare se interim Fabianus noster aiebat, an satius esset nullis studiis admoveri, quam his implicari.

Soli omnium otiosi sunt, qui sapientiæ vacant : soli vivunt. Nec enim suam tantum ætatem bene tuentur : omne ævum suo adjiciunt. Quidquid annorum ante illos actum est, illis acquisitum est. Nisi ingratissimi simus, illi clarissimi sacrarum opinionum conditores nobis nati sunt, nobis vitam præparaverunt. Ad res pulcherrimas, ex tenebris ad lucem erutas, alieno labore deducimur : nullo nobis seculo interdictum est : in omnia admittimur : et si magnitudine animi egredi humanæ imbecillitatis angustias libet, multum per quod spatiemur tem-

Sicile, fut le seul de nos généraux qui fit marcher devant son char de triomphe cent vingt éléphans captifs; que Sylla fut le dernier des Romains qui agrandit l'enceinte de la ville, ce qui, chez nos ancêtres, ne se pratiquait jamais qu'à la suite de la conquête de quelque territoire en Italie, et non dans les provinces. Il est cependant plus utile de savoir cela, que d'apprendre que le mont Aventin était en dehors des murs pour l'une de ces deux raisons, ou que le peuple s'y était retiré autrefois, ou que Rémus, s'étant placé sur cette montagne pour considérer le vol des oiseaux, les auspices ne lui avaient pas été favorables. Enfin, il est une infinité d'autres traditions de ce genre ou qui sont des fictions ou qui ressemblent à des mensonges. Mais en accordant que ceux qui les reproduisent soient de bonne foi, et prêts à les appuyer par des preuves, de qui pourront-elles corriger les travers ou réprimer les passions? qui rendront-elles plus courageux, plus juste, plus libéral? Notre ami Fabianus doutait s'il ne valait pas mieux ne rien apprendre, que de s'embarrasser de pareilles études.

Ceux-là seuls jouissent du repos, qui se consacrent à l'étude de la sagesse. Seuls ils vivent; car non-seulement ils mettent à profit leur existence, mais ils y ajoutent celle de toutes les générations. Toutes les années qui ont précédé leur naissance leur sont acquises. A moins d'être tout-à-fait ingrats, nous ne pouvons nier que les illustres fondateurs de ces opinions sublimes ne soient nés pour nous, et ne nous aient préparé la vie[62]. Ces admirables connaissances qu'ils ont tirées des ténèbres et mises au grand jour, c'est grâce à leurs travaux que nous y sommes initiés. Aucun siècle ne nous est

poris est. Disputare cum Socrate licet, dubitare cum Carneade, cum Epicuro quiescere, hominis naturam cum Stoicis vincere, cum Cynicis excedere, cum rerum natura in consortium omnis ævi pariter incedere. Quidni ab hoc exiguo et caduco temporis transitu, in illa nos toto demus animo, quæ immensa, quæ externa sunt, quæ cum melioribus communia? Isti qui per officia discursant, qui se aliosque inquietant, quum bene insanierint, quum omnium limina quotidie perambulaverint, nec ullas apertas fores præterierint, quum per diversas domos meritoriam salutationem circumtulerint : quotum quemque ex tam immensa, et variis cupiditatibus districta urbe poterunt videre? quam multi erunt, quorum illos aut somnus, aut luxuria, aut inhumanitas submoveat? quam multi, qui illos, quum diu torserint, simulata festinatione transcurrant? quam multi per refertum clientibus atrium prodire vitabunt, et per obscuros ædium aditus profugient? quasi non inhumanius sit decipere, quam excludere! quam multi hesterna crapula semisomnes et graves, illis miseris sommum suum rumpentibus, ut alienum exspectent, vix allevatis labiis insusurratum millies nomen oscitatione superbissima reddent?

interdit[63] : tous nous sont ouverts ; et si la grandeur de notre esprit nous porte à sortir des entraves de la faiblesse humaine, grand est l'espace de temps que nous avons à parcourir. Je puis discuter avec Socrate[64], douter avec Carnéade, jouir du repos avec Épicure ; avec les stoïciens, vaincre la nature humaine ; avec les cyniques, dépasser sa portée ; enfin, marcher d'un pas égal avec la nature elle-même, et participer à tous les siècles. Pourquoi, de cet intervalle de temps si court, si incertain, ne m'élancerais-je pas vers ces espaces immenses, éternels[65], qui me mettraient en communauté avec les meilleurs des hommes ? Les insensés, sans cesse en démarche pour rendre de vains devoirs, tourmentans pour eux et pour les autres, lorsqu'ils se seront livrés tout à leur aise à leur manie, qu'ils auront été frapper chaque jour à toutes les portes, qu'ils n'auront passé outre devant aucune de celles qu'ils auront trouvé ouvertes, qu'ils auront colporté dans toutes les maisons leurs hommages intéressés, combien de personnes auront-ils pu voir dans cette ville immense et agitée de tant de passions diverses ? combien de grands dont le sommeil, les débauches ou la dureté les auront éconduits ? combien, après les ennuis d'une longue attente, leur échapperont en feignant une affaire pressante ? combien d'autres, évitant de paraître dans le vestibule rempli de cliens, s'échapperont par quelque issue secrète, comme s'il n'était pas plus dur de tromper que de refuser sa porte ? combien, à moitié endormis et la tête encore lourde des excès de la veille, entr'ouvriront à peine les lèvres pour balbutier, avec un bâillement dédaigneux, le nom mille fois annoncé de ces infortunés[66], qui ont hâté leur réveil pour attendre celui des autres ?

Hos in veris officiis morari licet dicamus, qui Zenonem, qui Pythagoram quotidie, et Democritum, ceterosque antistites bonarum artium, qui Aristotelem et Theophrastum volent habere quam familiarissimos! nemo horum non vacabit, nemo non venientem ad se beatiorem amantioremque sui dimittet, nemo quemquam vacuis a se manibus abire patietur. Nocte conveniri et interdiu ab omnibus mortalibus possunt. Horum te mori nemo coget, omnes docebunt : horum nemo annos tuos conteret, suos tibi contribuet : nullius ex his sermo periculosus erit, nullius amicitia capitalis, nullius sumptuosa observatio.

XV. Feres ex his quidquid voles : per illos non stabit, quominus, quantum plurimum ceperis, haurias. Quæ illum felicitas, quam pulchra senectus manet, qui se in horum clientelam contulit? habebit cum quibus de minimis maximisque rebus deliberet, quos de se quotidie consulat, a quibus audiat verum sine contumelia, laudetur sine adulatione, ad quorum se similitudinem effingat. Solemus dicere, non fuisse in nostra potestate, quos sortiremur parentes : sorte nobis datos. Nobis vero ad nostrum arbitrium nasci licet. Nobilissimorum ingeniorum familiæ sunt : elige in quam adscisci velis; non in nomen tantum adoptaberis, sed in ipsa bona : quæ non erunt sordide nec maligne custodienda : majora fient, quo illa pluribus diviseris. Hi tibi dabunt ad æter-

Ceux-là, nous pouvons le dire, s'attachent à leurs véritables devoirs, qui tous les jours ont avec les Zénon, les Pythagore, les Démocrite, les Aristote, les Théophraste, et les autres précepteurs de la morale et de la science, des relations intimes et familières. Aucun de ces sages qui n'ait le loisir de les recevoir; aucun qui ne renvoie ceux qui sont venus à lui, plus heureux et plus affectionnés à sa personne; aucun qui souffre que vous sortiez d'auprès de lui les mains vides. Nuit et jour leur accès est ouvert à tous les mortels; nul d'entre eux ne vous forcera de mourir, tous vous apprendront à quitter la vie; aucun ne vous fera perdre vos années, chacun y ajoutera les siennes; nul ne vous compromettra par ses discours; nul n'exposera vos jours par son amitié, et ne vous fera chèrement acheter sa faveur.

XV. Vous retirerez d'eux tout ce que vous voudrez; et il ne tiendra pas à eux que, plus vous aurez puisé à cette source abondante, plus vous y puisiez de nouveau. Quelle félicité, quelle belle vieillesse sont réservées à celui qui s'est mis sous leur patronage! il aura des amis avec lesquels il pourra délibérer sur les plus grandes comme sur les plus petites affaires, de qui il recevra tous les jours des conseils, de qui il entendra la vérité sans injure, la louange sans flatterie, et sur l'exemple desquels il pourra se modeler. On dit souvent qu'il n'a pas été en notre pouvoir de choisir nos parens[67]; que le sort nous les a donnés. Il est pourtant une naissance qui dépend de nous. Il existe plusieurs familles d'illustres génies; choisissez celle où vous désirez être admis, vous y serez adopté, non-seulement pour en prendre le nom, mais les biens, et vous ne serez point tenu de les conserver en homme avare et sordide; ils s'augmenteront

nitatem iter, et te in illum locum, ex quo nemo ejiciet, sublevabunt : hæc una ratio est extendendæ mortalitatis, immo in immortalitatem vertendæ. Honores, monumenta, quidquid aut decretis ambitio jussit, aut operibus exstruxit, cito subruitur : nihil non longa demolitur vetustas, et movet ocius, quod consecravit. Sapientiæ noceri non potest. Nulla delebit ætas, nulla diminuet. Sequens ac deinde semper ulterior aliquid ad venerationem conferet. Quoniam quidem in vicino versatur invidia, simplicius longe posita miramur. Sapientis ergo multum patet vita : non idem illum, qui ceteros, terminus includit. Solus generis humani legibus solvitur : omnia illi secula, ut Deo, serviunt. Transivit tempus aliquod? hoc recordatione comprehendit. Instat? hoc utitur. Venturum est? hoc præcipit. Longam illi vitam facit omnium temporum in unum collatio. Illorum brevissima ac sollicitissima ætas est, qui præteritorum obliviscuntur, præsentia negligunt, de futuro timent : quum ad extrema venerint, sero intelligunt miseri, tandiu se, dum nihil agunt, occupatos fuisse.

XVI. Nec est, quod hoc argumento probari putes, « longam illos agere vitam, quia interdum mortem invocant. » Vexat illos imprudentia incertis affectibus, et incurrentibus in ipsa quæ metuunt : mortem sæpe ideo optant, quia timent. Illud quoque argumentum non est, quod putes, diu viventium, « quod sæpe illis longus

à mesure que vous en ferez part à plus de monde. Ces grands hommes vous ouvriront le chemin de l'éternité, et vous élèveront à une hauteur d'où personne ne pourra vous faire tomber. Tel est le seul moyen d'étendre une vie mortelle, et même de la changer en immortalité. Les honneurs, les monumens, tout ce que l'ambition obtient par des décrets, tous les trophées qu'elle peut élever, s'écroulent promptement : le temps ruine tout, et renverse en un moment ce qu'il a consacré[68]. Mais la sagesse est au dessus de ses atteintes. Aucun siècle ne pourra ni la détruire, ni l'altérer. L'âge suivant et ceux qui lui succéderont, ne feront qu'ajouter à la vénération qu'elle inspire; car l'envie s'attache à ce qui est proche[69], et plus volontiers l'on admire ce qui est éloigné. La vie du sage est donc très-étendue; elle n'est pas renfermée dans les bornes assignées au reste des mortels. Seul il est affranchi des lois du genre humain : tous les siècles lui sont soumis comme à Dieu : le temps passé, il en reste maître par le souvenir; le présent, il en use; l'avenir, il en jouit d'avance. Il se compose une longue vie par la réunion de tous les temps en un seul. Mais combien est courte et agitée la vie de ceux qui oublient le passé, négligent le présent, craignent pour l'avenir! Arrivés au dernier moment, les malheureux comprennent trop tard qu'ils ont été si long-temps occupés à ne rien faire.

XVI. Et, de ce qu'ils invoquent quelquefois la mort, n'allez pas en conclure que leur vie soit longue : leur folie les agite de passions désordonnées qui les précipitent même vers ce qu'ils craignent; aussi ne désirent-ils souvent la mort que parce qu'ils la redoutent[70]. Ne regardez pas non plus comme une preuve qu'ils vivent long-temps, si le jour, souvent, leur paraît long[71],

videtur dies : quod, dum veniant ad condictum tempus coenæ, tarde ire horas queruntur. » Nam si quando illos deserunt occupationes, in otio relicti æstuant, nec quomodo id disponant, aut extrahant, sciunt. Itaque ad occupationem aliquam tendunt, et quod interjacet, omne tempus grave est : tam mehercule, quam quum dies muneris gladiatorii edictus est, aut quum alicujus alterius vel spectaculi vel voluptatis exspectatur constitutum, transilire medios dies volunt. Omnis illis speratæ rei longa dilatio est. At illud tempus, quod amant, breve est, et præceps, breviusque multo fit suo vitio : aliunde enim alio transfugiunt, et consistere in una cupiditate non possunt. Non sunt illis longi dies, sed invisi. At contra, quam exiguæ noctes videntur, quas in complexu scortorum, aut vino exigunt! Inde etiam poetarum furor, fabulis humanos errores alentium, quibus visus est Jupiter, voluptate concubitus delinitus, duplicasse noctem. Quid aliud est vitia nostra incendere, quam auctores illis inscribere deos, et dare morbo, exemplo divinitatis, excusatam licentiam? Possunt istis non brevissimæ videri noctes, quas tam care mercantur? diem noctis exspectatione perdunt, noctem lucis metu. Ipsæ voluptates eorum trepidæ, et variis terroribus inquietæ sunt, subitque quum maxime exsultantes sollicita cogitatio : « Hæc quam diu? » Ab hoc affectu reges suam flevere potentiam, nec illos magnitudo fortunæ

et qu'en attendant le moment fixé pour leur souper, ils se plaignent que les heures s'écoulent avec lenteur : car si quelquefois leurs occupations les quittent, ils sont tout accablés du loisir qu'elles leur laissent ; ils ne savent ni comment en faire usage, ni comment s'en débarrasser : aussi cherchent-ils une occupation quelconque ; et tout le temps intermédiaire devient un fardeau pour eux. Cela certes est si vrai, que, si un jour a été indiqué pour un combat de gladiateurs, ou si l'époque de tout autre spectacle ou divertissement est attendue, ils voudraient franchir tous les jours d'intervalle. Tout retardement à l'objet qu'ils désirent leur semble long. Mais le moment après lequel ils soupirent est court et fugitif [72], et devient encore plus rapide par leur faute ; car d'un objet ils passent à un autre, et aucune passion ne peut seule les captiver. Les jours pour eux ne sont pas longs, mais insupportables. Combien, au contraire, leur paraissent courtes les nuits qu'ils passent dans les bras des prostituées et dans les orgies? Aussi les poètes dont le délire [73] entretient par des fictions les égaremens des hommes, ont-ils feint que Jupiter, enivré des délices d'une nuit adultère, en doubla la durée. N'est-ce pas exciter nos vices que de les attribuer aux dieux, et de donner à la licence de nos passions les excès de la Divinité pour excuse? Pourraient-elles ne leur point paraître courtes ces nuits qu'ils achètent si cher? Ils perdent le jour dans l'attente de la nuit, et la nuit dans la crainte du jour. Leurs plaisirs même sont agités ; ils sont en proie à mille terreurs ; et au sein de leurs jouissances cette pensée importune se présente à leur esprit : « Combien ce bonheur doit-il durer [74] ? » Cette triste réflexion a souvent fait gémir sur leur puissance les rois, moins sa-

suæ delectavit, sed venturus aliquando finis exterruit. Quum per magna camporum spatia porrigeret exercitum, nec numerum ejus, sed mensuram comprehenderet Persarum rex insolentissimus, lacrymas profudit, quod intra centum annos nemo ex tanta juventute superfuturus esset. At illis erat admoturus fatum ipse, qui flebat, perditurusque alios in terra, alios in mari, alios in prœlio, alios in fuga, et intra exiguum tempus consumpturus illos, quibus centesimum annum timebat!

XVII. Quid, quod gaudia quoque eorum trepida sunt? non enim solidis causis innituntur, sed eadem, qua oriuntur, vanitate turbantur. Qualia autem putes tempora esse, etiam ipsorum confessione misera: quum hæc quoque, quibus se attollunt, et supra hominem efferunt, parum sincera sint! Maxima quæque bona sollicita sunt : nec ulli fortunæ minus bene, quam optimæ, creditur. Alia felicitate ad tuendam felicitatem opus est : et pro ipsis, quæ successerunt votis, vota facienda sunt. Omne enim quod fortuito evenit, instabile est: quo altius surrexerit, opportunius est in occasum. Neminem porro casura delectant. Miserrimam ergo necesse est, non tantum brevissimam, vitam eorum esse, qui magno parant labore, quod majore possideant : operose assequuntur quæ volunt, anxii tenent quæ assecuti sunt. Nulla interim nunquam amplius redituri temporis est ratio. Novæ occupationes veteribus substituun-

tisfaits de leur grandeur présente qu'effrayés de l'idée de son terme. Lorsque dans des plaines immenses Xerxès [75] déployait son armée tellement nombreuse, que, ne pouvant en faire le dénombrement, il la mesurait par l'étendue du terrain qu'elle couvrait, ce monarque si orgueilleux ne put retenir ses larmes, en songeant que de cette multitude d'hommes à la fleur de l'âge, aucun n'existerait dans cent ans. Mais lui, qui pleurait ainsi [76], allait dans un bien court intervalle, faire périr soit sur terre, soit sur mer, dans le combat ou dans la fuite, ces mêmes hommes pour lesquels il redoutait la révolution d'un siècle.

XVII. Pourquoi leurs joies mêmes sont-elles inquiètes? c'est qu'elles ne reposent pas sur des fondemens solides : la même vanité qui les fait naître, les trouble. Que pensez-vous que doivent être les momens de leur vie, qui, de leur aveu même, sont malheureux, puisque ceux dont ils s'enorgueillissent et qui semblent les élever au dessus de l'humanité, sont loin de leur offrir un bonheur sans mélange? Les plus grands biens ne sont point exempts de sollicitude, et la plus haute fortune doit inspirer le moins de confiance. Le bonheur est nécessaire pour conserver le bonheur, et les vœux exaucés exigent d'autres vœux. Tout ce que donne le hasard est peu stable; et plus il vous élève, ainsi plus haut il vous suspend au bord du précipice. Or, personne ne doit se complaire à des biens si fragiles. Elle est donc non-seulement très-courte, mais aussi très-malheureuse la vie de ceux qui se procurent avec de grands efforts ce qu'ils ne peuvent conserver qu'avec des efforts plus grands encore [77] : ils acquièrent avec peine ce qu'ils désirent, et c'est avec inquiétude qu'ils possèdent ce qu'ils ont acquis. On

tur, spes spem excitat, ambitionem ambitio : miseriarum non finis quæritur, sed materia mutatur. Nostri nos honores torserunt? plus temporis alieni auferunt. Candidati laborare desivimus? suffragatores incipimus. Accusandi deposuimus molestiam? judicandi nanciscimur. Judex desiit esse? quæsitor est. Alienorum honorum mercenaria procuratione consenuit? suis opibus detinetur. Marium caliga dimisit? consulatus exercet. Quintius dictaturam properat pervadere? ab aratro revocabitur. Ibit in Pœnos nondum tantæ maturus rei Scipio, victor Hannibalis, victor Antiochi, sui consulatus decus, fraterni sponsor : ni per ipsum mora sit, cum Jove reponetur? civiles servatorem agitabunt seditiones, et post fastiditos a juvene diis æquos honores, jam senem contumacis exsilii delectabit ambitio. Nunquam deerunt vel felices, vel miseræ sollicitudinis causæ : per occupationes intercludetur otium : nunquam agetur, semper optabitur.

XVIII. Excerpe itaque te vulgo, Pauline carissime, et in tranquilliorem portum, non pro ætatis spatio jactatus, tandem recede. Cogita quot fluctus subieris, quot tempestates partim privatas sustinueris, partim publicas in te converteris. Satis jam per laboriosa et inquieta do-

ne tient cependant aucun compte d'un temps qui ne doit plus revenir : à d'anciennes occupations on en substitue de nouvelles [78] ; un espoir accompli fait naître un autre espoir [79] ; l'ambition provoque l'ambition. On ne cherche point la fin des peines, seulement on en change l'objet. S'est-on tourmenté pour parvenir aux honneurs, on perd plus de temps encore, afin d'y faire arriver les autres. Candidats, sommes-nous à la fin de nos brigues, nous devenons solliciteurs pour autrui [80]. Avons-nous déposé la pénible fonction d'accusateur, nous aspirons à celle de juge. A-t-on cessé d'être juge, on veut présider le tribunal. Cet agent mercenaire a vieilli pour gérer la fortune d'un autre : maintenant la sienne l'absorbe tout entier. Marius a quitté la chaussure du soldat [81] : il devient consul. Quintius se hâte de déposer la dictature : il va bientôt être encore une fois arraché à sa charrue. Il marchera contre les Carthaginois, dès avant l'âge requis pour une si grande entreprise, Scipion vainqueur d'Annibal, vainqueur d'Antiochus, ornement de son propre consulat, caution de celui de son frère [82] ; et si lui-même n'y met obstacle, il sera placé à côté de Jupiter. Plus tard, des citoyens séditieux n'en poursuivront pas moins le sauveur de Rome ; et après qu'il aura dédaigné dans sa jeunesse des honneurs qui l'eussent égalé aux dieux, sa vieillesse ambitieuse se complaira dans un exil sans terme [83]. Jamais on ne manquera de motifs heureux ou malheureux de sollicitude : les affaires nous interdiront le repos ; on n'en prendra jamais en le désirant toujours [84].

XVIII. Séparez-vous donc du vulgaire, mon cher Paulinus ; et pour rentrer enfin paisiblement au port [85], n'attendez pas que toute votre vie ait essuyé la tempête. Songez combien de fois vous avez bravé les flots,

cumenta exhibita virtus est : experire, quid in otio faciat. Major pars ætatis, certe melior, Reipublicæ data sit : aliquid temporis tui sume etiam tibi. Nec te ad segnem aut inertem quietem voco : non ut somno, et caris turbæ voluptatibus, quidquid est in te indolis vivæ, demergas. Non est istud acquiescere. Invenies majora omnibus adhuc strenue tractatis operibus, quæ repositus et securus agites. Tu quidem orbis terrarum rationes administras, tam abstinenter quam alienas, tam diligenter quam tuas, tam religiose quam publicas; in officio amorem consequeris, in quo odium vitare difficile est : sed tamen, mihi crede, satius est vitæ suæ rationes, quam frumenti publici nosse. Istum animi vigorem, rerum maximarum capacissimum, a ministerio honorifico quidem, sed parum ad beatam vitam apto, ad te revoca : et cogita, non id egisse te ab ætate prima, omni cultu studiorum liberalium, ut tibi multa millia frumenti bene committerentur : majus quiddam et altius de te promiseras. Non deerunt et frugalitatis exactæ homines, et laboriosæ operæ. Tanto aptiora exportandis oneribus tarda jumenta sunt, quam nobiles equi : quorum generosam pernicitatem quis unquam gravi sarcina pressit? Cogita præterea, quantum sollicitudinis sit, ad tantam te molem objicere : cum ventre humano tibi negotium est; nec rationem patitur, nec æquitate mitigatur, nec ulla prece flectitur populus esuriens.

combien de tempêtes privées vous avez soutenues, combien d'orages publics vous avez attirés sur votre tête. Assez long-temps votre vertu s'est montrée dans les fatigues d'une vie pénible, agitée ; éprouvez ce qu'elle pourra faire au sein du repos. Vous avez consacré à la république la plus grande, et certes la meilleure partie de votre vie ; prenez aussi un peu de temps pour vous. Ce n'est point à un repos plein d'indolence et d'inertie que je vous convie ; ce n'est ni dans le sommeil ni dans les voluptés chéries de la foule que je veux vous voir ensevelir tout ce qu'il y a en vous de vivacité et d'énergie. Ce n'est pas là se reposer. Vous trouverez encore des occupations plus importantes que celles dont vous vous êtes si activement acquitté jusqu'à ce jour, et vous y vaquerez à loisir et en sécurité. Vous administrez les revenus de l'univers avec autant de désintéressement que ceux d'autrui, autant de zèle que les vôtres, autant d'intégrité que ceux de la république. Vous savez vous concilier l'affection dans une position où il est difficile d'éviter la haine : mais cependant, croyez-moi, il vaut mieux s'occuper à régler les comptes de sa vie que ceux des subsistances publiques. Cette force d'esprit, capable des plus grandes choses, cessez de la consacrer à un ministère honorable sans doute, mais peu propre à rendre la vie heureuse, et appliquez-la désormais à vous-même. Songez que si, depuis votre premier âge, vous avez cultivé assidûment de nobles études, ce n'était point pour devenir le dépositaire fidèle de plusieurs milliers de mesures de blé. Vous donniez de plus grandes et de plus hautes espérances. On ne manquera point d'hommes qui joignent au goût du travail une intégrité scrupuleuse. Les bêtes de somme sont plus propres à porter un fardeau

Modo intra paucos illos dies, quibus C. Cæsar periit (si quis inferis sensus est, hoc gravissime ferens, quod decedebat populo romano superstite), septem aut octo certe dierum cibaria superesse ! dum ille pontes navibus jungit, et viribus imperii ludit, aderat ultimum malorum obsessis quoque, alimentorum egestas. Exitio pæne ac fame constitit, et, quæ famem sequitur, rerum omnium ruina, furiosi, et externi, et infeliciter superbi regis imitatio. Quem tunc animum habuerunt illi, quibus erat mandata frumenti publici cura? ferrum, saxa, ignes, gladium excepturi, summa dissimulatione tantum inter viscera latentis mali tegebant : cum ratione scilicet. Quædam enim ignorantibus ægris curanda sunt; causa multis moriendi fuit, morbum suum nosse.

XIX. Recipe te ad hæc tranquilliora, tutiora, majora. Simile tu putas esse, utrum cures, ut incorruptum a fraude advehentium et negligentia frumentum transfundatur in horrea, ne concepto humore vitietur, et concalescat, ut ad mensuram pondusque respondeat : an ad hæc sacra et sublimia accedas, sciturus, quæ materia sit

que les coursiers de race : qui osa jamais ralentir leur généreuse vivacité sous un lourd bagage? Réfléchissez en outre, combien de sollicitude entraîne une charge si pénible : c'est à l'estomac de l'homme que vous avez affaire ; un peuple affamé n'entend point raison ; l'équité ne saurait le calmer, ni les prières le fléchir. Naguère, dans les journées qui précédèrent ou suivirent immédiatement sa mort, C. César, si l'on conserve encore quelque sentiment dans les enfers, dut regretter amèrement de laisser le peuple romain sain et sauf, car il ne restait de subsistances que pour sept ou huit jours; et tandis qu'avec des vaisseaux il construisait des ponts [86], et se jouait de la puissance de l'empire, on était à la veille de subir le dernier des maux, même pour des assiégés, la disette. Peu s'en fallut que la mort, la famine et la ruine générale qui en est presque toujours la suite, n'accompagnassent cette imitation d'un roi insensé, d'un roi étranger [87], si malencontreusement superbe. Dans quelle situation d'esprit durent être les magistrats chargés des approvisionnemens publics! Menacés du fer, des pierres, du feu, de la fureur de Caïus, ils mirent un soin extrême à dissimuler un mal qu'aucun symptôme n'avait encore trahi. C'était agir sagement : car il est des malades qu'il faut laisser dans l'ignorance de leur mal; beaucoup d'hommes sont morts pour l'avoir connu.

XIX. Cherchez donc un asile dans des occupations plus tranquilles, plus sûres, plus hautes. Pensez-vous que veiller à ce que les arrivages du blé s'effectuent sans fraude, à ce qu'il soit soigneusement emmagasiné dans les greniers de peur qu'il ne s'échauffe ou qu'il ne se gâte par l'humidité, enfin à ce que la mesure et le poids s'y trouvent ; pensez-vous, dis-je, que de tels soins puis-

diis, quæ voluptas, quæ conditio, quæ forma? quis animum tuum casus exspectet, ubi nos a corporibus dimissos natura componat? quid sit, quod hujus mundi gravissima quæque in medio sustineat, supra levia suspendat, in summum ignem ferat, sidera cursibus suis excitet? Cetera deinceps ingentibus plena miraculis. Vis tu, relicto solo, mente ad ista respicere? nunc, dum calet sanguis, vigentibus ad meliora eundum est. Exspectat te in hoc genere vitæ multum bonarum artium, amor virtutum atque usus, cupiditatum oblivio, vivendi atque moriendi scientia, alta rerum quies.

Omnium quidem occupatorum conditio misera est : eorum tamen miserrima, qui ne suis quidem occupationibus laborant; ad alienum dormiunt somnum, ad alienum ambulant gradum, ad alienum comedunt appetitum; amare et odisse, res omnium liberrimas, jubentur. Hi si velint scire, quam brevis ipsorum vita sit, cogitent, ex quota parte sua sit. Quum videris itaque prætextam sæpe jam sumtam, quum celebre in foro nomen, non invideris. Ista vitæ damno parantur : ut unus ab illis numeretur annus, omnes annos suos conterent. Quosdam autem quum in summum ambitionis eniterentur, inter prima luctantes, ætas reliquit : quosdam

sent être comparés à ces études saintes et sublimes qui vous élèveront à la connaissance de la nature des dieux, de leurs plaisirs, de leur condition, de leur forme? quelle destinée est réservée à notre âme? dans quel lieu doit nous placer la nature quand nous serons dégagés des liens corporels? quelle puissance soutient, au milieu de l'espace, les corps les plus pesans; au dessus, les plus légers; porte la matière ignée dans les régions les plus hautes; imprime aux astres leur révolution; produit enfin mille autres phénomènes encore plus merveilleux [88]? Voulez-vous, abandonnant la terre, élever votre esprit à ces hautes connaissances? Maintenant que votre sang circule avec chaleur, et que vous êtes dans la force de l'âge, dirigez-vous vers ces objets dignes de votre préférence. Vous aurez en partage, dans ce genre de vie, l'enthousiasme des sciences utiles, l'amour et la pratique de la vertu, l'oubli des passions, l'art de vivre et de mourir, un calme inaltérable.

La condition de tous les gens occupés est malheureuse : plus malheureuse est celle des hommes qui chargent leur vie de soins qui ne sont pas pour eux [89], attendant pour dormir qu'un autre dorme, pour faire un pas qu'un autre marche, pour manger qu'un autre ait appétit [90]. L'amitié, la haine, les plus libres de toutes les affections, sont chez eux à commandement. Ceux-là, s'ils veulent savoir combien leur vie est courte, n'ont qu'à supputer la part qui en revient à leur usage. Quoique vous les ayez vus souvent revêtus de la prétexte, quoique leur nom soit connu dans le forum, n'en soyez pas jaloux : ces avantages, ils les achètent aux dépens de leurs jours, et pour le plaisir d'attacher leur nom à une année, ils perdront toutes celles de leur vie. Quelques-uns prennent

quum in consummationem dignitatis per mille indignitates irrupissent, misera subiit cogitatio, ipsos laborasse in titulum sepulcri : quorumdam ultima senectus, dum in novas spes, ut juventa, disponitur, inter conatus magnos et improbos invalida defecit.

XX. Fœdus ille, quem in judicio pro ignotissimis litigatoribus grandem natu, et imperitæ coronæ assentationes captantem, spiritus liquit! turpis ille, qui vivendo lassus citius quam laborando, inter ipsa officia collapsus est! turpis, quem accipiendis immorientem rationibus diu tractus risit heres! Præterire, quod mihi occurrit exemplum, non possum. Turannius fuit exactæ diligentiæ senex : qui, post annum nonagesimum, quum vacationem procurationis a Caio Cæsare ultro accepisset, componi se in lecto, et velut exanimem a circumstante familia plangi jussit. Lugebat domus otium domini senis, nec finivit ante tristitiam, quam labor illi suus restitutus est. Adeone juvat occupatum mori? Idem plerisque animus est : diutius cupiditas illis laboris, quam facultas est : cum imbecillitate corporis pugnant : senectutem ipsam nullo alio nomine gravem judicant, quam quod illos seponit. Lex a quinquagesimo anno militem non cogit, a sexagesimo senatorem non citat;

leur essor ambitieux vers les hauts emplois, et dans cette lutte, dès leurs premiers efforts, la mort vient moissonner leurs jeunes ans [91] : d'autres, après s'être fait jour, à force de bassesses, jusqu'au faîte des honneurs, ont été affligés par la triste pensée, qu'ils n'avaient travaillé que pour faire graver un vain titre sur leur tombe [92]. Il en est enfin dont la décrépitude, tout occupée des fraîches espérances qui ne conviennent qu'à la jeunesse [93], a succombé de faiblesse au milieu de leurs grands et malencontreux efforts.

XX. Honte à ce vieillard qui a rendu l'âme comme il défendait de vils plaideurs et recherchait les applaudissemens d'un auditoire ignorant ! Honte à celui qui, plus tôt lassé de vivre que de travailler, a succombé au milieu de ces occupations ! Honte à celui qui, expirant sur les trésors qu'il amassait, devient la risée d'un héritier qu'il a long-temps fait attendre ! Je ne puis passer sous silence un exemple qui se présente à mon esprit. Turannius [94], vieillard d'une activité et d'une exactitude rares, était chargé de l'approvisionnement de Rome. Ayant, à l'âge de quatre-vingt-dix ans, reçu de Caïus César, sans l'avoir offerte, la démission de sa charge, il se mit au lit, et ordonna à ses esclaves rassemblés autour de lui, de le pleurer comme mort. Toute la maison s'affligeait du loisir de son maître, et les lamentations ne cessèrent que lorsqu'il fut rendu à ses fonctions. Est-il donc si doux de mourir occupé ? La plupart des hommes ont le même désir ; la manie du travail survit en eux au pouvoir de travailler ; ils luttent contre la faiblesse du corps, et la vieillesse ne leur paraît fâcheuse, que parce qu'elle les éloigne des affaires. La loi dispense à cinquante ans de porter les armes [95], à soixante d'assister aux

difficilius homines a se otium impetrant, quam a lege. Interim, dum rapiuntur et rapiunt, dum alter alterius quietem rumpit, dum mutuo sunt miseri, vita est sine fructu, sine voluptate, sine ullo profectu animi : nemo in conspicuo mortem habet, nemo non procul spes intendit. Quidam vero disponunt etiam illa quæ ultra vitam sunt, moles magnas sepulcrorum, et operum publicorum dedicationes, et ad rogum munera, et ambitiosas exsequias. At mehercule istorum funera, tanquam minimum vixerint, ad faces et ad cereos ducenda sunt.

assemblées du sénat; les hommes ont plus de peine à obtenir le repos d'eux-mêmes que de la loi. Cependant, tandis qu'ils entraînent et sont entraînés, que l'un trouble la paix de l'autre, qu'ils se rendent réciproquement malheureux, la vie passe sans fruit, sans plaisir, sans aucun profit pour l'âme; nul ne voit la mort en perspective, chacun porte au loin ses espérances. Quelques-uns même règlent d'avance ce qui doit se faire quand ils ne seront plus, la construction de vastes mausolées, la dédicace de monumens publics, les jeux qui se célébreront auprès de leur bûcher, enfin tout l'attirail d'orgueilleuses obsèques, de magnifiques pompes funèbres. Mais, en vérité, les funérailles de ces gens-là devraient, comme s'ils avaient très-peu vécu, se faire à la lueur des torches et des flambeaux [96].

NOTES

DU TRAITÉ SUR LA BRIÈVETÉ DE LA VIE.

I. 1. *Pour une vie si courte.* On peut comparer ce début avec celui de Salluste (*Guerre de Jugurtha*) : *Falso queritur de natura sua genus humanum, quod imbecilla atque ævi brevis forte potius, quam virtute regatur,* etc. Au surplus, en conférant tout ce chapitre avec le chapitre 1er de la *Guerre de Jugurtha*, et les chapitres 1 et 2 de la *Conjuration de Catilina*, l'on reconnaîtra que Sénèque semble avoir eu dessein d'imiter quelques pensées de cet historien.

2. *L'art est long.* Voyez le commencement des *Aphorismes* d'Hippocrate : Ὁ βίος βραχὺς, ἡ δὲ τέχνη μακρή. Pétrarque a dit quelque part :

Vitam medici dum brevem dixerunt, brevissimam effecerunt.

3. *Aristote.* Ici la mémoire de Sénèque paraît l'avoir trompé. Cicéron, dans ses *Tusculanes* (liv. III, chap. 28), attribue cette opinion, non à Aristote, mais à Théophraste son disciple. Juste-Lipse observe à ce sujet qu'Aristote enseigne précisément le contraire dans son livre *de Generat. animal.* (lib. IV, cap. 10), où il dit que, de tous les animaux, l'homme est celui qui vit le plus long-temps, si l'on en excepte l'éléphant. Quant à Théophraste, il reprochait à la nature d'avoir accordé une si longue vie aux cerfs et aux corneilles, qui n'en ont pas besoin, et de l'avoir donnée si courte à l'homme, à qui il eût été important de vivre long-temps. Après cela, mettez d'accord les philosophes : l'un dit blanc, l'autre noir, le troisième cite à faux, et chacun cependant ose dire, comme *Garo* de la fable : *Dieu s'est mépris.* Le meilleur est de bénir la nature, qui, en nous donnant une vie toujours assez longue pour qui bien l'emploie, nous délivre presque toujours, par la mort, du soin de maudire plus long-temps notre existence.

Toutefois, après ces philosophes de l'école, il n'est pas sans intérêt d'entendre le janséniste Nicole dans ses *réflexions* sur ce Traité : « trouver plus de vérité dans ces plaintes du commun « des hommes que dans ces discours des philosophes, » puis arriver à dire « qu'il n'y a que la religion chrétienne qui nous « puisse véritablement consoler des bornes étroites de notre vie... » « Notre vie, ajoute-t-il un peu plus loin, ne suffit presque pour « aucun exercice, pour aucun art, pour aucune profession. On ne « vit pas assez long-temps pour devenir bon peintre, bon archi- « tecte, bon médecin, bon jurisconsulte, bon philosophe, bon ca- « pitaine, bon prince; mais elle suffit pour être bon chrétien. »

4. *Elle suffirait.* Selon Juste-Lipse et ceux qui l'ont copié, cette pensée se retrouve dans Hérodote (liv. VII, ch. 16). Cette citation est fausse. Il est vrai qu'Artabane y tient, sur la fragilité de la vie, un discours qui a beaucoup de rapport avec d'autres passages du présent Traité : « Nous éprouvons, dit Artabane, « dans le cours de notre vie, des choses plus déplorables ; car, « malgré sa brièveté, il n'y a point d'homme si heureux.... à qui « il ne vienne dans l'esprit, je ne dis pas une fois, mais souvent, « de préférer la mort à la vie. Les malheurs qui surviennent, les « maladies qui nous troublent, font paraître la vie bien longue, « quelque courte qu'elle soit. Dans une existence si malheureuse, « l'homme soupire après la mort, et la regarde comme un port » assuré. En assaisonnant notre vie de quelques plaisirs, le dieu « fit bien voir sa jalousie. »

Ici Rousseau offre une imitation frappante de ce début de Sénèque, qu'il n'a jamais cité en le copiant très-souvent. « Les hommes « disent que la vie est courte, et je vois qu'ils s'efforcent de la rendre « telle. Ne sachant pas l'employer, ils se plaignent de la rapidité du « temps, et je vois qu'il coule trop lentement à leur gré. » (*Émile*.)

II. 5. *Et leur incertitude.* Voyez au chapitre 1er du traité *de la Tranquillité de l'âme*, la description de cet état de faiblesse et de fluctuation de l'homme, qu'un poète français a assez bien décrit :

> La volonté qui court où le désir l'appelle
> Croit avoir du repos dans le bien désiré.
> . . . .
> Aussi toujours errante et toujours vagabonde

> Elle épuise sa force en mille vains projets,
> Et quand elle a goûté de tous les biens du monde,
> Elle revient encor sur les mêmes objets.
>
> Le Derel.

6. *D'un grand poète.* On ignore quel est ce poète. Les uns attribuent cette sentence à Virgile, les autres à Ennius ou à Publius Syrus, qui l'aurait empruntée à Ménandre.

7. *Jusqu'aux plus élevés.* Malleville a dit :

> En sa condition chacun trouve des peines.
> Comme les plus petits les grands portent leur faix.

III. 8. *Par impuissance de rester avec vous-même.* Nicole fait sur ce passage cette réflexion pleine de sens : « C'est un prétexte « par lequel on pourrait presque toujours justifier l'ingratitude. Il « semble que nous ne soyons obligés qu'à ceux qui ont eu un des-« sein formé de nous obliger, et non pas à ceux qui, cherchant « leur utilité ou leur plaisir, nous ont rencontrés dans leur chemin « comme par hasard. Mais par cette règle, adieu la reconnais-« sance. Ainsi, pour la conserver, il faut s'arrêter au bienfait, sans « remonter à sa source. Car si nous y remontons, nous la trouve-« rons d'ordinaire si corrompue, qu'elle éteindra toute notre gra-« titude. Il ne faut point subtiliser en matière de reconnaissance ; « elle s'évapore en subtilisant. »

9. *Un accusé.* Notre texte porte *quantum reus*; d'autres proposent *rex*, entr'autres La Grange, qui entend par *rex* un patron ; en effet, ce nom-là était donné, par la flatterie des cliens, aux grands qu'ils avaient pour patrons. On trouve des exemples de cette acception du mot *rex* dans Horace (*Epist.* 7, lib. 1, v. 37), dans Plaute (*Captiv.*, act. 1, sc. 1, v. 24), puis dans Martial et dans Juvénal.

10. *Ta mort est prématurée.* Tout ce discours est la contrepartie de celui que, dans Lafontaine, la Mort adresse au mourant. Thomas a dit :

> L'un courbé sous cent ans est mort dès sa naissance.

IV. 11. *Caution d'une vie plus longue.*

> . . . . Est-il aucun moment
> Qui vous puisse assurer d'un second seulement ?
>
> Lafont., *le Vieillard et les trois jeunes hommes.*

Un autre a dit :

> Un moment ne peut garantir
> L'autre moment qui va le suivre.

« On doit ne s'occuper que du jour qui court, le regardant comme le dernier qu'on ait à passer. »   (CARACCIOLI.)

12. *De tous les autres biens dont ils jouissent.*

> Le repos? le repos, trésor si précieux,
> Qu'on en faisait jadis le partage des dieux.
>   LAFONT., *l'Homme qui court après la fortune*, etc.

Ce passage rappelle encore plus directement ces vers :

> Heureux qui, satisfait de son humble fortune,
> Libre du joug superbe où je suis attaché,
> Vit dans l'état obscur où les dieux l'ont caché.
>   RACINE.

13. *Sans danger.*

> Et, monté sur le faîte, il aspire à descendre.
>   CORNEILLE.

V. 14. *Délivré des soins du gouvernement.* Voyez Suétone et Dion Cassius.

15. *En imagination.* « Cela est bien aisé, observe Nicole. Cette « pensée n'incommode point, elle laisse la jouissance libre de la « grandeur, et elle joint en quelque sorte les avantages du repos « avec ceux de la fortune. Mais quand il en faudra faire le choix, « on verra que la grandeur a des attraits plus grands que le repos « pour une âme corrompue. »

16. *D'abord ses concitoyens* : contre Antoine, lors de la guerre de Modène, plus contre Brutus et Cassius; *ensuite ses collègues :* Lépide, et encore Antoine; *enfin ses parens;* Sextus Pompée et ce même Antoine, devenus ses parens par alliance.

17. *Dont ils troublaient la paix.* Chalvet entend par ces mots *mediæ paci*, une paix douteuse; mais, alors, comment rendre *imperio ?* Sénèque veut ici parler des Rhétiens, des Vindéliciens et des Salasses, peuples qui habitaient les Alpes, entre les Gaules, l'Italie et la Germanie méridionale.

18. *Contre lui.* Voyez le traité *de la Clémence*, liv. 1er, ch. 9.

19. *Une nouvelle Cléopâtre avec un autre Antoine.* Julie, fille d'Auguste, fameuse par ses débordemens, et Julius Antonius, fils de Marc-Antoine le triumvir.

20. *Dans une lettre adressée à* **Atticus**. Nous n'avons pas la lettre où se trouvent ces expressions ; mais dans une autre adressée à Atticus, et datée de Tusculum, Cicéron s'exprime ainsi : « Je vous en conjure, laissons tout cela, et soyons du moins à « moitié libres. » *Semi liberi saltem simus* (liv. XIII, lett. 31).

21. *Supérieur à la fortune.*

> Le sage toutefois ne pourra jamais l'être *(esclave)* :
> Pour l'homme vraiment libre il n'est point de lien :
> Au milieu de la cour il peut vivre sans maître,
>   Lui seul il est le sien.
>
> LOUIS RACINE.

VI. 22. *Revêtu de la robe prétexte.* Les jeunes gens ne pouvaient pas paraître en justice avant d'avoir pris la robe virile. *Voyez* ce que Sénèque dit à ce sujet dans sa quatrième lettre à Lucilius.

23. *Fort à propos.* Voyez la *Consolation à Marcia*, ch. 16. Velleius Paterculus (liv. II, ch. 29) dit que Drusus fut frappé d'un coup de poignard comme il rentrait dans sa maison. Cicéron nomme l'assassin ; il s'appelait Varius. Selon Florus (liv. III, ch. 17), Drusus mourut de la douleur d'avoir troublé sa patrie.

VII. 24. *A mourir.* Sénèque trouve cette pensée si belle qu'il y revient souvent dans ses écrits (Voyez *Consolation à Marcia*, ch. XXIII). — *Tota vita commentatio mortis est* (CICER. *Tuscul.* I, cap. 30). *Voyez* aussi *le Phédon*, traduction de M. Victor Cousin, page 199. Cette pensée de Sénèque, quelque belle qu'elle soit, n'a point cependant trouvé grâce devant Nicole, non qu'il ne la trouve en elle-même, et « très-solide dans la bouche des chrétiens, » mais, dit-il, dans la bouche des payens, qui « n'avaient ni espé- « rance ni crainte pour l'autre vie, il n'y a rien de plus vain. »

25. *De votre vie.* Voyez le traité *des Bienfaits*, liv. IV, ch. 32. Quelques lignes plus haut ces mots, *je n'ai pas le temps de vivre*, ont été imités de Caraccioli : « Quelle image aux yeux de la raison « que la vie d'un grand toute perdue dans des visites, des spec- « tacles et des festins, et qui ose ensuite se plaindre de ce qu'on « n'a pas le temps de respirer ! » (*Voyez* ci-après note 47).

26. *Dans tous les tribunaux.* Voyez le traité *de la Colère*, liv. III, ch. 23.

NOTES.

VIII. 27. *Il est resté long-temps sur la terre.*

Je plains fort un vieillard qui n'a que des années
 Pour nous prouver qu'il a vécu.
PANARD.

28. *Mais le temps même, aucun n'y songe.* Telle n'était pas la maxime de Napoléon : il comptait tellement sur la promptitude des mouvemens, que si un officier lui demandait quelque temps pour exécuter ses ordres, sa réponse remarquable était presque toujours : « Demandez-moi toute autre chose que du temps. » (WALTER-SCOTT, *Hist. de Napoléon*, in-8°, tom. VI, p. 159.) *

29. *De nobles sénateurs. Clarissimi* est moins une épithète qu'un titre d'honneur, que déjà l'on donnait officiellement aux sénateurs de Rome, comme chez nous *noble pair, honorable député*. Ici Sénèque fait allusion à l'usage qu'avaient adopté les empereurs, d'accorder des pensions à des personnages de naissance illustre, pour les mettre en état de soutenir leur rang.

30. *De leurs années à venir, etc.* Voyez Massillon, sermon *sur la mort*, première partie : « Si l'heure était marquée à chacun de nous, etc. » *

31. *Elle s'écoulera d'une manière insensible.*

Vois-tu l'onde fugitive ?
C'est l'image de nos jours :
Ni la digue ni la rive
Ne peut arrêter son cours.
Là coulant sur la verdure,
Là fuyant dans les déserts,
Elle porte son murmure
Dans le sein des vastes mers.
HOFFMAN.

IX. 32. *En nous promettant l'avenir.*

L'avenir, toujours séduisant,
Est comme un charlatan habile,
Qui trompant notre esprit facile,
Nous escamote le présent.
DESMAHIS. *

---

* Je dois cette note et plusieurs autres à la complaisance de M. Baillard. Je les marquerai d'une astérisque.

33. *Qui se fie au lendemain.*

> Victuri semper agimus, nec vivimus unquam.
>
> MANILIUS.
>
> Nous ne vivons jamais, nous attendons la vie.
>
> VOLTAIRE.

34. *Vous perdez le jour présent.*

> Pourquoi perdre le jour qui passe
> Pour un autre qui doit passer ?
> Si tel est le destin des hommes
> Qu'un instant peut les voir finir,
> Vivons pour l'instant où nous sommes
> Et non pour l'instant à venir.
> De l'erreur qui vous a séduits
> Je ne prétends pas me repaître.
> Ma vie est l'instant où je suis,
> Et non l'instant où je dois être.
> Ne laissons point évanouir
> Des biens mis en notre puissance.
> . . . .
> Le moment passé n'est plus rien.
> L'avenir peut ne jamais être,
> Le présent est l'unique bien
> Dont l'homme soit vraiment le maître.
>
> J. B. ROUSSEAU.

« On doit ne s'occuper que du jour qui coule, le regardant comme le dernier qu'on ait à passer. »

(CARACCIOLI, la Jouissance de soi-même.)

35. *Vous en disposez.* « Nous ne tenons jamais au présent. Nous anticipons l'avenir comme trop lent et comme pour le hâter, ou nous rappelons le passé pour l'arrêter comme trop prompt, si imprudens que nous errons dans les temps qui ne sont pas à nous, et ne pensons pas au seul qui nous appartient, et si vains que nous songeons à ceux qui ne sont point, et laissons échapper, sans réflexion, le seul qui subsiste. C'est que le présent, d'ordinaire, nous blesse : nous le cachons à notre vue, parce qu'il nous afflige, et, s'il nous est agréable, nous regrettons de le voir échapper. Nous tâchons de le soutenir par l'avenir, et ne pensons qu'à disposer les choses qui ne sont pas en notre puissance, pour un temps où nous n'avons aucune assurance d'y arriver.

« Que chacun examine sa pensée, il la trouvera toujours occupée au passé et à l'avenir. Nous ne pensons presque point au présent, et si nous y pensons, ce n'est que pour en prendre la lumière, pour disposer l'avenir. Le présent n'est jamais notre but. Le passé et le présent sont nos moyens; le seul avenir est notre objet. Ainsi nous ne vivons jamais, mais nous espérons de vivre, etc. »

(Pascal, *Pensées*.)

« Errant sans cesse dans l'avenir qui n'est point à nous, nous ne jouissons jamais du présent qui nous appartient. Nous ferons toujours telle chose demain, et jamais nous ne la faisons. C'est toujours le lendemain qui nous doit voir agir, comme si nous étions sûrs d'y arriver. Mais demain n'est pas plus à nous qu'hier, et le jour d'hier est plus loin de nous que l'an prochain qui doit venir. Nous arrivons du passé au présent d'une manière imperceptible, comme Boileau l'a parfaitement exprimé :

Le moment où je parle est déjà loin de moi. »

(Caraccioli, *ibid.*)

36. *Est celui qui s'enfuit le premier.* Nous aurions pris la traduction de ce vers par Delille, si elle avait rendu le *quæque* qui complète la pensée :

Hélas ! nos plus beaux jours s'envolent les premiers.

(*Voyez* l'épitre cviii de Sénèque.)

37. *Encore dans l'enfance, etc.* Ce trait rappelle cette pensée de Martial :

Infantes sumus et senes videmur.

X. 38. *Fabianus.* Sénèque parle plusieurs fois de ce philosophe et toujours avec éloge (Voy. *Consolation à Marcia*; puis lett. xi, xl, lii, lviii et c). Il est assez difficile de rendre en français l'expression *ex cathedrariis philosophis*, qui veut dire, mot à mot, un philosophe qui ne l'est que dans sa chaire, et nullement dans le monde, comme on en voit pour le moins autant de nos jours que du temps de Sénèque.

39. *Se montrent à découvert.* « Les voluptueux ont des retours les plus tristes et les plus sombres ; l'âme se venge par des remords et des inquiétudes, des sens qu'on lui préfère, et ne laisse

à l'homme de plaisir qu'une vie empoisonnée au milieu de quelques intervalles de joie et de satisfaction. »

(CARACCIOLI, *la Jouissance de soi-même.*)

40. *De la conscience qui ne s'égare jamais.* A cette pensée de Sénèque, Nicole s'écrie : « Il y a de la folie dans cette insolence. Quoi! l'homme ne se trompe jamais? Mais le faux éclat de cette pensée l'ayant frappé en cet endroit, il ne s'est plus souvenu ni de sa faiblesse ni de ses maximes. »

41. *Sacrée, irrévocable.* Comparez ce passage avec ce que Sénèque dit *de Vita beata*, cap. VI; *de Beneficiis*, lib. III, cap. IV.

Ce beau passage ne trouve pas grâce devant Nicole, qui s'obstine à juger Sénèque avec les idées d'un dévot du siècle de Louis XIV. « Qu'il y a de vide dans ces discours philosophiques! s'écrie-t-il. Comment est-ce que des payens possédaient le passé, eux qui n'espéraient aucune récompense de leurs bonnes actions en une autre vie, comme ils ne craignaient point la punition des mauvaises : la vie passée étant oubliée, était à leur égard comme si elle n'eût jamais été; ils ne pouvaient donc la posséder que par la mémoire. »

42. *A votre gré.* « Le sage voit renaître les jours que certaines circonstances lui rendirent mémorables. Il rétrograde vers ce temps dont il fait une chaîne en sa mémoire; et par ce moyen il revit dans des âges mêmes qui ne sont plus. On ne saurait croire combien il est agréable de ramener le passé..... Les années de cette manière ne sont plus stériles et les jours ne sont point ennuyeux. »

(CARACCIOLI, *ibid.*)

Mon active pensée
Plane sur les débris entassés par le temps.
Siècles qui n'êtes plus, et vous qui devez naître,
J'ose vous appeler, hâtez-vous de paraître:
Au moment où je suis venez vous réunir.
Je parcours tous les points de l'immense durée,
D'une main assurée
J'enchaîne le présent, je lis dans l'avenir.

THOMAS.

43. *Sur toutes les époques de sa vie.* Ces pensées ont heureuse-

ment inspiré un jeune poète contemporain, qui a trop tôt été enlevé aux muses.

> C'est ainsi qu'à tous les âges
> Il est agréable aux sages
> De vivre ou d'avoir vécu.
> Ainsi mon âme ravie
> Pourra partout sur la vie
> Porter un œil complaisant :
> Derrière moi l'innocence,
> Dans l'avenir l'espérance,
> Le bonheur dans le présent.
>
> (Ch. Loyson, *les Goûts du poète*.)

44. *Avant d'être arrivé*.

> Le moment où je parle est déjà loin de moi.
>
> Boileau.

XI. 45. *Tromper le destin*. « D'où vient que les hommes se plaisent en ces sortes de fictions dont ils connaissent eux-mêmes toute la fausseté ? C'est qu'ils se représentent par cette fiction une idée agréable, et qu'ils s'occupent plus de l'idée que de la fausseté de l'idée. C'est à peu près ce qui arrive dans la lecture des romans. »   Nicole.

46. *Ils en sont arrachés*.

> Le plus semblable aux morts meurt le plus à regret.
>
> (Lafont., *la Mort et le Mourant*.)

47. *De n'avoir point vécu*.

> O mihi præteritos referat si Jupiter annos !
>
> Virgile.

> C'est en ne vivant pas que l'on croit être heureux.
>
> Thomas.

> Insensés, votre âme se livre
> A de tumultueux projets ;
> Vous mourez sans avoir jamais
> Pu trouver le moyen de vivre.
>
> J. B. Rousseau.

(*Voyez* ci-dessus note 25.)

48. *N'en est sacrifié*. Voyez *de Benefic.*, lib. iv, cap. 2 ; lib. vii, cap. 19.

49. *D'un pas assuré*. On trouve dans Rousseau une imitation de ce passage : « S'il est un seul d'entre vous qui sache mettre assez

de tempérance à ses désirs, pour ne jamais souhaiter que le temps s'écoule, celui-là ne l'estimera point trop courte. Vivre et jouir seront pour lui la même chose, et dût-il mourir jeune, il ne mourra que rassasié de jours. » (*Émile.*)

50. *Les chiens viennent les en chasser.* Dans les édifices publics, où l'on rendait la justice, on lâchait vers le soir des chiens énormes qui donnaient en quelque façon la chasse aux plaideurs trop lents à se retirer. A Rome, les particuliers étaient aussi dans l'usage de faire garder leur maison par un gros chien d'attache (*Voyez* le traité *de la Colère,* liv. III, chap. 17).

XII. 51. *Des vases de Corinthe.* Voyez le traité *de la Tranquillité de l'âme,* ch. IX; *Consolation à Helvia,* ch. XI.

« Ascagne est statuaire; Hégion, fondeur; Eschine, foulon, » dit La Bruyère. On voit donc que les mêmes vices et les mêmes travers se retrouvent dans tous les siècles civilisés.

52. *Où ils se frottent d'huile.* Il n'y a pas plus en français qu'en latin de mot unique pour exprimer *ceroma* : il faut donc une périphrase; car si l'on se contentait de traduire simplement par le mot *gymnase,* on n'exprimerait pas la pensée de Sénèque; il n'a pas mis ici indifféremment la partie pour le tout. L'amateur dont il parle n'assiste pas seulement aux combats d'athlètes, comme tout le monde, mais il met du raffinement à voir de près les belles formes des athlètes. C'est comme si l'on disait dans nos mœurs *être toujours dans les coulisses,* ce qui emporte une idée tout autre que celle d'aller au spectacle avec le public.

53. *Selon leur âge et leur couleur.* Voyez *Lettre* XCV, et la *Pharsale* de Lucain, liv. X, v. 127 et suivans.

54. *Chez un barbier.* « Il était sans doute réservé à un siècle aussi frivole que le nôtre de voir des hommes se faire des toilettes en règle, y passer la moitié de leur vie, et dérober finalement aux femmes un artifice et une parure dont la futilité de leur sexe les avaient mises en possession. Il n'y a point de seigneur aujourd'hui qui ne s'occupe de sa frisure comme de l'affaire la plus importante, et qui ne regarde le bon goût d'un tailleur ou d'une marchande de modes comme un mérite distingué. »

(CARACCIOLI, *la Jouissance de soi-même.*)

55. *D'un peu trop près.* Voyez la dernière épître de Sénèque.

56. *Entre le peigne et le miroir.* « La toilette occupe aujourd'hui presqu'autant d'hommes que de femmes. La jeunesse se passe au milieu des papillotes et des miroirs, comme si ce n'était pas renoncer à la qualité d'être raisonnable que de se rendre esclave d'une vaine frisure. »

(Caraccioli, *la Conversation avec soi-même.*)

57. *En menus morceaux.* Voyez sur tous ces détails des repas des anciens le traité *de la Vie heureuse,* chap. XVII, et l'épître XLVII.

58. *Suis-je assis?* « Les grands se plaisent dans les défauts dont il n'y a que les grands qui soient capables, parce qu'ils les distinguent des petits. On aime à avouer de soi les défauts des gens d'esprit, parce qu'on s'imagine que ceux qui les voient en regarderont plutôt la cause que l'effet..... *Suis-je assis?* C'est à peu près comme celui qui, étant à la chasse, demandait à ses gens : Ai-je bien du plaisir? Ce sont des fatuités de grands qu'il est bon de remarquer; les personnes du commun ne tombent point dans ces extravagances. » Nicole.

XIII. 59. *Mais plus ennuyeux.* Ailleurs Sénèque dit, au sujet de ces connaissances futiles et nauséabondes : *Et alia quæ erant dediscenda, si scires* (epist. LXXXVIII).

60. *De vaines connaissances.* « Cet amour pour les connaissances futiles et superflues paraît s'être introduit à Rome sous le règne de Tibère; et ce prince coupable, aux yeux des Romains, de tant de crimes et d'atrocités, mérite encore le reproche de leur avoir donné tout ensemble et l'exemple de la plus extrême corruption de mœurs, et celui du mauvais goût : en effet, Suétone dit qu'il étudia la fable avec un soin qui allait jusqu'au ridicule et à la folie : les questions qu'il faisait ordinairement aux grammairiens avec lesquels il se plaisait beaucoup à vivre, étaient à peu près de cette nature : *Quelle était la mère d'Hécube? Quel nom avait Achille à la cour de Lycomède? Quelles étaient les chansons des Sirènes?* » La Grange.

61. *Apprenons à ceux, etc.* Ici et dans le chapitre suivant l'on voit Sénèque lui-même tomber dans la manie qu'il reproche aux

faux savans; mais gardons-nous de lui en faire un crime; plusieurs de ces traits d'érudition ne sont pas sans intérêt pour les modernes. On peut comparer ce passage de Sénèque avec le portrait que fait La Bruyère d'un amateur de futile érudition : Hermagoras. (*De la Société, de la Conversation*).

XIV. 62. *Ne nous aient préparé la vie :*

> Les hommes t'ont servi même avant ta naissance :
> Ils t'ont créé des lois, et bâti des remparts;
> De vingt siècles unis la lente expérience
>   T'a préparé les arts.
>
> (Thomas, *Ode sur les arts.*)

63. *Aucun siècle ne nous est interdit.* D'Aguesseau a imité ce passage. Et Lamothe :

> C'est par l'étude que nous sommes
> Contemporains de tous les hommes,
> Et citoyens de tous les lieux.

64. *Je puis discuter avec Socrate.* Ce passage a évidemment inspiré La Bruyère, chapitre *des Biens de fortune*, page 3, et après lui MM. de Langeac et Legouvé fils :

> Dans leurs nobles secrets, c'est peu que d'être admis,
> Ils sont mes protecteurs, mes guides, mes amis;
> J'interroge à la fois leur âme, leur pensée,
> Les leçons du Portique et celles du Lycée;
> A leurs nombreux travaux fier de m'associer,
> De ces riches trésors je me fais l'héritier;
> De leur vaste génie adorant les merveilles,
> Je m'éclaire avec eux, ils partagent mes veilles,
> Je leur parle, et près d'eux mon hommage empressé
> N'est jamais importun, n'est jamais repoussé.
> C'est eux que le malheur trouve toujours fidèles,
> C'est eux que l'amitié présente pour modèles.
>
> (De Langeac, *le Bonheur de l'Étude.*)

> Tout un peuple d'amis à mes côtés se presse :
> Fénelon, par ses chants, adoucit ma tristesse;
> J'écoute Montesquieu, je consulte Boileau.
> Et cependant, perdu dans ce monde nouveau,
> Je renais au bonheur; ma douleur affaiblie
> De mon cœur pas à pas se retire, et j'oublie

> Quels appuis le destin au berceau m'a ravis,
> Pour voir combien le ciel me laisse encor d'amis.
> Douce et tendre amitié qui n'as pas de mécompte,
> Que n'interrompt jamais le caprice ou la honte,
> Qu'affermit le malheur et que nourrit le temps;
> Amis sûrs, sans rigueur pour mes goûts inconstans,
> Que je quitte et reprends, que j'appelle et repousse,
> Sans que d'un jour d'oubli leur bonté se courrouce,
> Prêts à m'aider encor, si dans leurs doux liens
> Mon cœur veut revenir, et toujours j'y reviens.
>
> (Legouvé fils, *Invent. de l'imprimerie.*)

« Par les lettres, nous réunissons autour de nous les choses, les lieux, les hommes et les temps. Ce sont elles qui nous rappellent aux règles de la vie humaine..... Lisez donc, mon fils. Les sages qui ont écrit avant nous, sont des voyageurs qui nous ont précédés dans les sentiers de l'infortune, qui nous tendent la main et nous invitent à nous joindre à leur compagnie, lorsque tout nous abandonne. Un bon livre est un bon ami. »

(Bernardin de Saint Pierre, *Paul et Virginie.*) *

Jugeant dans son esprit de dévotion ce passage de Sénèque, Nicole en fait l'objet des réflexions suivantes : « Combien il y avait de personnes exclues, par leur état même, de la béatitude philosophique ! Elle n'était point pour ceux qui sont obligés de travailler depuis le matin jusqu'au soir, pour les esclaves, pour les femmes de ménage; car le moyen de contempler les astres dans toutes les conditions ? Que les philosophes déclament tant qu'ils voudront contre les richesses; il fallait être un peu accommodé pour être heureux à leur mode, afin de n'être pas continuellement distrait par les nécessités de la vie. Il fallait de plus savoir lire, entendre les langues, avoir de l'esprit. Qu'on joigne toutes ces conditions ensemble, et l'on verra que la béatitude philosophique n'était presque pour personne. »

65. *Vers ces espaces immenses, éternels.* Voyez les vers de Thomas cités dans la note 42 :

> Siècles qui n'êtes plus, et vous qui devez naître, etc.

66. *Le nom mille fois annoncé.* Au texte, *insusurratum millies nomen.* Sénèque se sert de ce mot, parce qu'en effet les nomen-

clateurs soufflaient doucement à l'oreille des grands, ou de ceux qui aspiraient aux magistratures, les noms des citoyens puissans qu'ils rencontraient, et dont ils voulaient capter la bienveillance et les suffrages. *Fartores, nomenclatores*, dit Pompeius Festus, *qui clam velut* INFARCIREN NOMINA SALUTATORUM IN AUREM CANDIDATI. (*De verbor. significat.*, lib. VI, *voce* Fartores.)

> A leur lever pressez-vous pour attendre,
> Pour leur parler sans vous en faire entendre,
> Pour obtenir, après trois ans d'oubli,
> Dans l'antichambre un refus très-poli.
> VOLTAIRE.

XV. 67. *De choisir nos parens.* Sénèque présente la même pensée dans la *Consolation à Marcia*, ch. XVIII.

68. *Ce qu'il a consacré :*

> Et le temps, d'un seul pas confondant ton orgueil,
> De tout ce qu'il produit devenir le cercueil.
> (LAMARTINE, *premières Méditations*.)

69. *L'envie s'attache à ce qui est proche.*

> Virtutem incolumem odimus,
> Sublatam ex oculis quærimus invidi.
> HORAT.

> Vivant, nous blessons le grand homme,
> Mort, nous tombons à ses genoux.
> Nous n'aimons que la gloire absente.
> La mémoire est reconnaissante,
> Les yeux sont ingrats et jaloux.
> (LEBRUN, *Ode à Buffon*.)

XVI. 70. *Que parce qu'ils la redoutent.* On peut voir cette moralité mise en action dans la fable de Lafontaine : *La Mort et le Bûcheron*.

71. *Si le jour leur paraît long.*

> Quoi ! la vie est si peu durable
> Et les jours paraîtraient si longs !
> VOLTAIRE.

« La vie nous semble si courte qu'à chaque moment nous nous en plaignons, et nous ne savons comment passer les jours. Leur durée nous accable, nous désirons sans cesse vieillir, et nous voudrions toujours être jeunes..... »

(CARACCIOLI, *la Jouissance de soi-même.*)

« Ne sachant pas l'employer, ils se plaignent de la rapidité du temps, et je vois qu'il coule trop lentement à leur gré. Toujours pleins de l'objet auquel ils tendent, ils voient à regret l'intervalle qui les sépare. L'un voudrait être à demain, nul n'est content de l'heure présente, tous la trouvent trop lente à passer. Il n'y en a peut-être pas un qui n'eût réduit ses ans à très-peu d'heures, s'il eût été le maître d'en ôter au gré de son ennui et au gré de son impatience, celles qui le séparaient du moment désiré. »

(ROUSSEAU, *Émile.*)

(*Voyez* sur tout ce passage l'épître cxvii de Sénèque.)

72. *Est court et fugitif.*

> A quelque chagrin suis-je en proie,
> Le cruel paraît s'arrêter :
> Mon cœur nage-t-il dans la joie,
> Il s'empresse de me quitter.
> Si quelque flatteuse espérance
> Me fait désirer l'avenir,
> Pour retarder ma jouissance
> Son cours paraît se ralentir.

(ANONYME.)

73. *Les poètes dont le délire.* « L'ancien paganisme enfanta des dieux abominables qu'on eût punis ici-bas comme des scélérats, et qui n'offraient pour tableau du bonheur suprême que des forfaits à commettre et des passions à contenter. Mais le vice, armé d'une autorité sacrée (*vitia incendere, auctores illis inscribere Deos*, ce sont les termes mêmes de Sénèque), descendait en vain du séjour éternel, etc. »

(ROUSSEAU, *Profession de foi du vicaire savoyard.*)

74. *Combien ce bonheur doit-il durer ?* Quant à leur durée, ils passent si rapidement qu'on les croit toujours dans l'instant où l'on va jouir et jamais dans celui où l'on jouit, de sorte qu'il nous est impossible d'arriver jusqu'à eux.....

« En vain le monde a donné des charmes à la volupté, en vain l'usage a tenté de l'ennoblir par la pompe des théâtres, par la délicatesse des sentimens et par tout l'art d'une poésie lascive : le plaisir, tel que le conçoivent les gens du monde, n'est, selon l'exacte vérité, qu'une dégradation de notre être et qu'une tache qui flétrirait la plus belle vie. »

(CARACCIOLI, *la Jouissance de soi-même.*)

75. *Xerxès.* Sénèque s'exprime ici d'une manière très-exacte ; mais pour bien entendre ce passage, il faut y joindre le récit d'Hérodote, qui peut seul l'éclaircir. Après avoir dit que l'armée de terre de Xerxès se montait au total à dix-sept cent mille hommes, cet historien ajoute : « Voici la manière dont on en fit le dénombrement. On assembla un corps de dix mille hommes dans un même espace ; et les ayant fait serrer, autant qu'on le put, on traça un cercle à l'entour ; on fit ensuite sortir ce corps de troupes, et l'on environna ce cercle d'un mur à hauteur d'appui : cet ouvrage achevé, on fit entrer d'autres troupes dans l'enceinte, et puis d'autres, jusqu'à ce que, par ce moyen, on les eût toutes comptées. Le dénombrement fait, on les rangea par nation, etc. (HÉRODOTE, liv. VII, § 60.) LA GRANGE.

76. *Lui qui pleurait ainsi.* Un jour, en présence du peuple romain, auquel il donnait des jeux, Titus versa des larmes provoquées par de semblables réflexions.

XVII. 77. *Avec des efforts plus grands encore.*

> Le bonheur ne se peut trouver
> Dans les honneurs qui n'ont qu'une apparence vaine :
> Pour les acquérir que de peine !
> Que de soins pour les conserver !
>
> PAVILLON.

78. *On en substitue de nouvelles.* «Ils boivent jusqu'à la lie toute l'amertume de leur calice : ils ont beau le verser d'un vase dans un autre vase, se consoler d'une passion par une passion nouvelle, d'une perte par un nouvel attachement, d'une disgrâce par de nouvelles espérances ; l'amertume les suit partout : ils changent de situation, mais ils ne changent pas de supplice. »

(MASSILLON, *Mystères.*)

NOTES. 285

79. *Un espoir accompli fait naître un autre espoir.*

> Le désir, qui d'un bien nous présente l'idole,
> Nous invite à goûter un tranquille bonheur ;
> Mais sur un autre objet aussitôt il s'envole,
> Et pour un autre encor nous donne de l'ardeur.
>
> Le Derel.

80. *Solliciteurs pour autrui.* On trouve dans les *Lettres* de Pline le Jeune un passage très-propre à éclaircir celui-ci. Il s'agit de la manière dont les magistrats étaient élus autrefois. « Celui qui se présentait pour une charge, dit-il, était appelé à haute voix : il se faisait un profond silence ; le candidat prenait la parole ; il rendait compte de sa conduite, et citait pour témoin et pour garant, ou celui sous les ordres de qui il avait porté les armes, ou celui dont il avait été questeur, ou, s'il se pouvait, l'un et l'autre ensemble. Il nommait quelqu'un de ses protecteurs *(quosdam ex suffragatoribus)* ; ceux-ci parlaient en sa faveur avec autorité, et en peu de mots. » (Liv. III, lett. 20.)

81. *La chaussure du soldat.* Sénèque emploie ailleurs la même expression en parlant de Marius, parvenu, dit-il, du rang de simple soldat à celui de consul. *Marius ad consulatum a* CALIGA *perductus* (*de Benef.*, lib. V, cap. 16). *Caliga* signifie proprement la chaussure militaire : c'était particulièrement celle des simples soldats, qui sont souvent appelés, dans les auteurs, *caligati* (*Voyez* Suétone, *in August.*, cap. 25). Pline dit, en parlant de P. Vintidius, qu'il avait passé sa jeunesse dans la pauvreté et parmi les soldats du dernier ordre. *Juventam inopem in caliga militari tolerasse* (Plin., *Nat. hist.*, lib. VII, cap. 43, édit. Hardouin). C'est du mot *caliga* que vient le surnom de Caligula, donné par les soldats au jeune Caïus César, fils de Germanicus et d'Agrippine, parce que, pour lui concilier leur affection, on lui faisait porter la chaussure militaire. La Grange.

82. *Caution de celui de son frère.* Tite-Live nous apprend que L. Scipion, frère de Scipion l'Africain, n'aurait pas obtenu, avec le consulat, la conduite de la guerre contre Antiochus, si son frère n'avait promis de lui servir de lieutenant.

83. *Un exil sans terme.* Il fit graver sur son tombeau, à Linterne, en Campanie : *Ingrata patria, ne ossa quidem habes.*

84. *En le désirant toujours.*

> Le bonheur n'est jamais, il est toujours à être.
> Insensés! vous courez après l'instant de vivre.
> Sans saisir cet instant qui vous fuit sans retour,
> Et toujours malheureux pour être heureux un jour.
>
> (Clément, sat. vii.)

XVIII. 85. *Et pour rentrer enfin paisiblement au port.*

> Tircis, il faut songer à faire la retraite,
> La course de nos jours est plus d'à demi faite.
> L'âge insensiblement nous conduit à la mort.
> Nous avons assez vu sur la mer de ce monde
> Errer au gré des vents notre nef vagabonde,
> Il est temps de jouir des délices du port..
>
> Racan.

86. *Tandis qu'avec des vaisseaux il construisait des ponts.* Caligula fit élever sur la mer, entre Baies et Pouzzoles, dans l'espace de trois mille six cents pas, un pont formé d'un double rang de vaisseaux de transport attachés avec des ancres, et recouverts d'une chaussée qui imitait la voie Appienne. Il allait et venait sur ce pont pendant deux jours; le premier, sur un cheval magnifiquement enharnaché, une couronne de chêne sur la tête, armé d'une hache, d'un bouclier gaulois et d'une épée, et couvert d'une casaque dorée; le lendemain en habit de cocher, menant un char attelé de deux chevaux d'une beauté rare, et faisant marcher devant lui le jeune Darius, que les Parthes lui avaient donné en ôtage, suivi de ses gardes prétoriennes, et de ses amis montés sur des chariots. (Suétone, *Vie de Caligula*, chap. 19; *voyez* aussi Dion Cassius, *in Calig.*) La Grange.

87. *D'un roi étranger.* Allusion à Xerxès. Ce qui exposa les Romains à une famine presque générale dans tout l'empire, c'est que Caligula prit pour construire son pont tous les vaisseaux qui se trouvaient dans les ports d'Italie et des contrées voisines, même ceux qui avaient été destinés à apporter à Rome les blés d'Égypte et des autres provinces d'où les Romains faisaient venir leur approvisionnement, et qui étaient en quelque sorte les greniers de Rome.

XIX. 88. *Autres phénomènes encore plus merveilleux.* « Il paraît, par tout ce discours, que les philosophes ne se proposaient que d'avoir l'esprit occupé de quelque objet assez grand qui les exemptât d'ennuis et de passions. La recherche de l'immortalité de l'âme et de la nature de Dieu, ne tenait dans leur esprit que le même rang que celle de la pesanteur de la terre et de l'ordre des élémens. Ils ne pensaient nullement que cette connaissance leur fût nécessaire pour régler leur vie. Ils croyaient pouvoir être heureux sans savoir ni leur origine ni leur fin. Et généralement toutes leurs spéculations philosophiques ne leur tenaient lieu que d'un jeu de cartes, qui ne produit pas moins certainement l'effet de divertir que les méditations les plus relevées. » NICOLE.

89. *Pour elles-mêmes.*

A quoi bon charger votre vie
Des soins d'un avenir qui n'est pas fait pour vous?
(LAFONTAINE, *le Vieillard et les Jeunes hommes*.)

90. *Qu'un autre ait appétit.*

Est-il dans l'univers un plus triste servage
Que le joug de la gloire et son dur esclavage,
Qui condamne un mortel à vivre hors de lui,
Et le fait respirer par le souffle d'autrui?
(DELILLE, *Imagin.*, chap. VI.)

91 *Moissonner leurs jeunes ans.*

L'autre afin de monter aux grandes dignités,
Dans les emplois de Mars servant la république,
Par un coup imprévu vit ses jours emportés.
(LAFONTAINE, *idem*.)

92. *Sur leur tombe.* « Les hommes ne pouvant se dérober à la mort, dit Fontenelle, tâchent de lui dérober quatre ou cinq syllabes qui leur appartiennent. »

Et que vous reste-t-il en ces momens suprêmes?
Un sépulcre funèbre où vos noms, où vous-mêmes
Dans l'éternelle nuit serez ensevelis.
J. B. ROUSSEAU.

Laudis titulique cupido :
Hæsuri saxis cinerum custodibus.....
(JUVEN., sat. X.)

« Les honneurs ne sont que des titres pour nos tombeaux. »
(MASSILLON, *Orais. funèb. de Villars*.)

« Quelque puissans qu'aient été les hommes, à quoi se réduisent ces magnifiques éloges qu'on leur donne, et que nous lisons sur ces superbes mausolées que leur érige la vanité humaine? A cette inscription : *Hic jacet*. »

(Bourdaloue, *Sermon pour le jour de Pâques.*)

93. *Qui ne convienne qu'à la jeunesse.*

> Quittez le long espoir et les vastes pensées,
> Tout cela ne convient qu'à nous.
>
> (Lafontaine, *le Vieillard et les Jeunes hommes.*)

94. *Turannius*..... Ainsi fit Auguste; ainsi fait Trimalcion dans Pétrone; ainsi Charles-Quint devenu moine voulut que, lui vivant, on célébrât ses obsèques. Il se coucha dans un cercueil où il entendit chanter pour lui-même l'office des morts, et d'où il sortit avec une fièvre violente qui le fit mourir réellement.

Sénèque, ép. xii, raconte d'un certain Pacuvius, gouverneur de Syrie, un trait semblable à celui de Turannius.

95. *A cinquante ans de porter les armes.....* Pline le Jeune a dit : « Nous devons au souverain notre premier et notre second âge; mais nous nous devons le dernier à nous-mêmes. Les lois romaines semblent nous le conseiller, lorsqu'à soixante ans elles nous rendent au repos. »

96. *Et des flambeaux.* Virgile, en parlant des obsèques du fils d'Evandre, dit :

> Et de more vetusto
> Funereas rapuere faces. . . . . . .

Sur quoi le grammairien Servius nous apprend qu'à Rome on enterrait aux flambeaux ceux qui mouraient avant l'âge de puberté (*in Æneid.*, lib. ix, v. 143). Tacite rapporte que Néron, après l'empoisonnement de Britannicus, voulant excuser la précipitation de ses funérailles, publia un édit dans lequel il disait : « Il faut, selon la coutume établie par nos ancêtres, soustraire aux regards les morts si cruellement prématurées, *subtrahere oculis acerba funera*, etc. » (*Annal.*, lib. xiv, cap. 17). Sénèque fait encore allusion à cet usage dans sa 122e épître.

DE
LA VIE HEUREUSE

TRADUCTION NOUVELLE

PAR M. HÉRON DE VILLEFOSSE
INSPECTEUR DIVISIONNAIRE DES MINES MEMBRE DE L'ACADÉMIE DES SCIENCES

PUBLIÉE ET ANNOTÉE

PAR M. CH. DU ROZOIR.

ARGUMENT.

Le Traité *de la Vie heureuse* pourrait tout aussi bien être intitulé *de la Vertu* : car Sénèque ne sépare point le bonheur de la vertu. Qu'est-ce que la vie heureuse, et comment y parvenir? Bien peu le savent, et ce n'est pas une question à résoudre au jugement de la multitude (ch. 1), ni même de la majorité du sénat : l'opinion du grand nombre annonce presque toujours l'erreur. Il est un meilleur guide pour le bien-être de l'âme : c'est l'âme qui rentre en elle-même (II). Sénèque définit ensuite le bonheur d'après les stoïciens (III, IV). La vie heureuse est pour celui que la raison a mis au dessus des désirs et de la crainte, elle n'est pas dans la volupté; et, ici, sans nommer encore Épicure, l'auteur expose le système de ce philosophe (V, VI). Mais si la volupté peut être le partage d'une vie mauvaise, la vertu est incompatible avec celle-ci. Vient un parallèle ingénieux entre la vertu et la volupté (VII). Le sage n'a-t-il pas aussi ses jouissances à lui; mais soumises aux lois de la nature et de la vertu (VIII)? Si on lui dit : « Vous ne pratiquez la vertu que parce que vous en espé-
« rez quelque plaisir, » Sénèque répond, que la volupté n'est pas le but de la vertu; mais que celle-ci rencontre surabondamment le plaisir (IX). Oui, la vie heureuse est inséparable de la vertu. Le vice nage dans la volupté, il en fait toute son étude : la vertu reçoit les plaisirs, et s'applaudit, non de l'usage qu'elle en fait, mais des bornes qu'elle leur prescrit (X). Un Nomentanus, un Apicius ont beau épuiser chaque jour la coupe des voluptés, ils n'ont point une vie heureuse parce qu'ils ne jouissent pas des vrais biens (XI). Qu'on cesse donc de vouloir allier deux choses incompatibles, le vice et la vertu; et ici Sénèque, entrant dans ce que le système d'Épicure a de réel, établit qu'ils ne sont point les sectateurs de ce sage trop méconnu, ces lâches, ces efféminés qui viennent cacher leurs vices dans le sein d'une volupté prétendue philosophique (XII). Contre l'opinion des stoïciens, Sénèque ne craint pas d'avancer

que la morale d'Épicure, pour celui qui ne s'arrête point à la surface, est saine et même austère (XIII). Toujours la volupté et les sens doivent être subordonnés à la raison et à la vertu; et que de maux résultent de l'abus des plaisirs (XIV)! Plaçons donc le souverain bien dans un lieu inaccessible à la douleur, à la crainte, à l'espérance : il n'y a que la vertu qui puisse monter si haut. Souffrons avec courage les maux inévitables de notre condition mortelle, et conservons notre liberté en n'obéissant qu'à Dieu, à qui nous avons juré d'obéir, comme le soldat à son général (XV). Revenant à cette grande et consolante idée, l'auteur établit non-seulement que la vertu suffit à la vie heureuse, mais qu'elle est plus que suffisante (XVI). De l'apologie de l'épicuréisme il passe à l'apologie de la philosophie en général. Les détracteurs disent aux philosophes : « Vous parlez d'une manière et vous vivez de l'au« tre : la vertu ne suffit point à vos désirs, puisque vous avez « tant d'autres biens. » A ce reproche, dont Sénèque prend aussi sa part, il répond : « Ce n'est pas de moi que je parle, c'est de « la vertu; et, quand je fais le procès aux vices, je commence « par les miens (XVII, XVIII). » On a attaqué la mort volontaire de l'épicurien Diodore, comme on a attaqué la vie d'Épicure son maître : cela prouve que la vertu sous tous les aspects déplaît aux méchans. Soyez moins empressés d'accuser les philosophes : leurs études utiles méritent votre estime indépendamment de la pratique. Ici l'auteur laissant parler le philosophe lui fait dévoiler tous les secrets d'une belle âme (XIX, XX). Professer sa philosophie, c'est s'acheminer vers les dieux : si l'on n'arrive pas jusqu'à eux, il n'est pas déshonorant de succomber dans une telle voie. Mais ceux qui haïssent la vertu et ses adorateurs, ne font rien de nouveau : leurs yeux malades fuient la clarté du soleil. Ici Sénèque revient sur les reproches dont lui-même était l'objet à cause de ses richesses, et cite l'exemple de Caton l'ancien qui, en louant la pauvreté, possédait lui-même quarante millions de sesterces. Le sage ne se regarde pas comme indigne des biens de la fortune : il leur ouvre non son cœur, mais sa maison (XXI). Il trouve plus d'occasions de déployer son âme dans l'opulence que dans la pauvreté. Si les richesses lui échappent, il n'a rien perdu. Vous, au contraire, si elles vous quittent, vous demeurez comme arraché à vous-même. Chez lui elles occupent une place, chez vous elles tiennent la première (XXII). Le sage n'aura jamais que des richesses bien acquises; mais il ne les empêchera pas d'entrer dans sa maison par la bonne voie : il en fera bon usage : il donnera, mais avec discernement, aux gens de bien, aux plus dignes (XXIII). Après avoir développé cette pensée, Sénèque représente l'homme parvenu au faîte de la sagesse, et lui prête un discours qui est comme la conclusion de tout ce qui précède. « Ne vous permettez pas de juger ceux qui valent mieux que vous, nous possédons déjà un des premiers avantages de la vertu, c'est de déplaire aux méchans. » Quant aux richesses, quoiqu'il y ait avantage à les posséder, elles ne sont pas un bien, vu qu'elles ne rendent pas bons ceux qui les possèdent (XXIV). Mais cette contradiction, les richesses sont bonnes à posséder et ne sont pas un bien, Sénèque l'explique en disant que le sage n'aura rien perdu en les perdant : il ne se croit pas malheureux au milieu de l'adversité ; cependant il aime mieux avoir à contenir sa joie qu'à modérer sa douleur (XXV). Vient ensuite la distinction entre le sage et l'insensé dans l'opulence ; chez le premier, les richesses sont esclaves : chez le second, elles sont maîtresses. En enlevant au sage les richesses, on ne le prive d'aucun des biens qui lui sont propres : puis, s'adressant de nouveau aux détracteurs de la philosophie, l'auteur compare leurs malignes imputations contre les sages aux offenses envers les dieux : elles ne blessent pas plus les uns que les autres ; seulement les méchans ont tort de ne pas écouter les discours qu'on leur fait pour leur bien, et de ne pas embrasser la vertu dont les philosophes sont les prêtres vénérables (XXVI). Sénèque termine en montrant Socrate qui adresse aux calomniateurs de la vertu et de sa propre vie une allocution qui est l'éloquent résumé des vérités qui précèdent (XXVII, XXVIII).

Ce Traité, qui doit se lier avec celui qui a pour titre *le Loisir du sage*, offre une courte lacune à la fin.

La question qu'envisage ici Sénèque a été agitée par tous les philosophes connus. Platon et Aristote sont pleins de beaux passages sur la vie heureuse, ou le souverain bien, comme ils l'appellent. Après eux Théophraste avait écrit *sur la Vie heureuse*, περὶ Εὐδαιμονίας, un livre célèbre dans toute l'antiquité, mais qui ne nous est point parvenu. Cicéron en a fait souvent mention dans les *Tusculanes* et dans son Traité *de la Fin des biens et des maux*, où il déclare suivre presque en tout point Théophraste, si ce n'est que, pour constituer le bonheur, il accorde moins à la fortune et plus à la vertu, que n'a fait ce philosophe. Lactance a composé un Traité *de la Vie heureuse*, qui n'a rien de commun que le titre avec le Traité de Sénèque. Il expose la vie heureuse après la fin du monde, qui, selon lui, doit avoir lieu au bout de six mille ans. On y trouve, au milieu de pieuses rêveries, de fort beaux morceaux et des détails curieux.

Le Traité de Sénèque, *sur la Vie heureuse*, a été traduit par Chalvet, Les-Fargues, du Ryer, La Grange, et en extraits par La Beaumelle, le sénateur Vernier, etc.

C. D.

DE VITA BEATA.

I. Vivere, Gallio frater, omnes beate volunt: sed ad pervidendum, quid sit quod beatam vitam efficiat, caligant. Adeoque non est facile consequi beatam vitam, ut ab ea quisque eo longius recedat, quo ad illam concitatius fertur, si via lapsus est: quae ubi in contrarium ducit, ipsa velocitas majoris intervalli causa fit. Proponendum est itaque primum, quid sit, quod appetamus: tunc circumspiciendum est, qua contendere illo celerrime possimus: intellecturi in ipso itinere, si modo rectum erit, quantum quotidie profligetur, quantoque propius ab eo simus, ad quod nos cupiditas naturalis impellit. Quamdiu quidem passim vagamur, non ducem secuti, sed fremitum et clamorem dissonum in diversa vocantium, conteritur vita inter errores, brevis, etiamsi dies noctesque bonae menti laboremus. Decernatur itaque et quo tendamus, et qua; non sine perito aliquo, cui explorata sint ea, in quae procedimus: quoniam quidem non eadem hic, quae in ceteris peregrinationibus,

DE
LA VIE HEUREUSE.

1. Dans la vie, mon frère Gallion [1], c'est le bonheur, que veulent tous les hommes ; mais s'agit-il de voir nettement en quoi consiste ce qui peut réaliser la vie heureuse, ils ont un nuage devant les yeux. Non certes, il n'est pas facile de parvenir à la vie heureuse ; car chacun s'en éloigne d'autant plus, qu'il court plus rapidement après elle, s'il a manqué le chemin : quand le chemin conduit en sens contraire, la vitesse même augmente la distance. Il faut donc, avant tout, déterminer quel est pour nous l'objet à rechercher ; ensuite, regarder de tous côtés par où nous pourrons y tendre avec le plus de célérité. Ce sera sur la route même, pourvu qu'elle soit droite, que nous saurons de combien chaque jour on avance, et de combien nous aurons approché de ce but, vers lequel nous pousse un désir propre à notre nature. Tant que nous errons çà et là, en suivant non pas un guide, mais un bruit confus et des cris discordans qui nous appellent vers différens points, la vie s'use en égaremens, cette vie qui est courte, et qui le serait lors même que jour et nuit nous travaillerions pour le bien-être de l'esprit. D'après cela, qu'il soit décidé où nous allons et par où nous passerons, non sans l'assistance de quelque

conditio est. In illis comprehensus aliquis limes, et interrogati incolæ non patiuntur errare : at hic tritissima quæque via, et celeberrima, maxime decipit. Nihil ergo magis præstandum est, quam ne, pecorum ritu, sequamur antecedentium gregem, pergentes non qua eundum est, sed qua itur. Atqui nulla res nos majoribus malis implicat, quam quod ad rumorem componimur : optima rati ea, quæ magno assensu recepta sunt, quorumque exempla nobis multa sunt : nec ad rationem, sed ad similitudinem vivimus. Inde ista tanta coacervatio aliorum super alios ruentium. Quod in strage hominum magna evenit, quum ipse se populus premit, nemo ita cadit ut non alium in se attrahat, primi exitio sequentibus sunt : hoc in omni vita accidere videas licet; nemo sibi tantummodo errat, sed alieni erroris et causa et auctor est. Nocet enim applicari antecedentibus : et dum unusquisque mavult credere, quam judicare, nunquam de vita judicatur, semper creditur: versatque nos et præcipitat traditus per manus error, alienisque perimus exemplis. Sanabimur, si modo separemur a cœtu : nunc vero stat contra rationem, defensor mali sui, populus. Itaque id evenit, quod in comitiis, in quibus eos factos prætores iidem qui fecere mirantur, quum se mobilis favor circumegit. Eadem probamus, eadem reprehendimus; hic exitus est omnis judicii, in quo secundum plures datur.

homme habile qui ait exploré les lieux vers lesquels nous marchons ; car il n'en est pas de ce voyage comme des autres : dans ces derniers, un sentier que l'on a pris et les gens du pays, à qui l'on demande le chemin, ne permettent pas que l'on s'égare ; mais ici le chemin le plus battu, et le plus fréquenté, est celui qui trompe le plus. Rien donc n'est plus important pour nous, que de ne pas suivre, à la manière du bétail, la tête du troupeau, en passant, non par où il faut aller, mais par où l'on va. Or, il n'est chose au monde, qui nous jette dans de plus funestes embarras, que l'usage où nous sommes de nous façonner au gré de l'opinion, en regardant comme le mieux ce qui est reçu par un grand assentiment, et ce dont nous avons des exemples nombreux ; c'est vivre, non suivant la raison, mais par imitation. De là, cet énorme entassement de gens qui se renversent les uns sur les autres. Comme il arrive dans un grand carnage d'hommes, quand la multitude se refoule sur elle-même, nul ne tombe sans faire tomber sur lui quelqu'autre qu'il entraîne, et les premiers causent la perte de ceux qui suivent : voilà ce que dans toute vie vous pouvez voir se passer. Nul ne s'égare pour lui seul, mais on est la cause et l'auteur de l'égarement d'autrui. Le mal vient de ce qu'on est serré contre ceux qui marchent devant. Tandis que chacun aime mieux croire que de juger, jamais on ne juge de la vie, toujours on en croit les autres. Ainsi nous ébranle et nous abat l'erreur transmise de main en main, et nous périssons victimes de l'exemple. Nous serons guéris, si une fois nous sommes séparés de la grande réunion. Quant à présent, le peuple tient ferme contre la raison ; il défend sa maladie. Aussi arrive-t-il ce qui a lieu dans les comices, où,

II. Quum de beata vita agitur, non est quod mihi illud discessionum more respondeas : « Hæc pars major esse videtur. » Ideo enim pejor est. Non tam bene cum rebus humanis agitur, ut meliora pluribus placeant : argumentum pessimi, turba est. Quæramus, quid optimum factum sit, non quid usitatissimum : et quid nos in possessione felicitatis æternæ constituat, non quid vulgo, veritatis pessimo interpreti, probatum sit. Vulgum autem tam chlamydatos, quam coronatos voco. Non enim colorem vestium, quibus prætexta corpora sunt, adspicio : oculis de homine non credo; habeo melius certiusque lumen, quo a falsis vera dijudicem : animi bonum animus inveniat. Hic, si unquam illi respirare et recedere in se vacaverit, o quam sibi ipse verum, tortus a se, fatebitur, ac dicet : « Quidquid feci adhuc, infectum esse mallem : quidquid dixi quum recogito, mutis invideo : quidquid optavi, inimicorum exsecrationem puto; quidquid timui, dii boni, quanto melius fuit, quam quod concupivi? Cum multis inimicitias gessi, et in gratiam ex odio (si modo ulla inter malos gratia est) redii : mihi ipsi nondum amicus sum. Omnem operam dedi, ut me multitudini educerem, et

après l'élection des préteurs, ceux qui l'ont faite s'en étonnent, quand la mobile faveur s'est promenée autour de l'assemblée ². Les mêmes choses, nous les approuvons, nous les blâmons. Tel est le résultat de tout jugement dans lequel c'est à la majorité que l'on prononce.

II. Quand c'est de la vie heureuse qu'il s'agit, n'allez pas, comme lorsqu'on se partage pour aller aux voix, me répondre : « Ce côté-ci paraît être plus nombreux. » Car, c'est à cause de cela qu'il est pire. Les choses humaines ne vont pas si bien, que ce qui vaut mieux plaise au plus grand nombre : la preuve du pire, c'est la foule ³. Examinons quelle action est la meilleure, et non pas quelle est la plus ordinaire ; quel moyen peut nous mettre en possession d'une félicité permanente, et non pas quelle chose est approuvée par le vulgaire, le pire interprète de la vérité. Sous le nom de vulgaire, je comprends et les gens en chlamyde et les personnages couronnés⁴ ; car ce n'est pas à la couleur des étoffes dont on a vêtu les corps, que je regarde ; quand il est question de l'homme, je n'en crois pas mes yeux : j'ai une lumière meilleure et plus sûre pour discerner le vrai du faux. Le bien de l'âme, c'est à l'âme de le trouver. Si jamais elle a le temps de respirer et de rentrer en elle-même, oh! combien, dans les tortures qu'elle se fera subir, elle s'avouera la vérité, et dira : « Tout ce que j'ai fait jusqu'à ce moment, j'aimerais mieux que cela ne fût pas fait : quand je réfléchis à tout ce que j'ai dit, je porte envie aux êtres muets ; tout ce que j'ai souhaité, je le regarde comme une imprécation d'ennemis ; tout ce que j'ai craint, grands dieux, combien c'était meilleur que ce que j'ai désiré ! J'ai eu des inimitiés avec beaucoup

aliqua dote notabilem facerem : quid aliud quam telis me opposui, et malevolentiæ, quod morderet, ostendi? » Vides istos, qui eloquentiam laudant, qui opes sequuntur, qui gratiæ adulantur, qui potentiam extollunt? omnes aut sunt hostes, aut (quod in æquo est) esse possunt. Quam magnus mirantium, tam magnus invidentium populus est.

III. Quin potius quæro aliquid usu bonum, quod sentiam, non quod ostendam ; ista quæ spectantur, ad quæ consistitur, quæ alter alteri stupens monstrat, foris nitent, introrsus misera sunt. Quæramus aliquid non in speciem bonum, sed solidum et æquabile, et a secretiore parte formosius; hoc eruamus. Nec longe positum est; invenietur; scire tantum opus est, quo manum porrigas. Nunc velut in tenebris vicina transimus, offensantes in ipsa, quæ desideramus. Sed ne te per circuitus traham, aliorum quidem opiniones præteribo : nam et enumerare illas longum est, et coarguere : nostram accipe. Nostram vero quum dico, non alligo me ad unum aliquem ex Stoicis proceribus : est et mihi censendi jus. Itaque aliquem sequar, aliquem jubebo sententiam dividere : fortasse et post omnes citatus, nihil improbabo ex his quæ priores decreverint, et dicam : « Hoc amplius censeo. » Interim, quod inter omnes Stoicos convenit, re-

d'hommes, et de la haine je suis revenue à la bonne intelligence, si toutefois elle peut exister entre les méchans; c'est de moi-même que je ne suis pas encore amie. J'ai apporté tous mes soins à me tirer de la foule et à me distinguer par quelque bonne qualité : qu'ai-je fait autre chose, que de me présenter aux traits, et d'offrir à la malveillance de quoi mordre? » Voyez-vous ces gens qui vantent l'éloquence, qui escortent la richesse, qui flattent la faveur, qui exaltent le pouvoir? tous ils sont hostiles, ou, ce qui revient au même, ils peuvent l'être. Autant est nombreux le peuple des admirateurs, autant l'est celui des envieux.

III. Quant à moi, je cherche plutôt quelque chose qui soit bon à l'user, que je sente, et non que j'étale aux yeux. Ces objets que l'on regarde, devant lesquels on s'arrête, que l'un tout ébahi montre à l'autre, au dehors ils brillent, au dedans ils sont misérables. Cherchons quelque chose qui soit, non pas bon en apparence, mais solide, égal, et d'autant plus beau, que l'on y pénètre plus avant. Voilà ce qu'il faut arracher du fonds qui le recèle; et ce n'est pas loin; on le trouvera; il faut seulement savoir, où porter la main. A présent, comme dans les ténèbres, nous passons au delà de ce qui est près de nous, heurtant contre cela même que nous désirons. Mais, pour ne pas vous traîner à travers des préambules, je passerai sous silence les opinions des autres; car il serait long, et de les énumérer, et de les réfuter : c'est la nôtre, que voici. Quand je dis la nôtre, je ne m'attache point à tel ou tel prince des stoïciens [5]; et moi aussi, j'ai le droit d'opiner. En conséquence, avec l'un, je me rangerai de son avis; quant à l'autre, j'exigerai qu'il divise [6]. Peut-être même, appelé à voter après

rum naturæ assentior; ab illa non deerrare, et ad illius legem exemplumque formari, sapientia est. Beata est ergo vita, conveniens naturæ suæ; quæ non aliter contingere potest, quam si primum sana mens est, et in perpetua possessione sanitatis suæ; deinde, si fortis ac vehemens, tum pulcherrima et patiens, apta temporibus, corporis sui pertinentiumque ad id curiosa, non anxie tamen : aliarum rerum quæ vitam instruunt, diligens, sine admiratione cujusquam : usura fortunæ muneribus, non servitura. Intelligis, etiam si non adjiciam, sequi perpetuam tranquillitatem, libertatem, depulsis his, quæ aut irritant nos, aut territant. Nam pro voluptatibus, et pro illis quæ parva ac fragilia sunt, et in ipsis flagitiis noxia, ingens gaudium subit, inconcussum, et æquabile; tum pax et concordia animi, et magnitudo cum mansuetudine. Omnis enim ex infirmitate feritas est.

IV. Potest aliter quoque definiri bonum nostrum, id est, eadem sententia, non iisdem comprehendi verbis. Quemadmodum idem exercitus modo latius panditur, modo in augustum coarctatur, et aut in cornua, sinuata media parte, curvatur, aut recta fronte explicatur; vis

tous, je ne désapprouverai rien de ce que les préopinans auront décidé, et je dirai : « Voici ce que je pense de plus[7]. » Cependant, d'après ce qui est généralement reconnu parmi les stoïciens, c'est pour la nature des choses, que je me prononce. Ne pas s'en écarter, et se former sur sa loi, sur son modèle, c'est la sagesse. La vie heureuse est donc celle qui s'accorde avec sa nature[8]; une telle vie, on ne peut l'obtenir, que si d'abord l'esprit est sain et continuellement en possession de sa bonne santé; que si, de plus, il est énergique et ardent; s'il est doué des plus belles qualités, patient, propre à toutes circonstances, soigneux du corps qu'il habite et de ce qui s'y rapporte, mais pourtant sans minutieuses agitations; s'il veille aux autres choses de la vie, sans être ébloui d'aucune[9]; s'il sait user des présens de la fortune, sans jamais en être esclave. Vous comprenez, quand même je ne l'ajouterais pas, que de là résulte une continuelle tranquillité[10], la liberté, puisqu'on a banni tout ce qui vient à chaque instant nous irriter, nous faire peur. Car, au lieu des plaisirs, au lieu de ces jouissances qui sont petites et fragiles, et qui, dans le cours même des désordres, sont nuisibles, vient s'établir un contentement extraordinaire, inébranlable, et toujours égal : alors, entrent dans l'âme la paix et l'harmonie, et l'élévation avec la douceur. En effet, toute humeur farouche provient de faiblesse[11].

IV. On peut encore décrire autrement notre bien, c'est-à-dire, énoncer la même opinion en des termes qui ne soient pas les mêmes. Voyez un corps d'armée : tantôt il est déployé sur un terrain spacieux, tantôt il est concentré dans un lieu étroit. Quelquefois, courbé par le milieu, il prend la forme d'un croissant; ou bien,

illi, utcumque ordinatus est, eadem est, et voluntas pro iisdem partibus standi; ita definitio summi boni alias diffundi potest et exporrigi, alias colligi, et in se cogi. Idem utique erit, si dixero: Summum bonum est, animus fortuita despiciens, virtute lætus; aut, invicta vis animi, perita rerum, placida in actu, cum humanitate multa, et conversantium cura. Libet et ita definire, ut beatum dicamus hominem eum, cui nullum bonum malumque sit, nisi bonus malusque animus: honesti cultor, virtute contentus, quem nec extollant fortuita, nec frangant: qui nullum majus bonum eo, quod sibi ipse dare potest, noverit; cui vera voluptas erit, voluptatum contemptio. Licet, si evagari velis, idem in aliam atque aliam faciem, salva et integra potestate, transferre. Quid enim prohibet nos beatam vitam dicere, liberum animum, et erectum, et interritum ac stabilem, extra metum, extra cupiditatem positum; cui unum bonum honestas, unum malum turpitudo? Cetera vilis turba rerum, nec detrahens quidquam beatæ vitæ, nec adjiciens, sine auctu ac detrimento summi boni veniens ac recedens. Hunc ita fundatum necesse est, velit nolit, sequatur hilaritas continua, et lætitia alta atque ex alto veniens, ut quæ suis gaudeat, nec majora domesticis cupiat. Quidni ista penset bene cum minutis, et frivolis, et non perseverantibus corpusculi motibus? quo die infra voluptatem fuerit, et infra dolorem erit.

se développant, il présente un front aligné : ce corps, quelle qu'en soit la disposition, a la même force, la même volonté de tenir pour la même cause. C'est ainsi que la description du souverain bien peut, ici être distribuée sur des points épars et s'étendre, là être resserrée et réduite dans ses bornes. Je puis également dire : « Le souverain bien est une âme qui méprise le hasard et dont la vertu fait la joie ; ou si l'on veut, c'est une invincible force d'âme, appuyée sur la connaissance des choses, calme dans l'action, accompagnée de bienveillance pour les hommes en général et de soins pour ceux avec qui l'on vit. Il me plaît encore de le décrire, en disant que l'homme heureux est celui pour lequel il n'existe d'autre bien, ni d'autre mal, qu'une âme, ou bonne, ou mauvaise, celui qui pratique l'honnête, qui se renferme dans la vertu, que le hasard ne saurait ni élever ni abattre, qui ne connaît pas de plus grand bien que le bien qu'il peut se donner lui-même, l'homme pour lequel le vrai plaisir sera le mépris des plaisirs. Permis à vous, si vous aimez les digressions, de présenter le même objet sous des aspects différens, pourvu que le fond n'y perde rien. Qui nous empêche, en effet, de dire que la vie heureuse, c'est une âme libre, élevée, intrépide et inébranlable, placée hors de la portée, soit de la crainte, soit du désir, une âme pour laquelle l'unique bien est une conduite honnête, l'unique mal une conduite honteuse ? Tout le reste n'est qu'un vil ramas de choses, qui n'ôte rien à la vie heureuse, qui n'y ajoute rien, qui, sans accroître ni diminuer le souverain bien, peut venir et s'en aller. L'homme établi sur une telle base, il faut que, bon gré malgré, il ait pour compagnes une gaîté constante, une joie élevée, qui vienne d'en haut,

V. Vides autem, quam malam et noxiam servitutem serviturus sit, quem voluptates doloresque, incertissima dominia, impotentissimaque, alternis possidebunt. Ergo exeundum ad libertatem est; hanc non alia res tribuit, quam fortunæ negligentia. Tum illud orietur inæstimabile bonum, quies mentis in tuto collocatæ, et sublimitas; expulsisque terroribus, ex cognitione veri gaudium grande et immotum, comitasque et diffusio animi: quibus delectabitur non ut bonis, sed ut ex bono suo ortis. Quoniam liberaliter agere cœpi, potest beatus dici, qui nec cupit, nec timet, beneficio rationis. Quoniam et saxa timore et tristitia carent, nec minus pecudes; non ideo tamen quisquam felicia dixerit, quibus non est felicitatis intellectus. Eodem loco pone homines, quos in numerum pecorum et animalium redegit hebes natura, et ignoratio sui. Nihil interest inter hos, et illa: quoniam illis nulla ratio est, his prava et malo suo atque in perversum solers. Beatus enim nemo dici potest, extra veritatem projectus; beata ergo vita est, in recto certoque judicio stabilita, et immutabilis. Tunc enim pura mens est, et soluta omnibus malis, quum non tantum lacerationes, sed etiam vellicationes effu-

puisqu'elle se complaît dans ce qui lui est propre, sans rien désirer de plus grand que ce qu'elle a chez elle. Pourquoi n'opposerait-il pas bien ce contrepoids aux mouvemens faibles, inutiles, et variables, du corps chétif? Le jour qu'il aura été inférieur au plaisir, il sera inférieur aussi à la douleur.

V. D'un autre côté, vous voyez à quel misérable et pernicieux esclavage sera réduit l'homme que posséderont alternativement les plaisirs et les douleurs, ces maîtres les plus capricieux, les plus absolus, qu'il y ait au monde. Il faut donc prendre son essor vers la liberté; celle-ci, rien autre chose ne la donne, que l'indifférence pour la fortune. Alors naîtra cet inestimable bien, le calme d'un esprit placé dans un asile sûr, et sa haute élévation. Les terreurs étant bannies, il résultera de la connaissance du vrai une satisfaction grande et stable, puis l'accueil obligeant, puis l'épanchement de l'âme. A ces douceurs, elle trouvera des charmes, non pas comme à des biens, mais comme à des produits de son bien. Puisque j'ai commencé à procéder largement, je puis encore dire que l'homme heureux est celui qui ne désire rien, qui ne craint rien, grâce à la raison. On sait bien que les pierres aussi existent sans crainte ni tristesse, et qu'il en est de même des bêtes; cependant personne, en se fondant là-dessus, n'appellera heureux des êtres qui n'ont pas la faculté de comprendre le bonheur. Placez à ce même rang les hommes qu'a réduits à faire nombre parmi les bêtes et les brutes une nature émoussée pour le sentiment, ainsi que l'ignorance de soi-même. Nulle différence entre les premiers et ces dernières; car, chez celles-ci la raison n'existe pas, et chez ceux-là elle est dépravée, ardente à leur nuire, ingénieuse à les jeter

gerit; statura semper ubi constitit, ac sedem suam, etiam irata et infestante fortuna, vindicatura. Nam quod ad voluptatem pertinet, licet circumfundatur undique, per omnes vias influat, animumque blandimentis suis leniat, aliaque ex aliis admoveat, quibus totos partesque nostri sollicitet : quis mortalium, cui ullum superest hominis vestigium, per diem noctemque titillari velit, deserto animo, corpori operam dare ?

VI. « Sed et animus quoque, inquit, voluptates habebit suas. » Habeat sane, cedatque luxuriæ et voluptatum arbiter, impleat se omnibus iis, quæ oblectare sensus solent : deinde præterita respiciat, et exoletarum voluptatum memor exsultet prioribus, futurisque jam immineat, ac spes ordinet suas, et dum corpus in præsenti sagina jacet, cogitationes ad futura præmittat ! hoc mihi videtur miserior, quoniam mala pro bonis legere, dementia est. Nec sine sanitate quisquam beatus est : nec sanus, cui obfutura pro optimis appetuntur. Beatus est ergo judicii rectus : beatus est præsentibus, qualiacunque sunt, contentus, amicusque rebus suis :

dans l'erreur. Certes, le nom d'heureux ne peut être donné à l'homme qui est lancé hors de la vérité. Ainsi, la vie heureuse est celle qui a pour base un jugement droit et sûr, celle qui est immuable. Alors, en effet, l'esprit est net et affranchi de tous maux, puisqu'il a échappé, non-seulement aux coups déchirans, mais encore aux légères atteintes, puisque toujours il tiendra ferme au point où il s'est arrêté, et défendra son poste, lors même que la fortune en courroux multiplierait ses attaques. Quant au plaisir, admettons qu'il se répande autour de nous en venant de tous côtés, qu'il s'infiltre par toutes les voies, qu'il flatte l'âme par ses douceurs, et que, des unes faisant naître les autres, il les amène pour solliciter et nous tout entiers et les portions de nous-mêmes. Malgré cela, quel mortel, s'il lui reste encore quelque chose de l'homme, voudrait, tant que durent le jour et la nuit, éprouver un chatouillement, voudrait, se détachant de l'âme, s'occuper du corps ?

VI. « Mais l'âme aussi, me dit l'épicurien, aura ses plaisirs. » Eh bien, soit, et qu'elle cède à la débauche, en arbitrant aussi les plaisirs ; qu'elle se remplisse de tous ces objets qui ont coutume de charmer les sens ; qu'ensuite elle reporte ses regards sur le passé ; qu'éveillée par le souvenir des plaisirs dissolus, elle s'élance de ceux qui ont précédé, et que déjà elle plane sur ceux qui doivent suivre ; qu'elle range méthodiquement ses espérances, et que, le corps étant plongé dans les grossières jouissances du présent, l'âme, pendant ce temps-là dépêche ses pensées vers les jouissances de l'avenir. En cela elle me paraît plus misérable, parce que prendre le mauvais au lieu du bon c'est folie. Or, d'un côté, sans la saine raison nul n'est heureux, et de l'autre, on n'est

beatus is, cui omnem habitum rerum suarum ratio commendat. Vident et illi, qui summum bonum voluptatem dixerunt, quam turpi illud loco posuerint. Itaque negant posse voluptatem a virtute diduci, et aiunt, nec honeste quemquam vivere, ut non jucunde vivat; nec jucunde, ut non honeste quoque. Non video, quomodo ista diversa in eamdem copulam conjiciantur. Quid est, oro vos, cur separari voluptas a virtute non possit? videlicet, quod omne boni ex virtute principium est; ex hujus radicibus etiam ea, quæ vos et amatis et expetitis, oriuntur. Sed si ista indiscreta essent, non videremus quædam jucunda, sed non honesta : quædam vero honestissima, sed aspera, et per dolores exigenda.

VII. Adjice nunc, quod voluptas etiam ad vitam turpissimam venit : at virtus malam vitam non admittit; et infelices quidam non sine voluptate, immo ob ipsam voluptatem sunt : quod non eveniret, si virtuti se voluptas immiscuisset, qua virtus sæpe caret, nunquam indiget. Quid dissimilia, immo diversa componis? Altum quiddam est virtus, excelsum, regale, invictum, infatigabile : voluptas humile, servile, imbecillum, caducum, cujus

pas sain d'esprit, quand, au lieu des choses les meilleures, on recherche celles qui doivent nuire. L'homme heureux est donc celui qui a le jugement droit, celui qui se contente du présent, quel qu'il soit, et qui aime ce qu'il a. L'homme heureux est celui auquel la raison fait agréer toute situation de ses affaires. Ils voient, ceux-là même qui ont dit que le plaisir était le souverain bien, quelle honteuse place ils ont assignée à ce dernier. C'est pourquoi ils nient que le plaisir puisse être détaché de la vertu, et ils affirment qu'il n'est point de vie honnête sans qu'elle soit agréable, point de vie agréable sans qu'elle soit en même temps honnête. Je ne vois pas comment ces deux êtres disparates peuvent être réunis de force à une même attache. Quel motif, je vous le demande, pour que le plaisir ne puisse être séparé de la vertu? Assurément, c'est que tout principe de bien résulte de la vertu; c'est des racines de celle-ci, que sortent les choses mêmes que vous aimez, et que vous recherchez avec ardeur. Mais si le plaisir et la vertu étaient inséparables, nous ne verrions pas certaines choses être agréables, mais non honnêtes, et d'autres choses être fort honnêtes, mais pénibles et telles, que c'est par les douleurs qu'il faut en venir à bout.

VII. Joignez à cela, que le plaisir s'unit même à la vie la plus honteuse, au lieu que la vertu n'admet pas une mauvaise vie. De plus, certains hommes sont malheureux, non pas en l'absence du plaisir, mais à cause du plaisir même: et cela n'arriverait pas, si à la vertu s'était incorporé le plaisir, dont souvent elle manque, dont jamais elle n'a besoin. Pourquoi réunissez-vous des objets différens, et même opposés? La vertu est quelque chose d'élevé, de sublime, de souverain, d'invincible, d'infatigable; le plai-

statio ac domicilium fornices et popinæ sunt. Virtutem in templo invenies, in foro, in curia, pro muris stantem, pulverulentam, coloratam, callosas habentem manus : voluptatem latitantem sæpius, ac tenebras captantem; circa balnea ac sudatoria, ac loca ædilem metuentia; mollem, enervem, mero atque unguento madentem, pallidam aut fucatam, et medicamentis pollutam. Summum bonum immortale est, nescit exire : nec satietatem habet, nec pœnitentiam; nunquam enim recta mens vertitur : nec sibi odio est, nec quidquam mutavit, quia semper secuta est optima : at voluptas tunc, quum maxime delectat, exstinguitur. Nec multum loci habet; itaque cito implet : et tædio est, et post primum impetum marcet. Nec id unquam certum est, cujus in motu natura est. Ita ne potest quidem ulla ejus esse substantia, quod venit transitu celerrime, in ipso usu sui periturum. Eo enim pervenit, ubi desinat : et dum incipit, spectat ad finem.

VIII. Quid, quod tam bonis, quam malis, voluptas inest? nec minus turpes dedecus suum, quam honestos egregia delectant. Ideoque præceperunt veteres, optimam sequi vitam, non jucundissimam : ut rectæ ac bonæ voluntatis non dux, sed comes voluptas sit. Natura enim duce utendum est : hanc ratio observat, hanc consulit.

sir, quelque chose de rampant, de servile, d'énervé, de chancelant, dont le poste et la demeure sont les lieux de prostitution et les tavernes. La vertu, vous la trouverez dans le temple, dans le forum, dans le sénat, debout sur les remparts, couverte de poussière; elle a le teint hâlé, les mains calleuses; le plaisir, vous le verrez fuir de cachette en cachette, et chercher les ténèbres, aux environs des bains, des étuves, et des lieux qui redoutent la présence de l'édile [12]; le plaisir est mou, lâche, humecté de vin et de parfums, pâle ou fardé, et souillé des drogues de la toilette. Le souverain bien est immortel; il ne sait pas cesser d'être; il n'éprouve ni la satiété, ni le repentir; car jamais un esprit droit ne se détourne: un tel esprit ne se prend pas en haine, et il n'a rien changé, parce qu'il a toujours suivi ce qu'il y a de meilleur. Au contraire le plaisir, alors qu'il charme le plus, s'éteint; il ne dispose pas d'un grand espace : aussi le remplit-il bientôt; il cause l'ennui, et après le premier essor, il est languissant. D'ailleurs ce n'est jamais une chose certaine, que celle dont la nature consiste dans le mouvement. D'après cela, il ne peut seulement pas y avoir de réalité pour ce qui vient et passe au plus vite, devant périr dans l'usage même de son être; car ce je ne sais quoi ne parvient en un point, que pour y cesser; et tandis qu'il commence, il tire à sa fin.

VIII. Vient-on m'objecter que chez les bons, comme chez les méchans, le plaisir existe? De leur côté, les gens infâmes ne se délectent pas moins dans leur turpitude, que les hommes honnêtes dans les belles actions. Voilà pourquoi les anciens ont prescrit de mener une vie très-vertueuse, et non pas très-agréable; ils entendent que, droite et bonne, la volonté ait le plaisir, non

Idem est ergo beate vivere, et secundum naturam. Hoc quid sit, jam aperiam : si corporis dotes, et apta naturæ conservabimus diligenter et impavide, tanquam in diem data et fugacia; si non subierimus eorum servitutem, nec nos aliena possederint; si corpori grata et adventitia eo nobis loco fuerint, quo sunt in castris auxilia, et armaturæ leves. Serviant ista, non imperent : ita demum utilia sunt menti. Incorruptus vir sit externis, et insuperabilis, miratorque tantum sui : fidens animi, atque in utrumque paratus, artifex vitæ. Fiducia ejus non sine scientia sit, scientia non sine constantia : maneant illi semel placita, nec ulla in decretis ejus litura sit. Intelligitur, etiamsi non adjecero, compositum ordinatumque fore talem virum, et in his quæ aget cum comitate, magnificum. Erit vera ratio sensibus insita, et capiens inde principia : nec enim habet aliud unde conetur aut unde ad verum impetum capiat, et in se revertatur. Nam mundus quoque cuncta complectens, rectorque universi Deus, in exteriora quidem tendit, sed tamen in totum undique in se redit. Idem nostra mens faciat : quum secuta sensus suos, per illos se ad externa porrexerit; et illorum et sui potens sit, et (ut ita dicam) devinciat summum bonum. Hoc modo una efficietur vis ac potestas, concors sibi : et ratio illa certa nascetur, non dissidens nec hæsitans in opinionibus comprehensionibusque, nec in sua persuasione. Quæ quum se dis-

pour guide, mais pour compagnon. La nature, en effet, est le guide qu'il faut suivre ; c'est elle, que la raison observe et consulte. C'est donc une même chose, que vivre heureux et vivre selon la nature. Ce que c'est, je vais le développer : cela consiste à conserver, avec soin et sans effroi, les avantages du corps, et ce qui convient à notre nature, comme choses données pour un jour et prêtes à fuir ; à ne pas nous y soumettre en esclaves, et à ne pas nous laisser posséder par les objets étrangers ; à reléguer tout ce qui plaît au corps, tout ce qui lui survient accidentellement, comme dans les camps on place à l'écart les auxiliaires et les troupes légères. Que ces objets soient des esclaves, et non des maîtres ; c'est uniquement ainsi, qu'ils sont utiles à l'esprit. Que l'homme de cœur soit incorruptible en présence des choses du dehors, qu'il soit inexpugnable, et qu'il n'attache de prix, qu'à se posséder lui-même ; que d'une âme confiante, que préparé à l'une et à l'autre fortune [13], il soit l'artisan de sa vie. Que chez lui la confiance n'existe pas sans le savoir, ni le savoir sans la fermeté ; que ses résolutions tiennent, une fois qu'elles sont prises, et que dans ses décrets il n'y ait pas de rature. On comprend, quand même je ne l'ajouterais pas, qu'un tel homme sera posé, qu'il sera rangé, qu'en cela aussi, agissant avec aménité, il sera grand. Chez lui, la véritable raison sera greffée sur les sens ; elle y puisera ses élémens ; et en effet, elle n'a pas d'autre point d'appui d'où elle s'élance, d'où elle prenne son essor vers la vérité, afin de revenir en elle-même. Le monde aussi, qui embrasse tout, ce dieu qui régit l'univers, tend à se répandre au dehors, et néanmoins de toutes parts il se ramène en soi pour s'y concentrer. Que notre esprit fasse de même, lorsqu'en

posuit, et partibus suis consensit, et (ut ita dicam) concinuit, summum bonum tetigit. Nihil enim pravi, nihil lubrici superest : nihil in quo arietet, aut labet. Omnia faciet ex imperio suo, nihilque inopinatum accidet : sed quidquid aget, in bonum exibit, facile et parate, et sine tergiversatione agentis. Nam pigritia et hæsitatio pugnam et inconstantiam ostendit. Quare audacter licet profitearis, summum bonum esse animi concordiam. Virtutes enim ibi esse debebunt, ubi consensus atque unitas erit : dissident vitia.

IX. « Sed tu quoque, inquit, virtutem non ob aliud colis, quam quia aliquam ex illa speras voluptatem. » Primum, non, si voluptatem præstatura virtus est, ideo propter hanc petitur; non enim hanc præstat, sed et hanc : nec huic laborat, sed labor ejus, quamvis aliud petat, hoc quoque assequetur. Sicut in arvo, quod segeti proscissum est, aliqui flores internascuntur, non tamen huic herbulæ, quamvis delectet oculos, tantum operis insumtum est : aliud fuit serenti propositum,

suivant les sens qui lui sont propres, il se sera étendu par leur moyen vers les objets extérieurs; qu'il soit maître de ces objets et de lui; qu'alors, pour ainsi dire, il enchaîne le souverain bien. De là résultera une force, une puissance unique, d'accord avec elle-même; ainsi naîtra cette raison certaine, qui n'admet, ni contrariété, ni hésitation, dans ses jugemens et dans ses conceptions, non plus que dans sa persuasion. Cette raison, lorsqu'elle s'est ajustée, accordée avec ses parties, et, pour ainsi dire, mise à l'unisson, a touché au souverain bien. En effet, il ne reste rien de tortueux, rien de glissant, rien sur quoi elle puisse broncher ou chanceler. Elle fera tout de sa propre autorité : pour elle point d'accident inopiné; au contraire, toutes ses actions viendront à bien, avec aisance et promptitude, sans que l'agent tergiverse; car les retardemens et l'hésitation dénotent le trouble et l'inconstance. Ainsi, vous pouvez hardiment déclarer que le souverain bien est l'harmonie de l'âme. En effet, les vertus seront nécessairement là où sera l'accord, où sera l'unité; la discordance est pour les vices.

IX. « Mais vous aussi, me dit l'épicurien, vous ne rendez un culte à la vertu, que parce que vous en espérez quelque plaisir. » D'abord, si la vertu doit procurer le plaisir, il ne s'ensuit pas que ce soit à cause de lui, qu'on la cherche; car ce n'est pas lui seul, qu'elle procure, c'est lui de plus. Ensuite, ce n'est pas pour lui, qu'elle travaille; mais son travail, quoiqu'il ait un autre but, atteindra encore celui-là. Dans un champ qu'on a labouré pour y faire du blé, quelques fleurs naissent parmi les grains, et cependant ce n'est pas pour cette petite plante, bien qu'elle charme les yeux, que l'on s'est

hoc supervenit : sic et voluptas non est merces, nec causa virtutis, sed accessio : nec quia delectat, placet; sed quia placet, delectat. Summum bonum in ipso judicio est, et habitu optimæ mentis : quæ quum suum ambitum implevit, et finibus se suis cinxit, consummatum est summum bonum, nec quidquam amplius desiderat. Nihil enim extra totum est : non magis quam ultra finem. Itaque erras, quum interrogas, quid sit illud propter quod virtutem petam? quæris enim aliquid supra summum. Interrogas, quid petam ex virtute? ipsam; nihil enim habet melius, ipsa pretium sui. An hoc parum magnum est? Quum tibi dicam, summum bonum est infragilis animi rigor et providentia, et subtilitas, et sanitas, et libertas, et concordia, et decor : aliquid et jam nunc exigis majus, ad quod ista referantur? Quid mihi voluptatem nominas? Hominis bonum quæro, non ventris, qui pecudibus ac belluis laxior est.

X. « Dissimulas, inquit, quid a me dicatur : ego enim nego quemquam posse jucunde vivere, nisi simul et honeste vivat : quod non potest mutis contingere animalibus, nec bonum suum cibo metientibus. Clare, inquam, ac palam testor, hanc vitam, quam ego jucun-

donné tant de peine : c'était une autre chose, que le semeur voulait; celle-là est venue de surcroît. De même aussi, le plaisir n'est pas la récompense, n'est pas le motif de la vertu, il en est l'accessoire; et ce n'est point à cause de ses charmes, qu'il est agréé de la vertu, c'est parce qu'elle l'agrée, qu'il a des charmes. Le souverain bien est dans le jugement même, et dans la disposition d'un esprit excellent; lorsque celui-ci a fermé le cercle de son enceinte, et s'est retranché dans ses propres limites, le souverain bien est complet, il ne lui faut rien de plus. En effet, il n'y a rien hors de ce qui forme le tout, pas plus qu'au delà de ce qui est la fin. Ainsi vous divaguez, quand vous me demandez quel est cet objet pour lequel j'aspire à la vertu; car vous cherchez un point au dessus du sommet. Vous me demandez ce que je veux obtenir de la vertu? elle-même : car elle n'a rien de meilleur, étant elle-même son prix. Est-ce là peu de chose? Lorsque je vous dis : le souverain bien est la fermeté d'une âme que rien ne peut briser, et sa prévoyance, et sa délicatesse, et sa bonne santé, et sa liberté, et son harmonie, et sa beauté, venez-vous encore demander quelque chose de plus grand, à quoi l'on puisse rattacher de tels attributs? Pourquoi me prononcez-vous le nom de plaisir? c'est de l'homme, que je cherche le bien, et non du ventre, qui chez les bêtes et les brutes a plus de capacité.

X. « Vous feignez, reprend l'adversaire, de ne pas entendre ce que je veux dire; car, moi, je nie que l'on puisse vivre agréablement, si tout à la fois on ne vit honnêtement : ce qui ne peut appartenir aux animaux muets, non plus qu'aux hommes qui mesurent leur bien sur la nourriture. C'est à haute voix, dis-je, et publi-

dam voco, non sine adjecta virtute contingere. » At quis ignorat plenissimos esse voluptatibus vestris stultissimos quosque? et nequitiam abundare jucundis, animumque ipsum non tantum genera voluptatis prava, sed multa suggerere? in primis insolentiam et nimiam æstimationem sui, tumoremque elatum supra ceteros, et amorem rerum suarum cæcum et improvidum : delicias fluentes, ex minimis ac puerilibus causis exsultationem ; jam dicacitatem, et superbiam contumeliis gaudentem, desidiam, dissolutionemque segnis animi indormientis sibi. Hæc omnia virtus discutit, et aurem pervellit, et voluptates æstimat, antequam admittat : nec quas probavit, magni pendit (utique enim admittit), nec usu earum, sed temperantia læta est; temperantia autem, quum voluptates minuat, summi boni injuria est. Tu voluptatem complecteris : ego compesco ; tu voluptate frueris : ego utor; tu illam summum bonum putas : ego nec bonum; tu omnia voluptatis causa facis : ego nihil. Quum dico, me nihil voluptatis causa facere, de illo loquor sapiente, cui soli concedis voluptatem.

XI. Non voco autem sapientem, supra quem quidquam est, nedum voluptas. Atqui ab hac occupatus quomodo resistet labori, ac periculo, egestati, et tot

quement, que je l'atteste : non, cette vie que moi j'appelle agréable, ne peut, sans que la vertu y soit jointe, échoir en partage. » Mais qui ne sait que les hommes les plus remplis de vos plaisirs, ce sont les plus insensés? que le dérèglement abonde en jouissances? que l'âme elle-même suggère des genres de plaisir, non-seulement dépravés, mais nombreux? d'abord l'insolence, l'excessive estime de soi-même, l'enflure d'un homme qui s'élève au dessus des autres, l'amour aveugle et imprévoyant de ce que l'on possède; puis les délices de la mollesse, les tressaillemens de la joie pour des sujets petits et puérils; ensuite le ton railleur, et l'orgueil qui se plaît à outrager, et la nonchalance, et le laisser-aller d'une âme indolente qui s'endort sur elle-même. Toutes ces choses, la vertu les dissipe; elle réveille par de rudes avertissemens; elle évalue les plaisirs avant de les admettre; ceux qu'elle a trouvés de bon aloi, elle n'y met pas un grand prix (car elle ne fait que les admettre); et ce n'est pas d'en user, c'est de les tempérer, qu'elle fait sa joie. Votre tempérance, au contraire, puisqu'elle diminue les plaisirs, est une atteinte portée au souverain bien. Vous serrez le plaisir entre vos bras; moi, je le tiens en respect. Vous jouissez du plaisir; moi, j'en use. Vous pensez qu'il est le souverain bien; moi, je pense qu'il n'est pas même un bien. Vous faites tout pour le plaisir; et moi, rien. Quand je dis que je ne fais rien pour le plaisir, je veux parler de cet homme sage, auquel seul vous en accordez la possession.

XI. Mais je n'appelle point sage l'homme au dessus duquel est placé quoi que ce soit, et à plus forte raison le plaisir. Une fois envahi par ce dernier, comment résistera-t-il à la fatigue, aux périls, à l'indigence, à tant de me-

humanam vitam circumstrepentibus minis? quomodo
conspectum mortis, quomodo doloris feret? quomodo
mundi fragores, et tantum acerrimorum hostium, a tam
molli adversario victus? Quidquid voluptas suaserit, faciet. Age, non vides quam multa suasura sit? « Nihil,
inquis, poterit suadere turpiter, quia virtuti adjuncta
est. » Non tu vides iterum, quale sit summum bonum,
cui custode opus est, ut bonum sit? Virtus autem quomodo voluptatem reget, quam sequitur, quum sequi parentis sit, regere imperantis? a tergo ponitis, quod imperat. Egregium autem virtutis apud vos officium, voluptates præguslare! Sed videbimus, an apud quos tam
contumeliose tractata virtus est, adhuc virtus sit : quæ
habere nomen suum non potest, si loco cessit; interim
de quo agitur, multos ostendam voluptatibus obsessos,
in quos fortuna omnia munera sua effudit, quos fa-
tearis necesse est malos. Aspice Nomentanum et Api-
cium, terrarum ac maris (ut isti vocant) bona conqui-
rentes, et super mensam recognoscentes omnium gentium animalia. Vide hos eosdem e suggestu rosæ,
exspectantes popinam suam; aures vocum sono, spectaculis oculos, saporibus palatum suum delectantes. Mol-
libus lenibusque fomentis totum lacessitur eorum corpus : et ne nares interim cessent, odoribus variis infi-
citur locus ipse, in quo luxuriæ parenlatur. Hos esse

naces qui grondent autour de la vie humaine? comment soutiendra-t-il l'aspect de la mort, l'aspect de la douleur, et les fracas de l'univers, et le choc de tant d'ennemis acharnés, lui qu'un si faible adversaire a vaincu? Tout ce que le plaisir lui aura conseillé, il le fera. Eh! ne voyez-vous pas combien le plaisir lui donnera de conseils? » Il ne pourra, dites-vous, lui conseiller rien de honteux, parce qu'il est associé à la vertu. » Eh! ne voyez-vous pas, à votre tour, ce que c'est qu'un souverain bien qui a besoin d'un surveillant, pour être un bien? De son côté, la vertu, comment régira-t-elle le plaisir qu'elle suit, puisque suivre est le rôle de ce qui obéit, et régir est le rôle de ce qui commande? Vous placez en arrière ce qui a le commandement. Le bel emploi que la vertu obtient chez vous, celui de faire l'essai des plaisirs! Mais nous verrons, si pour ces gens-là chez qui la vertu a été si outrageusement traitée, elle est encore la vertu; elle ne peut conserver son nom, si elle a quitté sa place. En attendant, pour le sujet dont il s'agit, je montrerai beaucoup d'hommes qui sont assiégés par les plaisirs, d'hommes sur lesquels la fortune a répandu tous ses dons, et que vous êtes forcé d'avouer méchans. Regardez Nomentanus et Apicius[14], ces gens qui recherchent à grands frais ce qu'ils nomment les biens de la terre et de la mer, ces gens qui sur leur table passent en revue les animaux de tous les pays. Voyez-les contempler, du haut d'un lit de roses, l'attirail de leur gourmandise, charmer leurs oreilles par le son des voix, leurs yeux par des spectacles, leur palais par des saveurs exquises. Tout leur corps est chatouillé par des coussins doux et moelleux, et de peur que les narines, pendant ce temps-là, ne restent sans

in voluptatibus dices : nec tamen illis bene erit, quia non bono gaudent.

XII. « Male, inquit, illis erit : quia multa interveniunt, quæ perturbant animum, et opiniones inter se contrariæ mentem inquietabunt. » Quod ita esse concedo; sed nihilominus illi ipsi stulti, et inæquales et sub ictu pœnitentiæ positi, magnas percipiunt voluptates : ut fatendum sit, tam longe tum illos ab omni molestia abesse, quam a bona mente : et (quod plerisque contingit) hilarem insaniam insanire, ac per risum furere. At contra, sapientium remissæ voluptates et modestæ, ac pæne languidæ sunt, compressæque, et vix notabiles : ut quæ neque arcessitæ veniant, nec quamvis per se accesserint, in honore sint, neque ullo gaudio percipientium exceptæ. Miscent enim illas, et interponunt vitæ, ut ludum jocumque inter seria. Desinant ergo inconvenientia jungere, et virtuti voluptatem implicare, per quod vitium pessimis quibusque adulantur. Ille effusus in voluptates, reptabundus semper atque ebrius, quia scit se cum voluptate vivere, credit et cum virtute : audit enim voluptatem virtute separari non posse : deinde vitiis suis sapientiam inscribit, et abscondenda profitetur. Ita non ab Epicuro impulsi luxuriantur, sed vitiis dediti luxuriam suam in philosophiæ sinu abscondunt,

rien faire, on parfume d'odeurs variées le lieu même où c'est à la débauche, que l'on rend honneur, par un repas funèbre. Voilà des gens que vous direz être dans les plaisirs; et cependant ils ne seront pas bien, parce que ce n'est pas d'un bien qu'ils se réjouissent.

XII. « Ils seront mal, dit l'épicurien : c'est parce qu'il survient beaucoup d'incidens qui bouleversent l'âme, et parce que des opinions opposées entre elles agiteront l'esprit. » Il en est ainsi, je l'accorde; mais ces insensés eux-mêmes, bien que d'humeur fantasque, bien que placés sous le coup du repentir, n'en éprouvent pas moins de grands plaisirs. Il faut donc l'avouer, ils sont alors aussi loin de tout chagrin, que du bien-être de l'esprit; et, comme il arrive à la plupart des fous, ils ont une folie gaie : c'est par le rire, que leur fureur éclate. Au contraire, les plaisirs des sages sont calmes et réservés, j'ai presque dit languissans; ils sont concentrés; à peine les voit-on. C'est que, d'un côté, ils viennent sans être invités, et de l'autre, quoiqu'ils se présentent d'eux-mêmes, on ne leur fait pas fête; on les accueille sans que leurs hôtes en témoignent aucune joie. Les sages, en effet, ne font que les mêler à la vie, que les y interposer, comme nous plaçons un jeu, un badinage, parmi les affaires sérieuses. Que l'on cesse donc de joindre ensemble des choses incompatibles, et d'envelopper le plaisir dans la vertu, par un vicieux assemblage, au moyen duquel on flatte les plus méchans. Cet homme qui est enfoncé dans les plaisirs, qui se traîne à terre, toujours ivre, comme il sait qu'il vit avec le plaisir, croit vivre aussi avec la vertu : car il entend dire que le plaisir ne peut pas être séparé de la vertu; puis il décore ses vices du nom de sagesse, et ce qu'il faut cacher il

et eo concurrunt, ubi audiunt laudari voluptatem. Nec æstimatur voluptas illa Epicuri (ita enim mehercules sentio), quum sobria et sicca sit : sed ad nomen ipsum advolant, quærentes libidinibus suis patrocinium aliquod ac velamentum. Itaque quod unum habebant in malis bonum, perdunt, peccandi verecundiam. Laudant enim ea quibus erubescebant, et vitio gloriantur : ideoque ne resurgere quidem adolescentiæ licet, quum honestus turpi desidiæ titulus accessit.

XIII. Hoc est, cur ista voluptatis laudatio perniciosa sit, quia honesta præcepta intra latent : quod corrumpit, apparet. In ea quidem ipse sententia sum (invitis hoc nostris popularibus dicam), sancta Epicurum et recta præcipere, et, si propius accesseris, tristia : voluptas enim illa ad parvum et exile revocatur : et quam nos virtuti legem dicimus, eam ille dicit voluptati. Jubet illam parere naturæ; parum est autem luxuriæ, quod naturæ satis est. Quid ergo est? ille quisquis desidiosum otium, et gulæ ac libidinis vices felicitatem vocat, bonum malæ rei quærit auctorem : et dum illo venit, blando nomine inductus, sequitur voluptatem, non quam audit, sed quam attulit : et vitia sua quum cœpit putare

en fait parade. Ce n'est pas en obéissant à l'impulsion d'Épicure, qu'ils sont ainsi débauchés; mais, abandonnés aux vices, ils cachent leur débauche dans le sein de la philosophie, et ils se portent en foule vers le lieu où ils entendent dire que l'on vante le plaisir. Ce n'est pas non plus le plaisir d'Épicure, qu'ils apprécient, puisque ce plaisir, tel qu'en vérité je le conçois, est sobre et austère; c'est au nom seul, qu'ils accourent, cherchant pour leurs passions déréglées quelque puissante protection et quelque voile. Ainsi, le seul bien qu'ils eussent dans leurs maux, ils le perdent, je veux dire, la honte de mal faire. En effet, ils vantent ce dont ils rougissaient, et ils se font gloire du vice. C'est à cause de cela, qu'il n'est plus permis à la jeunesse, même de se relever, une fois qu'un titre honnête est venu s'unir à une honteuse nonchalance.

XIII. Voici pourquoi cette manie de vanter le plaisir est pernicieuse : les préceptes honnêtes restent cachés dans l'ombre; le principe corrupteur se montre au grand jour. Oui, moi-même je le pense, et je le dirai malgré ceux de notre école, Épicure donne des préceptes purs et droits; si vous les considérez de plus près, ils sont tristes : car ce plaisir dont il parle est réduit à quelque chose de petit et de mince. La loi que nous imposons à la vertu, il l'impose, lui, au plaisir : il veut que celui-ci obéisse à la nature ; mais c'est peu pour la débauche, que ce qui pour la nature est assez. Qu'arrive-t-il donc ? Tel qui nomme bonheur un loisir nonchalant, et l'alternation des excès de table avec d'autres excès, cherche un bon garant pour une mauvaise cause. Dès son entrée en ce lieu où l'attire un nom séduisant, il suit le plaisir, non pas celui dont il entend parler,

similia præceptis, indulget illis; non timide, nec obscure : luxuriatur etiam inoperto capite. Itaque non dico, quod plerique nostrorum, sectam Epicuri flagitiorum magistram esse : sed illud dico, male audit, infamis est : et immerito. Hoc scire quis potest, nisi interius admissus? frons ipsa dat locum fabulæ, et ad malam spem invitat. Hoc tale est, quale vir fortis stolam indutus. Constante tibi pudicitia veritas salva est : nulli corpus tuum patientiæ vacat, sed in manu tympanum est. Titulus itaque honestus eligatur, et inscriptio ipsa excitans animum ad ea repellenda, quæ statim enervant, quum venerint, vitia. Quisquis ad virtutem accessit, dedit generosæ indolis spem; qui voluptatem sequitur, videtur enervis, fractus, degenerans a viro, perventurus in turpia : nisi aliquis distinxerit illi voluptates, ut sciat, quæ ex iis intra naturale desiderium sistant, quæ in præceps ferantur, infinitæque sint, et quo magis implentur, eo magis inexplebiles. Agedum, virtus antecedat : tutum erit omne vestigium. Voluptas nocet nimia : in virtute non est verendum, ne quid nimium sit; quia in ipsa est modus. Non est bonum, quod magnitudine laborat sua.

mais celui qu'il a lui-même apporté. Sitôt qu'il commence à croire ses vices conformes aux préceptes, il s'y laisse aller, et ce n'est point avec timidité, ce n'est point en secret ; il se plonge dans la débauche, à visage découvert. Ainsi, je ne dis pas, comme la plupart des nôtres, que la secte d'Épicure soit une école de désordres ; mais je dis : elle a mauvaise réputation, elle est diffamée, et elle ne le mérite pas. Cela, qui peut le savoir, à moins d'avoir pénétré plus avant dans l'intérieur ? Le frontispice précisément donne lieu à des bruits populaires, et invite à une coupable espérance. C'est comme si un homme de cœur était vêtu d'une robe de femme. Fidèle aux principes de la pudeur, vous maintenez les droits de la vérité ; votre corps n'admet aucune souillure ; mais à la main vous avez un tambourin [15]. Que l'on choisisse donc un titre honnête, et une enseigne qui soit capable par elle-même d'exciter l'âme à repousser les vices, prompts à l'énerver dès qu'ils y ont accès. Quiconque s'est approché de la vertu a donné l'espérance d'un généreux caractère ; celui qui s'attache au plaisir se montre comme un être énervé, dissolu, qui déchoit de la dignité d'homme, et qui doit finir par tomber dans les dérèglemens honteux : voilà ce qui l'attend, si quelqu'un ne lui a pas établi, entre les plaisirs, une distinction telle, qu'il sache lesquels s'arrêtent dans les limites du désir propre à notre nature, lesquels sont emportés vers l'abîme, ne connaissent pas de bornes, et deviennent, à mesure qu'on les rassasie, d'autant plus insatiables. Eh bien donc ! que la vertu marche devant ; il y aura sûreté partout sur sa trace. Le plaisir nuit, s'il est excessif ; dans la vertu, nul sujet de craindre aucun excès, parce qu'en elle précisément se trouve la juste

XIV. Rationabilem porro sortiris naturam : quæ melius res, quam ratio proponitur? et si placet illa junctura, si hoc placet ad beatam vitam ire comitatu ; virtus antecedat, comitetur voluptas, et circa corpus, ut umbra, versetur. Virtutem quidem, excellentissimam omnium, voluptati tradere ancillam, nihil magnum animo capientis est. Prima virtus sit, hæc ferat signa : habebimus nihilominus voluptatem, sed domini ejus et temperatores erimus; aliquid nos exorabit, nihil coget. At hi qui voluptati tradidere principia, utroque caruere; virtutem enim amittunt; ceterum non ipsi voluptatem, sed ipsos voluptas habet : cujus aut inopia torquentur, aut copia strangulantur. Miseri, si deseruntur ab illa : miseriores, si obruuntur! sicut deprehensi mari Syrtico, modo in sicco relinquuntur, modo torrente unda fluctuantur. Evenit autem hoc nimia intemperantia, et amore cæco rei ; nam mala pro bonis petenti, periculosum est assequi. Ut feras cum labore periculoque venamur, et captarum quoque illarum sollicita possessio est ; sæpe enim laniant dominos : ita habentes magnas voluptates in magnum malum evasere, captæque cepere. Quæ quo plures majoresque sunt, eo ille minor ac plurium servus est, quem felicem vulgus appellat. Permanere libet in hac etiamnunc hujus rei imagine ; quemadmodum qui

mesure. Non, ce n'est pas un bien, que ce qui souffre de sa propre grandeur.

XIV. D'ailleurs, c'est une nature raisonnable, que vous avez en partage. Quoi de meilleur à mettre en première ligne, que la raison? Enfin, si l'on veut cet assemblage, si l'on veut aller à la vie heureuse en cette compagnie, que la vertu marche devant, que le plaisir l'accompagne, et qu'autour du corps il tournoie comme une ombre. Mais la vertu, la plus excellente de toutes les choses, la donner au plaisir pour servante, c'est d'un esprit qui ne conçoit rien de grand. Que la vertu soit la première, qu'elle porte l'étendard; nous aurons néanmoins le plaisir, mais nous en serons les maîtres et les modérateurs : il obtiendra quelque chose de nous par prière, il n'aura rien par force. Ceux, au contraire, qui ont livré au plaisir la tête du camp, sont privés de l'un et de l'autre; car ils perdent la vertu, et d'ailleurs, ce ne sont point eux qui possèdent le plaisir, c'est le plaisir qui les possède. S'il manque, ils sont dans les tortures; s'il abonde, ils étouffent; malheureux s'ils en sont délaissés, plus malheureux s'ils en sont accablés! Semblables à ces navigateurs qui se trouvent surpris dans la mer des Syrtes [16], tantôt ils restent à sec, tantôt, emportés par les torrens de l'onde, ils flottent au gré des vagues. La cause de cela, c'est une excessive intempérance, un amour aveugle des richesses ; car, pour qui recherche le mal au lieu du bien, il est dangereux d'atteindre au but. Quand nous chassons les bêtes sauvages, c'est avec fatigue et danger; lors même qu'elles sont prises, la possession en est inquiète : souvent, en effet, elles déchirent leurs maîtres. De même, les hommes qui ont de grands plaisirs en sont venus

bestiarum cubilia indagat, et *laqueo captare feras* magno æstimat, et *magnos canibus circumdare saltus*, ut illarum vestigia premat, potiora deserit, multisque officiis renuntiat: ita qui sectatur voluptatem, omnia postponit, et primam libertatem negligit, ac pro ventre dependit; nec voluptates sibi emit, sed se voluptatibus vendit.

XV. Quid tamen, inquit, prohibet in unum virtutem voluptatemque confundi, et effici summum bonum, ut idem et honestum et jucundum sit? Quia pars honesti non potest esse, nisi honestum : nec summum bonum habebit sinceritatem suam, si aliquid in se viderit dissimile meliori. Nec gaudium quidem quod ex virtute oritur, quamvis bonum sit, absoluti tamen boni pars est : non magis quam lætitia et tranquillitas, quamvis ex pulcherrimis causis nascantur. Sunt enim ista bona, sed consequentia summum bonum, non consummantia. Qui vero voluptatis virtutisque societatem facit, et ne ex æquo quidem, fragilitate alterius boni, quidquid in altero vigoris est, hebetat, libertatemque illam ita demum, si nihil se pretiosius novit, invictam, sub jugum mittit. Nam (quæ maxima servitus est) incipit illi opus esse

à un grand mal, et les plaisirs qu'ils ont pris ont fini par les prendre [17]. Plus les plaisirs sont nombreux et grands, plus il est un chétif esclave, et plus il a de maîtres, cet homme que le vulgaire appelle heureux. Restons encore dans la même figure : celui qui va cherchant les tanières des bêtes, et qui met beaucoup de prix à les prendre dans ses toiles, à cerner de ses chiens les vastes forêts [18], celui-là, pour se précipiter sur les traces d'une proie, abandonne des objets préférables, et renonce à des devoirs multipliés ; de même, celui qui court après le plaisir rejette en arrière tout le reste : ce qu'il néglige d'abord, c'est la liberté ; il la sacrifie à son ventre, et il n'achète pas les plaisirs pour se les approprier, mais il se vend aux plaisirs.

XV. Cependant, me dit l'épicurien, qui empêche que la vertu et le plaisir ne soient incorporés ensemble, et que l'on ne compose le souverain bien de telle manière, qu'il soit à la fois l'honnête et l'agréable ? C'est qu'il ne peut exister une partie de l'honnête, qui ne soit l'honnête ; c'est que le souverain bien ne sera pas dans toute sa pureté, s'il voit en lui quelque chose qui diffère de ce qui est meilleur. Le contentement même qui provient de la vertu, quoiqu'il soit un bien, n'est pourtant pas une partie du bien absolu, pas plus que la joie et la tranquillité, quoiqu'elles naissent des plus beaux motifs. En effet, ce sont des biens, mais des conséquences, et non pas des complémens, du souverain bien. Quant à l'homme qui associe le plaisir avec la vertu, et qui ne leur donne pas même des droits égaux, par la fragilité de l'un des biens il énerve tout ce qu'il y a de vigueur dans l'autre ; cette liberté, qui n'est invaincue, que si elle ne connaît rien d'un plus grand prix qu'elle-même, il la met sous

fortuna; sequitur vita anxia, suspiciosa, trepida, casuum pavens, temporum suspensa momenta. Non das virtuti fundamentum grave, immobile, sed jubes illam in loco volubili stare. Quid autem tam volubile est, quam fortuitorum exspectatio, et corporis, rerumque corpus afficientium varietas? Quomodo hic potest Deo parere, et quidquid evenit, bono animo excipere, nec de fato queri, casuum suorum benignus interpres, si ad voluptatum dolorumque punctiunculas concitatur? Sed nec patriæ quidem bonus tutor, aut vindex est, nec amicorum propugnator, si ad voluptates vergit. Illo ergo summum bonum ascendat, unde nulla vi detrahatur: quo neque dolori, neque spei, neque timori sit aditus, nec ulli rei quæ deterius summi boni jus faciat. Escendere autem illo sola virtus potest; illius gradu clivus iste frangendus est : illa fortiter stabit, et quidquid evenerit, feret : non patiens tantum, sed etiam volens : omnemque temporum difficultatem sciet legem esse naturæ. Et ut bonus miles feret vulnera, enumerabit cicatrices, et transverberatus telis, moriens amabit eum, pro quo cadet, imperatorem; habebit in animo illud vetus præceptum : Deum sequere. Quisquis autem queritur, et plorat, et gemit, imperata facere vi cogitur, et invitus rapitur ad jussa nihilominus. Quæ autem dementia est, potius trahi quam sequi? tam mehercule, quam, stultitia et ignorantia conditionis suæ, dolere, quod aliquid

le joug. Dès-lors, ce qui est le plus dur esclavage, il commence à avoir besoin de la fortune; vient ensuite la vie inquiète, soupçonneuse, pleine d'alarmes, effrayée des mésaventures, suspendue au trébuchet des circonstances. Vous ne donnez pas à la vertu une base fixe, inébranlable, mais vous exigez que sur un pivot tournant elle se tienne ferme. Or, quoi de si prompt à tourner, que l'attente des caprices de la fortune, que la variabilité du corps et des choses qui l'affectent? Comment peut-il obéir à Dieu, bien prendre tout ce qui arrive, ne pas se plaindre de la destinée, interpréter favorablement ses mésaventures, celui qui, aux moindres piqûres des plaisirs et des douleurs, est dans l'agitation? Loin de cela, il n'est pas même en état de défendre sa patrie ou de la venger, non plus que de combattre pour ses amis, s'il penche vers les plaisirs. Que le souverain bien s'élève donc à une hauteur telle, qu'il n'en soit arraché par aucune force, à une hauteur où il n'y ait accès ni pour la douleur, ni pour l'espérance, ni pour la crainte, ni pour aucune chose qui puisse altérer le droit du souverain bien. S'élever si haut, la vertu seule en est capable : c'est de son pas, qu'une telle montée doit être gravie; c'est elle, qui se tiendra ferme, qui supportera tous les évènemens, non-seulement avec patience, mais encore de bon gré : elle saura que toute difficulté des temps est une loi de la nature. Comme un bon soldat supportera les blessures, comptera les cicatrices, et, transpercé de traits, en mourant aimera le général pour lequel il succombera [19], de même, la vertu aura dans l'âme ce vieux précepte : Suis Dieu [20]. Mais tout soldat qui se plaint, qui pleure, qui gémit, est contraint par la force à faire

tibi incidit durius, aut mirari, aut indigne ferre ea, quæ tam bonis accidunt quam malis : morbos dico, funera, debilitates, et cetera ex transverso in vitam humanam incurrentia. Quidquid ex universi constitutione patiendum est, magno nisu eripiatur animo; ad hoc sacramentum adacti sumus, ferre mortalia, nec perturbari his, quæ vitare nostræ potestatis non est. In regno nati sumus : Deo parere libertas est.

XVI. Ergo in virtute posita est vera felicitas. Quid hæc tibi suadebit? ne quid aut bonum, aut malum existimes, quod nec virtute, nec malitia continget; deinde, ut sis immobilis et contra malum ex bono; ut, qua fas est, Deum effingas. Quid tibi pro hac expeditione promittitur? ingentia et æqua divinis. Nihil cogeris : nullo indigebis : liber eris, tutus, indemnis : nihil frustra tentabis, nihil prohibeberis. Omnia tibi ex sententia cedent : nihil adversum accidet, nihil contra opinionem ac voluntatem. Quid ergo? virtus ad vivendum beate sufficit? perfecta illa et divina quidni sufficiat? imo superfluit. Quid enim deesse potest extra desiderium omnium posito? quid extrinsecus opus est ei, qui

ce qui est commandé ; s'il marche à contre-cœur, il n'en est pas moins enlevé pour l'exécution des ordres. Or, quelle déraison y a-t-il à se faire traîner plutôt que de suivre? la même, en vérité, que si, par folie et par ignorance de notre condition, vous allez vous affliger de ce qu'il vous arrive quelque chose de pénible, ou vous étonner, ou vous indigner, de ces accidens qu'éprouvent les bons comme les méchans, je veux dire, des maladies, des trépas, des infirmités, et des autres évènemens qui viennent assaillir la vie humaine. Tout ce qu'il faut souffrir d'après la constitution de l'univers, qu'un grand effort l'arrache de l'âme. Voici le serment par lequel nous avons été engagés : supporter la condition de mortel, et ne pas être troublé par les choses qu'il n'est pas en notre pouvoir d'éviter. C'est dans un royaume, que nous sommes nés : obéir à Dieu, voilà notre liberté.

XVI. Ainsi donc, c'est dans la vertu, qu'est placé le vrai bonheur. Mais que vous conseillera-t-elle ? de ne regarder comme un bien, ou comme un mal, rien de ce qui ne résultera ni de vertu, ni de méchanceté ; ensuite, d'être inébranlable, même en face d'un mal provenant du bien ; enfin, autant que cela est permis, de représenter Dieu[21]. Et pour une telle entreprise, quels avantages vous sont promis ? ils sont grands, ils égalent ceux de la Divinité. Vous ne serez forcé à rien, vous ne manquerez de rien ; vous serez libre, en sûreté, à l'abri de tout dommage ; vous ne tenterez rien en vain ; rien ne vous sera défendu, tout vous réussira selon votre pensée ; il ne vous arrivera rien qui soit un revers, rien qui contrarie votre opinion et votre volonté. Qu'est-ce à dire? la vertu suffit-elle donc pour vivre heureux?

omnia sua in se collegit? Sed ei qui ad virtutem tendit, etiamsi multum processit, opus est tamen aliqua fortunæ indulgentia, adhuc inter humana luctanti, dum nodum illum exsolvit, et omne vinculum mortale. Quid ergo interest? quod alii alligati sunt, alii adstricti, alii districti quoque : hic qui ad superiora progressus est, et se altius extulit, laxam catenam trahit, nondum liber, jam tamen pro libero.

XVII. Si quis itaque ex istis qui philosophiam conlatrant, quod solent, dixerit : « Quare ergo tu fortius loqueris quam vivis ? Quare superiori verba summittis; et pecuniam necessarium tibi instrumentum existimas, et damno moveris, et lacrymas, audita conjugis aut amici morte, demittis, et respicis famam, et malignis sermonibus tangeris? Quare cultius rus tibi est, quam naturalis usus desiderat? cur non ad præscriptum tuum coenas ? cur tibi nitidior supellex est? cur apud te vinum ætate tua vetustius bibitur? cur autem domus disponitur? cur arbores præter umbram nihil daturæ conseruntur? quare uxor tua locupletis domus censum auribus gerit? quare pædagogium pretiosa veste succingitur?

Parfaite et divine qu'elle est, pourquoi n'y suffirait-elle pas? elle a même plus qu'il ne faut. En effet, que peut-il manquer à l'homme placé hors du désir de toutes choses? qu'a-t-il besoin de chercher à l'extérieur, celui qui a rassemblé en lui-même tout ce qui lui est propre? Mais celui qui s'efforce de marcher à la vertu, lors même qu'il a beaucoup avancé, a cependant besoin de quelque indulgence de la fortune, étant encore engagé dans une lutte parmi les choses humaines, tandis qu'il défait ce nœud et tout lien mortel. Quelle différence y a-t-il donc? C'est que les uns sont attachés, les autres enchaînés, d'autres même garottés. Celui qui par degrés s'est approché de la région supérieure, et s'est élevé plus haut que les autres, traîne une chaîne lâche, n'étant pas encore libre, et cependant ayant déjà un air de liberté.

XVII. Si donc quelqu'un de ces gens qui aboient contre la philosophie s'en vient dire, selon leur coutume : « Pourquoi parles-tu plus courageusement que tu ne vis? Pourquoi baisses-tu le ton devant un supérieur, et regardes-tu l'argent comme un meuble qui te soit nécessaire, et te troubles-tu pour un dommage, et laisses-tu couler des larmes en apprenant la mort d'une épouse ou d'un ami, et tiens-tu à la réputation, et te montres-tu sensible aux discours malins? Pourquoi possèdes-tu une campagne plus soignée que ne le demande l'usage prescrit par la nature? Pourquoi n'est-ce pas selon ton ordonnance, que tu soupes? d'où vient que tu as un mobilier plus brillant[22], que ta loi ne l'admet? d'où vient que chez toi l'on boit du vin plus vieux que toi? d'où vient que l'on arrange ta maison, et que l'on plante des arbres destinés à ne donner que de l'ombre[23]?

quare ars est apud te ministrare (nec temere, et ut libet, collocatur argentum, sed perite servatur), et est aliquis scindendi obsonii magister?» Adjice, si vis, cur trans mare possides? cur plura, quam nosti? turpiter aut tam negligens es, ut non noveris pauculos servos, aut tam luxuriosus, ut plures habeas, quam quorum notitiæ memoria sufficiat. Adjuvabo postmodum ; convicia, et plura mihi quam putas, objiciam : nunc hoc respondebo tibi. Non sum sapiens, et, ut malevolentiam tuam pascam, nec ero. Exigo itaque a me, non ut optimis par sim, sed ut malis melior; hoc mihi satis est, quotidie aliquid ex vitiis meis demere, et errores meos objurgare. Non perveni ad sanitatem, ne perveniam quidem : delinimenta magis quam remedia podagræ meæ compono, contentus si rarius accedit, et si minus verminatur. Vestris quidem pedibus comparatus, debiles, cursor sum.

XVIII. Hæc non pro me loquor : ego enim in alto vitiorum omnium sum : sed pro illo, cui aliquid acti est. «Aliter, inquit, loqueris : aliter vivis.» Hoc, malignissima capita et optimo cuique inimicissima, Platoni

Pourquoi ton épouse porte-t-elle à ses oreilles le revenu d'une opulente famille? pourquoi tes jeunes esclaves [24] ont-ils des tuniques retroussées, d'une étoffe précieuse? Pourquoi est-ce un art, chez toi, que de servir à table? car ton argenterie n'est pas mise en place étourdîment et au gré du caprice, mais elle est habilement soignée. Pourquoi y a-t-il un maître en l'art de découper les viandes? » Ajoute, si tu veux : pourquoi tes domaines d'outre-mer? pourquoi as-tu plus de possessions, que tu n'en connais? C'est une honte, que tu sois, ou négligent au point de ne pas connaître des esclaves en petit nombre, ou fastueux au point d'en avoir trop pour que la mémoire suffise à en conserver la connaissance. Je t'aiderai tout-à-l'heure. Des reproches injurieux, je m'en ferai plus que ne t'en suggère ta pensée. Quant à présent, voici ce que je te répondrai : Je ne suis point sage; et même, pour donner pâture à ta malveillance, je ne le serai point. Ainsi, j'exige de moi, non pas d'être égal aux plus vertueux, mais d'être meilleur que les méchans [25]; il me suffit de pouvoir chaque jour retrancher quelque chose de mes vices, et gourmander mes erreurs. Je ne suis point parvenu à la santé, je n'y parviendrai même pas; ce sont des calmans, plutôt que des moyens de guérison, que j'applique sur ma goutte, satisfait si elle revient plus rarement, si elle ronge moins fort. En comparaison de votre allure, impotens que vous êtes, je suis un coureur.

XVIII. Et cela, ce n'est pas pour moi, que je le dis; car, moi, je suis dans l'abîme de tous les vices; mais c'est pour celui au profit duquel il y a quelque chose de fait. « Tu parles, dit-on, d'une manière, et tu vis d'une autre [26]. » Ce reproche, esprits pleins de malignité,

objectum est, objectum Epicuro, objectum Zenoni. Omnes enim isti dicebant, non quemadmodum ipsi viverent, sed quemadmodum vivendum esset. De virtute, non de me loquor : et quum vitiis convicium facio, in primis meis facio; quum potuero, vivam quomodo oportet. Nec malignitas me ista multo veneno tincta deterrebit ab optimis; ne virus quidem istud, quo alios spargitis, vos necatis, me impediet, quo minus perseverem laudare vitam, non quam ago, sed quam agendam scio; quo minus virtutem adorem, et ex intervallo ingenti reptabundus sequar. Exspectabo scilicet, ut quidquam malevolentiæ inviolatum sit, cui sacer nec Rutilius fuit, nec Cato? Cur et aliquis non istis dives nimis videatur, quibus Demetrius Cynicus parum pauper est? Virum acerrimum, et contra omnia naturæ desideria pugnantem, hoc pauperiorem quam ceteri Cynici, quod quum sibi interdixerint habere, interdixit et poscere, negant satis egere! Vides enim? non virtutis scientiam, sed egestatis professus est.

XIX. Diodorum Epicureum philosophum, qui intra paucos dies finem vitæ suæ manu sua imposuit, negant ex decreto Epicuri fecisse, quod sibi gulam præsecuit; alii dementiam videri volunt factum hoc ejus, alii te-

ennemis jurés de tout homme excellent, il est fait à Platon, fait à Épicure, fait à Zénon; car, tous ces philosophes disaient, non pas comment ils vivaient eux-mêmes, mais comment il fallait vivre. C'est de la vertu, non pas de moi, que je parle; et quand j'éclate contre les vices, c'est d'abord contre les miens. Quand je le pourrai, je vivrai comme il faut vivre. Non, cette malignité, que vous colorez à force de poison, ne me détournera point de ce qui vaut le mieux ; ce venin même dont vous arrosez les autres, et qui vous tue, ne m'empêchera point de persister à faire l'éloge de la vie, non pas que je mène, mais que je sais qu'il faut mener. Je n'en veux pas moins adorer la vertu, et, me traînant sur ses pas à une grande distance, essayer de la suivre. J'attendrai donc qu'il existe quelque chose d'inviolable pour cette malveillance qui ne respecta ni Rutilius[27], ni Caton. Pourquoi n'y aurait-il pas quelqu'un aussi de trop riche, aux yeux de ceux pour lesquels Demetrius le Cynique[28] est moins pauvre qu'il ne faut? Cet homme plein d'énergie, qui lutte contre toutes les exigences de la nature, et qui est plus pauvre que tous les autres cyniques, en ce que, ces derniers s'étant interdit de posséder, lui, il s'est interdit même de demander, eh bien! au dire de ces gens-là, il n'est pas assez indigent : car, voyez-vous? ce n'est pas la doctrine de la vertu, c'est la doctrine de l'indigence, qu'il a professée.

XIX. Diodore, philosophe épicurien[29], qui dans ces derniers temps a terminé sa vie de sa propre main, les mêmes gens nient que ce soit d'après un arrêt d'Épicure, qu'il ait agi en se coupant la gorge : les uns veulent que dans cette action du philosophe on voie une

meritatem. Ille interim beatus, ac plenus bona conscientia, reddidit sibi testimonium vita excedens, laudavitque ætatis in portu et ad ancoram actæ quietem, et dixit (quid vos inviti audistis, quasi vobis quoque faciendum sit?) :

Vixi, et quem dederat cursum fortuna, peregi.

De alterius vita, de alterius morte disputatis, et ad nomen magnorum ob aliquam eximiam laudem virorum, sicut ad occursum ignotorum hominum minuti canes, latratis. Expedit enim vobis, neminem videri bonum : quasi aliena virtus exprobratio delictorum vestrorum sit. Inviti splendida cum sordibus vestris confertis, nec intelligitis, quanto id vestro detrimento audeatis. Nam si illi qui virtutem sequuntur, avari, libidinosi, ambitiosique sunt : quid vos estis, quibus ipsum nomen virtutis odio est? Negatis quemquam præstare quæ loquitur, nec ad exemplar orationis suæ vivere. Quid mirum ? quum loquantur fortia, ingentia, omnes humanas tempestates evadentia? quum refigere se crucibus conentur, in quas unusquisque vestrum clavos suos ipse adigit? ad supplicium tamen acti stipitibus singulis pendent : hi qui in se ipsi animadvertunt, quot cupiditatibus, tot crucibus distrahuntur : et maledici, in alienam contumeliam venusti sunt. Crederem illis hoc vacare, nisi quidam ex patibulo suos spectatores conspuerent.

extravagance ; les autres, qu'on y voie une témérité. Lui, cependant, heureux et plein du sentiment d'une bonne conscience, il s'est rendu témoignage en sortant de la vie ; il a vanté le calme de ses jours passés dans le port et à l'ancre. Il a dit (et pourquoi, vous autres, l'avez-vous entendu à contre-cœur, comme si vous deviez en faire autant ?), il a dit : « J'ai vécu, et la carrière que m'avait donnée la fortune, je l'ai achevée [30]. »

Sur la vie de l'un, sur la mort de l'autre, vous disputez ; et au seul nom d'hommes qui sont grands à cause de quelque mérite éminent, vous, comme font de petits chiens à la rencontre de personnes qu'ils ne connaissent pas, vous aboyez : c'est qu'il est de votre intérêt, que nul ne paraisse bon. Il semble que la vertu d'autrui soit une censure de vos méfaits. Malgré vous-mêmes, vous comparez ce qui a de l'éclat, avec vos souillures, et vous ne comprenez pas combien c'est à votre détriment, que vous avez cette hardiesse. Si, en effet, ces hommes qui s'attachent à la vertu sont avares, libertins et ambitieux, qu'êtes-vous donc, vous à qui le nom même de la vertu est odieux ? Vous niez qu'on voie aucun d'eux faire ce qu'il dit, et régler sa vie sur ses discours ? A cela quoi d'étonnant, puisqu'ils disent des choses d'une vigueur, d'une élévation, extraordinaires, des choses qui échappent à tous les orages de l'humanité ? puisqu'ils s'efforcent de s'arracher à des croix dans lesquelles chacun de vous enfonce lui-même les clous qui le fixent ? Réduits pourtant à subir le supplice, ils restent suspendus chacun à un seul poteau. Pour ceux-là qui se punissent eux-mêmes, autant ils ont de passions, autant ils ont de croix qui les disloquent. Encore médisans, pour outrager les autres ils

XX. Non præstant philosophi quæ loquuntur? multum tamen præstant, quod loquuntur, quod honesta mente concipiunt. Nam si et paria dictis agerent, quid esset illis beatius? interim non est quod contemnas bona verba, et bonis cogitationibus plena præcordia. Studiorum salutarium, etiam citra effectum, laudanda tractatio est. Quid mirum, si non ascendunt in altum ardua aggressi? sed viros suspice, etiamsi decidunt, magna conantes. Generosa res est, respicientem non ad suas, sed ad naturæ suæ vires, conari alta, tentare, et mente majora concipere, quam quæ etiam ingenti animo adornatis effici possint. Qui sibi hoc proposuit: « Ego mortem eodem vultu audiam, quo jubebo et videbo; ego laboribus, quanticumque illi erunt, parebo, animo fulciens corpus; ego divitias et præsentes et absentes æque contemnam : nec, si alicubi jacebunt, tristior; nec, si circa me fulgebunt, animosior; ego fortunam nec venientem sentiam, nec recedentem; ego terras omnes tanquam meas videbo, meas tanquam omnium; ego sic vivam, quasi sciam aliis me natum, et naturæ rerum hoc nomine gratias agam : quo enim melius genere negotium meum agere potuit? unum me donavit omnibus : uni mihi omnes. Quidquid habebo, nec sordide custodiam, nec prodige spargam; nihil

sont badins. Je croirais que pour eux c'est un loisir, si de certaines gens, du haut d'un gibet, ne crachaient sur les spectateurs.

XX. Les philosophes ne font pas ce qu'ils disent? ils font cependant beaucoup, par cela seul qu'ils disent, et que leur esprit conçoit des idées honnêtes; car, si leurs actions aussi étaient au niveau de leurs discours, qu'y aurait-il de plus heureux que les philosophes? En attendant, il n'y a pas lieu de mépriser de bonnes paroles et des cœurs pleins de bonnes pensées. Se livrer à des études salutaires, même sans un résultat complet, c'est un louable travail. Est-il surprenant qu'ils ne montent pas haut, ayant entrepris de gravir des pentes escarpées? Admirez plutôt, lors même qu'ils tombent, des gens de cœur qui font de grands efforts. C'est une noble chose, qu'un homme veuille en consultant, non pas ses forces, mais celles de sa nature, s'élever haut, s'y essaie, et conçoive en son esprit des projets trop grands pour que ceux-là même qui sont doués d'une âme extraordinaire puissent les effectuer. Un tel homme, voici la résolution qu'il a prise: « Moi, j'entendrai mon arrêt de mort, du même air que je prononcerai, que je verrai exécuter, celui d'un criminel; les travaux, quelque grands qu'ils puissent être, moi je m'y soumettrai, étayant le corps par l'âme. Les richesses, soit présentes, soit absentes, moi je les mépriserai, sans être plus triste, si quelque part elles gissent inutiles, ni plus présomptueux, si autour de moi elles brillent. La fortune, je ne serai sensible, moi, ni à son arrivée, ni à sa retraite [31]; moi, je regarderai toutes les terres comme m'appartenant, et les miennes comme appartenant à tous; moi, je vivrai comme sachant que

magis possidere me credam, quam bene donata : non numero, nec pondere beneficia, nec ulla, nisi accipientis æstimatione, pendam. Nunquam id mihi multum erit, quod dignus accipiet. Nihil opinionis causa, omnia conscientiæ faciam : populo teste fieri credam, quidquid me conscio faciam. Edendi erit bibendique finis, desideria naturæ restinguere, non implere alvum, et exinanire. Ego amicis jucundus, inimicis mitis et facilis, exorabor antequam roger ; honestis precibus occurram. Patriam meam esse mundum sciam, et præsides deos : hos supra me, circaque me stare, factorum dictorumque censores. Quandocumque autem natura spiritum repetet, aut ratio dimittet, testatus exibo, bonam me conscientiam amasse, bona studia : nullius per me libertatem diminutam, a nemine meam. »

XXI. Qui hoc facere proponet, volet, tentabit, ad deos iter faciet : næ ille, etiamsi non tenuerit, magnis tamen excidet ausis. Vos quidem, qui virtutem culto-

je suis né pour les autres, et c'est à la nature des choses, que j'en rendrai grâces. Comment, en effet, pouvait-elle mieux arranger mes affaires? elle a donné, moi seul à tous, et tous à moi seul. Ce que j'aurai, quoi que ce soit, je ne veux ni le garder en avare, ni le répandre en prodigue. Rien ne me semblera mieux en ma possession, que ce que j'aurai bien donné. Ce ne sera ni par le nombre, ni par le poids, que je mesurerai les bienfaits; ce sera toujours en évaluant celui qui les recevra. Jamais, pour moi, un don ne sera beaucoup, étant reçu par qui l'aura mérité. Rien pour l'opinion, tout pour la conscience, dans mes actions. Je croirai avoir le public pour témoin de tout ce que je ferai, moi le sachant. Dans l'action de manger et de boire, mon but sera d'apaiser les exigences de la nature, non de remplir le ventre et de le vider. Moi, gracieux pour mes amis, doux et facile pour mes ennemis [32], je serai fléchi avant d'être prié; je courrai au devant des demandes honnêtes. Je saurai que ma patrie, c'est le monde [33]; que mes protecteurs, ce sont les dieux, qu'ils se tiennent au dessus et autour de moi, censeurs de mes actions et de mes discours. En quelque moment que la nature vienne à redemander le souffle qui m'anime, ou que la raison vienne à le répudier, je m'en irai, après avoir prouvé par témoins, que j'aimai la bonne conscience et les études vertueuses, que je ne contribuai à diminuer la liberté de personne, et que nul ne diminua la mienne. »

XXI. Celui qui annoncera l'intention d'agir ainsi, qui le voudra, qui le tentera, c'est vers les dieux, qu'il dirigera sa marche. Certes, lors même qu'il ne l'aura pas soutenue, il ne tombera pourtant qu'après avoir osé

remque ejus odistis, nihil novi facitis; nam et solem lumina ægra formidant, et aversantur diem splendidum nocturna animalia, quæ ad primum ejus ortum stupent, et latibula sua passim petunt, abduntur in aliquas rimas timida lucis. Gemite, et infelicem linguam bonorum exercete convicio; instate, commordete; citius multo frangetis dentes, quam imprimetis! « Quare ille philosophiæ studiosus est, et tam dives vitam agit? quare opes contemnendas dicit, et habet? vitam contemnendam putat, et tamen vivit? valetudinem contemnendam, et tamen illam diligentissime tuetur, atque optimam mavult. Et exsilium nomen vanum putat, et ait: Quid est enim mali, mutare regiones? et tamen, si licet, senescit in patria. Et inter longius tempus et brevius nihil interesse judicat: tamen si nihil prohibet, extendit ætatem, et in multa senectute placidus viret? » Ait ista debere contemni; non, ne habeat, sed ne sollicitus habeat; non abigit illa a se, sed abeuntia securus prosequitur. Divitias quidem ubi tutius fortuna deponet, quam ibi, unde sine querela reddentis receptura est? M. Cato quum laudaret Curium et Coruncanium, et seculum illud in quo censorium crimen erat paucæ argenti lamellæ, possidebat ipse quadringenties sestertium: minus sine dubio quam Crassus, plus tamen quam censorius Cato. Majore spatio, si comparentur, proavum vicerat, quam a Crasso vinceretur. Et si ma-

prendre un grand essor [34]. Vous autres, qui haïssez la vertu et son adorateur, vous ne faites rien de nouveau : on sait que les yeux malades redoutent le soleil ; on voit se détourner de l'éclat du jour les animaux nocturnes, qui, à ses premiers rayons, sont frappés de stupeur, et vont çà et là s'enfoncer dans leurs retraites, se cacher dans quelques trous, parce qu'ils ont peur de la lumière. Hurlez, exercez votre malheureuse langue à outrager les gens de bien ; poursuivez de près ; mordez, tous à la fois ; vous briserez vos dents beaucoup plutôt que vous ne les imprimerez [35]. « Pourquoi celui-là est-il plein d'ardeur pour la philosophie, et vit-il en homme si opulent ? pourquoi dit-il qu'on doit mépriser les richesses, et en a-t-il ? La vie doit être méprisée, suivant son opinion, et cependant il vit ; la santé doit être méprisée, et cependant il la ménage avec le plus grand soin : c'est la meilleure, qu'il veut de préférence. L'exil aussi n'est, à l'entendre, qu'un vain nom, et il dit : Quel mal est-ce, en effet, que de changer de pays ? mais pourtant, si faire se peut, il vieillit dans sa patrie. Le même décide qu'entre un temps plus long et un temps plus court, il n'y a nulle différence ; cependant, si rien ne l'en empêche, il prolonge ses jours, et, dans une vieillesse avancée, il conserve paisiblement sa verdeur. » Oui sans doute, il dit que ces choses-là doivent être méprisées : ce n'est point pour ne les avoir pas, c'est pour ne pas les avoir avec inquiétude. Il ne les chasse pas loin de lui ; mais pendant qu'elles s'en vont, il les suit par derrière avec sécurité. Et, en vérité, où la fortune déposera-t-elle plus sûrement les richesses, que dans un lieu d'où elle doit les retirer sans que se plaigne celui qui les rendra ? M. Caton [36], lorsqu'il vantait

jores illi obvenissent opes, non sprevisset; nec enim se sapiens indignum ullis muneribus fortuitis putat. Non amat divitias, sed mavult : non in animum illas, sed in domum recipit : nec respuit possessas, sed continet, et majorem virtuti suæ materiam subministrari vult.

XXII. Quid autem dubii est, quin major materia sapienti viro sit, animum explicandi suum in divitiis, quam in paupertate? quum in hac unum genus virtutis sit, non inclinari, nec deprimi : in divitiis, et temperantia, et liberalitas, et diligentia, et dispositio, et magnificentia, campum habeat petentem. Non contemnet se sapiens, etiamsi fuerit minimæ staturæ ; esse tamen se procerum volet : et exilis corpore, ac amisso oculo valebit; malet tamen sibi esse corporis robur. Et hæc ita, ut sciat esse aliud in se valentius; malam valetudinem tolerabit, bonam optabit. Quædam enim, etiamsi in summam rei parva sunt, ut et subduci sine ruina principalis boni possint, adjiciunt tamen aliquid ad perpetuam lætitiam, et ex virtute nascentem. Sic illum afficiunt divitiæ, et exhilarant, ut navigantem se-

Curius et Coruncanius, et ce siècle dans lequel c'était un motif de censure publique, que d'avoir quelques petites lames d'argent[37], possédait lui-même quarante millions de sesterces[38]. Il en avait moins sans doute que Crassus, et cependant plus que Caton, l'ancien censeur. Si nous les comparons entre eux, Marcus Caton avait plus dépassé son bisaïeul, qu'il ne serait dépassé par Crassus; et pourtant, s'il était échu au premier de plus grandes possessions, il ne les aurait pas rejetées : car le sage ne se croit indigne d'aucun présent de la fortune. Il n'aime pas les richesses, mais il s'en arrange mieux; ce n'est point dans son âme, c'est dans sa maison, qu'il les admet; il ne repousse pas celles qu'il possède, mais il les héberge en maître, et il veut qu'une matière plus ample soit fournie à sa vertu.

XXII. Comment douter que, pour un homme sage, il y ait plus ample matière à déployer son âme dans les richesses, que dans la pauvreté? celle-ci, en effet, comporte un seul genre de vertu : c'est de ne pas plier, de ne pas être abaissé; mais, dans les richesses, la tempérance, la libéralité, l'exactitude, l'économie, la magnificence ont toutes le champ libre. Le sage ne se méprisera point, fût-il même de la moindre taille : il voudra cependant être grand ; quoique fluet et privé d'un œil „ il se portera bien : il aimera cependant mieux avoir la force de corps. Sur ces objets aussi, la pensée du sage sera celle d'un homme qui sait bien qu'en lui se trouve autre chose de mieux constitué ; il supportera la mauvaise santé : s'il a le choix, il préférera la bonne. En effet, certains accessoires, quoique petits relativement à l'ensemble, et si petits qu'on pourrait les retrancher sans détruire le bien principal,

cundus et ferens ventus, ut dies bonus, et in bruma ac frigore apricus locus. Quis porro sapientum, nostrorum dico, quibus unum est bonum virtus, negat etiam hæc quæ indifferentia vocamus, habere in se aliquid pretii, et alia aliis esse potiora? Quibusdam ex his tribuitur aliquid honoris, quibusdam multum. Ne erres itaque, inter potiora divitiæ sunt. « Quid ergo, inquis, me derides, quum eumdem apud te locum habeant, quem apud me? » Vis scire, quam non habeant eumdem locum? mihi divitiæ si effluxerint, nihil auferent, nisi semetipsas : tu stupebis, et videberis tibi sine te relictus, si illæ a te recesserint ; apud me divitiæ aliquem locum habent : apud te, summum; ad postremum, divitiæ, meæ sunt : tu divitiarum es.

XXIII. Desine ergo philosophis pecunia interdicere ; nemo sapientiam paupertate damnavit. Habebit philosophus amplas opes, sed nulli detractas, nec alieno sanguine cruentas, sine cujusquam injuria partas, sine sordidis quæstibus, quarum tam honestus sit exitus quam introitus, quibus nemo ingemiscat, nisi malignus. In quantum vis, exaggera illas, honestæ sunt :

ajoutent cependant à cette joie continuelle qui naît de la vertu. L'impression que les richesses produisent sur le sage, en l'égayant, est la même que fait sur le navigateur un bon vent qui le pousse, la même que fait un beau jour, et que fait en hiver, pendant les froids, un lieu exposé au soleil. Or, quel sage, des nôtres je veux dire, pour lesquels l'unique bien c'est la vertu, quel sage nie que ces choses même, qui chez nous sont nommées indifférentes, aient en elles quelque prix, et que les unes soient préférables aux autres? A certaines d'entre elles, on accorde un peu d'estime ; à certaines autres, on en accorde beaucoup. Ne vous y trompez donc pas, au nombre des choses préférables se trouvent les richesses. « Mais, dites-vous, pourquoi donc me tournez-vous en ridicule, puisque les richesses occupent chez vous la même place que chez moi? » Voulez-vous savoir combien il s'en faut qu'elles n'occupent la même place? A moi, les richesses, si elles s'écoulent, ne m'ôteront rien qu'elles-mêmes. Vous, frappé de stupeur, vous semblerez vous survivre et vous manquer tout à la fois, si elles se retirent d'auprès de vous. Chez moi, les richesses ont une place ; chez vous, elles ont la première ; enfin, les richesses m'appartiennent, et vous appartenez aux richesses.

XXIII. Cessez donc d'interdire l'argent aux philosophes ; jamais la sagesse ne fut condamnée à la pauvreté. Oui, le philosophe aura d'amples richesses, mais elles ne seront ni dérobées à qui que ce soit, ni souillées du sang d'autrui : il aura des richesses acquises sans que nul en ait souffert, sans honteux profits, des richesses qui sortiront de chez lui aussi honnêtement qu'elles y seront entrées, qui ne feront gémir personne,

in quibus, quum multa sint quæ quisque sua dicere velit, nihil est quod quisquam suum possit dicere. Ille vero fortunæ benignitatem a se non submovebit, et patrimonio per honesta quæsito nec gloriabitur, nec erubescet. Habebit tamen etiam quo glorietur, si aperta domo, et admissa in res suas civitate, poterit dicere : « Quod quisque suum agnoverit, tollat! » O magnum virum, optime divitem, si opus ad hanc vocem consonet! si post hanc vocem tantumdem habuerit! ita dico, si tutus et securus scrutationem populo præbuerit, si nihil quisquam apud illum invenerit, quo manus injiciat : audacter et propalam erit dives. Sicut sapiens nullum denarium intra limen suum admittet male intrantem : ita et magnas opes, munus fortunæ, fructumque virtutis, non repudiabit, nec excludet. Quid enim est, quare illis bonum locum invideat? veniant, hospitentur. Nec jactabit illas, nec abscondet; alterum infruniti animi est; alterum timidi et pusilli, velut magnum bonum intra sinum continentis. Nec, ut dixi, ejiciet illas e domo. Quid enim dicet? utrumne, inutiles estis? an, ego uti divitiis nescio? Quemadmodum etiam si pedibus suis poterit iter conficere, escendere tamen vehiculum malet : sic si poterit esse dives, volet : et habebit utique opes, sed tanquam leves et avolaturas, nec ulli alii, nec sibi graves esse patietur. Donabit..... quid erexistis aures? quid expeditis sinum? Donabit, aut bonis, aut iis quos

si ce n'est l'envieux. Tant que bon vous semble, grossissez-en le monceau ; elles sont honnêtes : bien qu'il s'y trouve beaucoup d'objets dont tout homme voudrait se dire propriétaire, il ne s'y rencontre rien que personne puisse dire sa propriété. Quant au philosophe, il n'écartera point de lui l'obligeance de la fortune, et, possesseur d'un patrimoine amassé par des moyens honnêtes, il n'aura l'idée, ni de s'en glorifier, ni d'en rougir. Il aura cependant encore sujet de se glorifier, si, ayant ouvert sa maison, ayant admis le corps entier des citoyens à pénétrer dans ses affaires, il peut dire : « Ce que chacun aura reconnu pour être à lui, qu'il l'emporte. » Oh ! le grand homme, le riche par excellence, si le fait est d'accord avec de telles paroles, si, après les avoir prononcées, il possède encore autant, je veux dire, s'il a pu en toute sûreté offrir au public de fouiller, si personne n'a rien trouvé chez lui sur quoi mettre la main ! C'est hardiment, c'est avec publicité, qu'il sera riche. De même que le sage ne laissera passer le seuil de sa porte à nul denier qui entre mal, de grandes richesses, présent de la fortune, fruit de la vertu, ne seront par lui, ni refusées, ni exclues. Et quel motif aurait-il de leur faire tort d'un bon gîte ? Qu'elles entrent, qu'elles reçoivent l'hospitalité. Il ne lui arrivera, ni d'en faire parade, ni de les cacher; le premier est d'un sot, le second est d'un homme craintif et pusillanime, qui semble tenir un grand bien renfermé dans son sein. Mais, comme je l'ai dit, le sage ne les chassera pas non plus de sa maison. En effet, dira-t-il, êtes-vous donc inutiles, ou bien, moi, ne sais-je point user des richesses ? Pouvant faire une route à pied, il aimera cependant mieux monter en voiture ; de même,

facere poterit bonos. Donabit cum summo consilio, dignissimos eligens : ut qui meminerit, tam expensorum quam acceptorum rationem esse reddendam. Donabit ex recta et probabili causa ; nam inter turpes jacturas malum munus est. Habebit sinum facilem, non perforatum ; ex quo multa exeant, nihil excidat.

XXIV. Errat, si quis existimat facilem rem esse donare. Plurimum ista res habet difficultatis, si modo consilio tribuitur, non casu et impetu spargitur. Hunc promereor, illi reddo, huic succurro, hujus misereor. Illum instruo, dignum quem non deducat paupertas, nec occupatum teneat. Quibusdam non dabo, quamvis desit : quia etiamsi dedero, erit defuturum ; quibusdam offeram ; quibusdam etiam inculcabo. Non possum in hac re esse negligens : nunquam magis nomina facio, quam quum dono. « Quid ? tu, inquis, recepturus donas ? » immo non perditurus. Eo loco sit donatio, unde repeti non debeat, reddi possit. Beneficium collocetur, quemadmodum thesaurus alte obrutus : quem non eruas,

s'il a le pouvoir d'être riche, il en aura la volonté. Sans doute, il possédera les avantages de la fortune, mais il les possédera comme des avantages légers, qui doivent s'envoler ; il ne souffrira qu'ils soient une charge, ni pour aucun autre, ni pour lui-même. Il donnera..... Pourquoi avez-vous dressé les oreilles? pourquoi apprêtez-vous votre bourse? Il donnera, soit aux gens de bien, soit à ceux qu'il pourra rendre tels. Il donnera avec une extrême circonspection, choisissant les plus dignes, en homme qui n'oublie pas qu'il faut rendre compte, aussi bien de la dépense que de la recette. Il donnera d'après des motifs justes et plausibles ; car c'est au nombre des honteuses dissipations, qu'il faut compter un présent mal placé. Il aura une bourse facile à ouvrir, mais non percée, d'où il sorte beaucoup, d'où rien ne tombe.

XXIV. On se trompe, si l'on pense que donner soit chose facile. C'est une affaire qui présente beaucoup de difficulté, si toutefois le don est un tribut payé avec réflexion, et non pas une profusion faite au hasard et par boutade. L'un, je le préviens par un service: l'autre, je lui rends ce qu'il a fait pour moi ; celui-ci, je le secours : celui-là, je le plains ; cet autre, je l'équipe, digne qu'il est de ne pas être humilié par la pauvreté, de ne pas rester assiégé par elle. Il en est à qui je ne donnerai pas, quoique telle chose leur manque ; car, lors même que j'aurais donné, il leur manquerait quelque chose. Il en est à qui j'offrirai ; il en est même à qui je ferai accepter de force. Je ne puis dans cette affaire être insouciant : jamais je ne suis plus occupé à faire des placemens, que lorsque je donne [39]. « Eh quoi ! dites-vous, est-ce donc afin de recouvrer, que vous

nisi fuerit necesse. Quid? domus ipsa divitis viri, quantam habet benefaciendi materiam? Quis enim liberalitatem tantum ad togatos vocat? hominibus prodesse natura jubet : servi liberine sint, ingenui an libertini, justæ libertatis, an inter amicos datæ, quid refert? ubicunque homo est, ibi beneficio locus est. Potest itaque pecuniam etiam intra limen suum diffundere, et liberalitatem exercere : quæ non quia liberis debetur, sed quia a libero animo proficiscitur, ita nominata est. Hæc apud sapientem nec unquam in turpes indignosque impingitur ; nec unquam ita defatigata errat, ut non, quoties dignum invenerit, quasi ex pleno fluat. Non est ergo quod perperam exaudiatis, quæ honeste, fortiter, animose, a studiosis sapientiæ dicuntur; et hoc primum attendite : aliud est, studiosus sapientiæ : aliud, jam adeptus sapientiam. Ille tibi dicet : « Optime loquor, sed adhuc inter mala volutor plurima. Non est quod me ad formulam meam exigas : quum maxime facio me et formo, et ad exemplar ingens attollo ; si processero, quantum proposui, exige, ut dictis facta respondeant. » Assecutus vero humani boni summam, aliter tecum aget, et dicet : « Primum, non est quod tibi permittas de melioribus ferre sententiam ; mihi jam, quod argumentum est recti, contigit, malis displicere. Sed ut tibi rationem reddam, quam nulli mortalium invideo, audi, quid promittam, et quanti quæque æstimem. Divitias

donnez? » Bien plus ! c'est afin de ne rien perdre. Qu'un don soit déposé en un lieu tel, qu'on ne soit pas obligé de l'y reprendre, mais que de là il puisse être rendu. Qu'un bienfait soit placé comme un trésor profondément enfoui, que l'on ne doit pas retirer de terre, à moins qu'il n'y ait nécessité. Voyez la maison de l'homme riche : quel vaste champ cette enceinte même n'offre-t-elle pas à la bienfaisance? car, la libéralité, quel est celui qui l'appelle de ce nom, dans l'intérêt seul des citoyens vêtus de la toge? C'est aux hommes, que la nature nous ordonne d'être utiles ; qu'ils soient esclaves ou libres, nés libres ou affranchis, qu'ils aient reçu la liberté selon les formes juridiques[40], ou dans une réunion d'amis, qu'importe? Partout où il y a un homme, il y a place pour un bienfait. Le riche peut donc aussi répandre l'argent dans l'intérieur de sa maison, et pratiquer la libéralité : car ce n'est point comme étant due à des hommes libres, c'est comme partant d'une âme libre, qu'elle a été ainsi nommée. Chez le sage, on ne la voit, ni se précipiter sur des gens tarés et indignes, ni jamais errer, tellement épuisée de fatigue, qu'elle ne puisse, à la rencontre d'un homme digne, couler chaque fois comme à pleins bords. Ainsi, nul motif pour que vous entendiez de travers ce que disent d'honnête, de courageux, de magnanime, ceux qui étudient la sagesse. Et d'abord, faites attention à ceci : autre est celui qui étudie la sagesse, autre celui qui déjà la possède. Le premier vous dira : « Je parle très-bien ; mais je roule encore dans la fange du mal. L'équité ne permet pas que vous me contrôliez d'après mon engagement pris à la lettre, quand je m'applique le plus à me faire, à me former, à m'élever au niveau d'un grand

nego bonum esse : nam si essent, bonos facerent; nunc quoniam quod apud malos deprehenditur, dici bonum non potest, hoc illis nomen nego; ceterum et habendas esse, et utiles, et magna commoda vitæ afferentes, fateor.

XXV. « Quid ergo est ? quare illas non in bonis numerem, et quid in illis præstem aliud, quam vos, quoniam inter utrosque convenit habendas, audite. Pone in opulentissima me domo, pone ubi aurum argentumque in promiscuo usu sit : non suspiciam me ob ista, quæ etiam si apud me, extra me tamen sunt. In sublicium pontem me transfer, et inter egentes abjice : non ideo tamen me despiciam, quod in illorum numero consideo, qui manum ad stipem porrigunt; quid enim ad rem, an frustum panis desit, cui non deest mori posse ? Quid ergo est ? domum illam splendidam malo, quam pontem. Pone in instrumentis splendentibus, et

modèle. Si je suis une fois parvenu aussi loin que j'en ai conçu le projet, alors contrôlez de telle sorte, que les actions doivent répondre aux paroles. » Celui, au contraire, qui est arrivé à la perfection du bien donné à l'homme s'y prendra autrement vis-à-vis de vous, et il dira : « D'abord, vous ne devez pas vous permettre de porter un jugement sur ceux qui sont meilleurs que vous. Pour moi, j'ai déjà un avantage, qui est une preuve de bien : c'est de déplaire aux méchans. Mais pour que je vous rende un compte, que je ne refuse à nul des mortels, apprenez quels articles j'y porte, et quel prix je mets à chaque chose. Les richesses, je nie qu'elles soient un bien ; car, si elles en étaient un, elles feraient des gens de bien. Cela posé, comme ce qui se rencontre chez les méchans ne saurait être un bien, je refuse ce nom aux richesses. Du reste, qu'il faille les avoir, qu'elles soient utiles, qu'elles procurent à la vie de grands avantages, j'en tombe d'accord.

XXV. « Qu'est-ce donc ? par quels motifs ne les compté-je point parmi les biens, et en quoi au milieu d'elles, me comporté-je autrement que vous, puisque, de part et d'autre, nous convenons qu'il faut les avoir ? vous allez l'apprendre. Que l'on me place dans la plus opulente maison, en un lieu où l'or et l'argent servent aux usages les plus communs : je ne serai pas plus grand à mes yeux à cause de ces objets, qui, bien que chez moi, sont cependant hors de moi. Que l'on me transporte au pont Sublicius[41], et que l'on me jette parmi les indigens : je ne serai pas plus petit à mes yeux, pour être assis au nombre de ces gens qui tendent la main vers une chétive pièce de monnaie. Et qu'importe, en effet, si un morceau de pain manque à celui auquel

delicato apparatu : nihilo me feliciorem credam , quod mihi molle erit amiculum, quod purpura in conviviis meis substernetur. Nihilo miserior ero, si lassa cervix mea in manipulo fœni acquiescet, si super Circense tomentum, per sarturas veteris lintei effluens, incubabo. Quid ergo est? malo quid mihi animi sit ostendere prætextatus et chlamydatus, quam nudis scapulis aut semitectis. Ut omnes mihi dies ex voto cedant, novæ gratulationes prioribus subtexantur ; non ob hoc mihi placebo. Muta in contrarium hanc indulgentiam temporis : hinc illinc percutiatur animus, damno, luctu, incursionibus variis, nulla omnino hora sine aliqua querela sit : non ideo me dicam inter miserrima miserum, non ideo aliquem exsecrabor diem; provisum est enim a me, ne quis mihi ater dies esset. Quid ergo est? malo gaudia temperare quam dolores compescere. Hoc tibi ille Socrates dicet : « Fac me victorem universarum gentium; delicatus ille Liberi currus triumphantem usque ad Thebas a solis ortu vehat; jura reges Persarum petant : me hominem esse tum maxime cogitabo, quum Deus undique consalutabor. Huic tam sublimi fastigio conjunge protinus præcipitem mutationem : in alienum imponar ferculum, exornaturus victoris superbi ac feri pompam : non humilior sub alieno curru agar, quam in meo steteram. » Quid ergo est? vincere tamen, quam capi malo. Totum fortunæ regnum despiciam : sed ex

ne manque pas le pouvoir de mourir? Qu'est-ce donc?
cette maison splendide, je la préfère au pont. Que l'on
me place dans l'attirail de la splendeur, et dans l'appareil des molles délices : je ne me croirai nullement
plus heureux, parce que j'aurai un petit manteau moelleux, parce que la pourpre, dans mes festins, sera
étalée en riches tapis. Je ne serai nullement plus malheureux, si, tombant de lassitude, ma tête va reposer
sur une botte de foin, si je couche sur la bourre [42], qui
des matelas du Cirque s'échappe à travers les reprises
d'une vieille toile. Qu'est-ce donc ? ce que j'ai d'âme,
j'aime mieux le montrer, étant vêtu de la robe prétexte,
ou de la chlamyde, qu'ayant les épaules nues, ou à
moitié couvertes. Que, pour moi, tous les jours s'écoulent à souhait, que de nouvelles félicitations viennent
se rattacher aux précédentes ; ce ne sera pas pour cela,
que je serai content de moi. Que l'on change en l'opposé
cette indulgence du temps présent : que, frappée de
tous côtés, mon âme ait à souffrir pertes, afflictions,
assauts divers : qu'il n'y ait pas une seule heure sans
quelque sujet de plainte ; pour cela, au milieu même
des plus affreuses misères, je ne me dirai point misérable, je ne maudirai aucun jour ; car j'ai mis ordre
à ce que, pour moi, aucun jour ne fût marqué en noir.
Qu'est-ce donc ? j'aime mieux tempérer des joies, que
d'apaiser des douleurs. Voici comment te parlera le
grand Socrate : « Fais de moi le vainqueur de toutes
les nations ; que le voluptueux char de Bacchus me
porte triomphant jusqu'à Thèbes, depuis les lieux où
le soleil se lève ; que les rois des Perses me demandent
des lois : l'idée que je suis homme me sera plus présente
que jamais, alors que de tous côtés, par des acclama-

illo, si dabitur electio, meliora sumam. Quidquid ad me venerit, bonum fiet : sed malo faciliora ac jucundiora veniant, et minus vexatura tractantem. Non est enim quod ullam existimes esse sine labore virtutem, sed quædam virtutes stimulis, quædam frænis egent. Quemadmodum corpus in proclivo retineri debet, in ardua impelli : ita quædam virtutes in proclivi sunt, quædam clivum subeunt. An dubium sit, quin escendat, nitatur, obluctetur patientia, fortitudo, perseverantia, et quæcunque alia duris opposita virtus est, et fortunam subigit ? Quid ergo ? non æque manifestum est per devexum ire liberalitatem, temperantiam, mansuetudinem? In his continemus animum, ne prolabatur: in illis exhortamur, incitamusque. Acerrimas ergo paupertati adhibebimus, illas, quæ impugnatæ fiunt fortiores : divitiis illas diligentiores, quæ suspensum gradum ponunt, et pondus suum sustinent. »

tions unanimes, on me saluera Dieu. Que ce faîte si élevé s'écroule par un changement subit : que je sois établi sur un brancard étranger, pour orner la pompe d'un vainqueur superbe et farouche; je ne serai point plus bas, poussé au dessous du char d'un autre, que je n'étais en me tenant debout sur le mien. » Qu'est-ce donc? j'aime cependant mieux être vainqueur, que d'être captif. Tout l'empire de la fortune sera peu de chose à mes yeux; mais de cet empire, si le choix m'est donné, je prendrai ce qui sera plus commode. Tout ce qui m'arrivera deviendra bon; j'aime pourtant mieux qu'il m'arrive des choses plus faciles, plus agréables, et moins rudes à manier. N'allez pas croire, en effet, qu'il existe aucune vertu sans travail; mais à certaines vertus, c'est l'aiguillon qu'il faut; à d'autres, c'est le frein. Comme le corps, dans une descente rapide, a besoin d'être retenu, et dans une montée scabreuse, a besoin d'être poussé, de même, certaines vertus marchent en descendant, d'autres gravissent la côte. Est-il douteux qu'il y ait à monter, à faire effort, à lutter, pour la patience, le courage, la persévérance, et pour toute autre vertu qui est opposée aux dures circonstances, et qui soumet la fortune? Eh bien! n'est-il pas également clair que c'est en descendant, que vont la libéralité, la tempérance, la douceur? Dans celles-ci nous modérons l'âme, de peur qu'elle ne tombe, emportée sur la pente; dans celles-là, nous l'exhortons, nous l'excitons. Ainsi, en face de la pauvreté, nous emploierons les plus ardentes, celles qui, lorsqu'on les attaque, en deviennent plus courageuses; aux richesses, nous opposerons celles qui sont plus soigneuses, celles qui dans leur marche posent le pied en équilibre, et soutiennent leur poids. »

XXVI. Quum hoc ita divisum sit, malo has in usu mihi esse, quæ exercendæ tranquillius sint, quam eas, quarum experimentum sanguis et sudor est.» Ergo non ego, inquit sapiens, aliter vivo quam loquor. sed vos aliter auditis. Sonus tantummodo verborum ad aures vestras pervenit : quid significet, non quæritis. « Quid ergo inter me stultum, et te sapientem interest, si uterque habere volumus? Plurimum. » Divitiæ enim apud sapientem virum in servitute sunt, apud stultum in imperio; sapiens divitiis nihil permittit, vobis divitiæ omnia. Vos, tanquam aliquis vobis æternam possessionem earum promiserit, assuescitis illis, et cohæretis : sapiens tunc maxime paupertatem meditatur, quum in mediis divitiis constitit. Nunquam imperator ita paci credit, ut non se præparet bello, quod etiamsi non geritur, indictum est. Vos domus formosa, tanquam nec ardere nec ruere possit, insolentes vos opes, tanquam periculum omne transcederint, majoresque sint quam quibus consumendis satis virium habeat fortuna, obstupefaciunt! Otiosi divitiis luditis, nec providetis illarum periculum : sicut barbari plerumque inclusi, et ignari machinarum, segnes laborem obsidentium spectant, nec quo illa pertineant, quæ ex longinquo struuntur, intelligunt. Idem vobis evenit : marcetis in vestris rebus, nec cogitatis, quot casus undique immineant, jamque pretiosa spolia laturi. Sapienti quisquis abstulerit divi-

XXVI. Cette division une fois établie, j'aime mieux, pour mon usage, ces dernières qui doivent être pratiquées plus tranquillement, que les premières dont l'essai veut du sang et des sueurs. Ce n'est donc pas moi, dit le sage, qui vis autrement que je ne parle ; c'est vous qui entendez autrement. Le son des paroles est seul parvenu à vos oreilles ; ce qu'il signifie, vous ne le cherchez pas. « Quelle différence y a-t-il donc entre moi fou et vous sage, si l'un et l'autre nous voulons avoir les richesses ? » Il y en a une très-grande. En effet, chez le sage, les richesses sont dans la servitude ; chez le fou, elles ont le pouvoir absolu. Le sage ne donne aucun droit aux richesses, et les richesses vous les donnent tous. Vous, comme si quelqu'un vous en avait promis l'éternelle possession, vous en contractez l'habitude, et vous faites corps avec elles. Pour le sage, le moment où il s'apprête le plus à la pauvreté, c'est le moment où il vient de prendre pied au milieu des richesses. Jamais un général ne croit assez à la paix, pour ne pas se préparer à une guerre, qui, bien qu'on ne la fasse point encore, est déclarée. Vous, une maison de belle apparence, comme si elle ne pouvait ni brûler, ni s'écrouler ; vous, une opulence extraordinaire, comme si elle s'était mise au dessus de tout danger, comme si elle était trop grande pour que les coups de la fortune pussent jamais suffire à la réduire au néant, voilà ce qui vous rend tout ébahis. Sans nul souci, vous jouez avec les richesses, et vous n'en prévoyez pas le danger. Ainsi les barbares, qui le plus souvent sont bloqués et ne connaissent pas les machines, regardent avec indolence les travaux des assiégeans [43] et ne comprennent pas à quoi tendent ces ouvrages qui

tias, omnia illi sua relinquet : vivit enim præsentibus lætus, futuri securus. « Nihil magis, Socrates inquit, aut aliquis alius, cui idem jus adversus humana atque eadem potestas est, persuasi mihi, quam ne ad opiniones vestras actum vitæ meæ flecterem. Solita conferte undique verba : non conviciari vos putabo, sed vagire velut infantes miserrimos. » Hæc dicet ille, cui sapientia contigit; quem animus vitiorum immunis increpare alios, non quia odit, sed in remedium, jubet. Adjiciet his illa : « Existimatio me vestra non meo nomine, sed vestro movet; odisse et lacessere virtutem, bonæ spei ejuratio est. Nullam mihi injuriam facitis; sicut ne diis quidem hi, qui aras evertunt : sed malum propositum apparet, malumque consilium, etiam ubi nocere non potuit. Sic vestras allucinationes fero, quemadmodum Jupiter optimus maximus ineptias poetarum : quorum alius illi alas imposuit, alius cornua, alius adulterum illum induxit, et abnoctantem, alius sævum in deos, alius iniquum in homines, alius raptorum ingenuorum corruptorem, et cognatorum quidem; alius parricidam, et regni alieni paternique expugnatorem. Quibus nihil aliud actum est, quam ut pudor hominibus peccandi demeretur, si tales deos credidissent. Sed quamquam ista me nihil lædant, vestra tamen vos moneo causa : suspicite virtutem. Credite his, qui illam diu secuti, magnum quoddam ipsos, et quod in dies majus appa-

de loin les menacent. C'est la même chose qui vous arrive ; engourdis au sein de votre avoir, vous ne songez pas combien de malheurs sont prêts à fondre de tous côtés, et pour emporter de précieuses dépouilles. Quant au sage, quiconque lui aura ôté les richesses lui laissera tout ce qu'il possède en propre : car il vit satisfait du présent, tranquille sur l'avenir. « Rien, dit Socrate, ou quelqu'autre qui a le même droit contre les choses humaines, et le même pouvoir, rien dont je me sois plus fermement fait un principe, que de ne pas régler sur vos opinions la conduite de ma vie. Rassemblez de toutes parts vos propos accoutumés; je penserai, non pas que vous invectivez, mais que vous poussez des vagissemens, comme les enfans les plus misérables. » Voilà ce que dira l'homme qui a la sagesse en partage, l'homme auquel une âme exempte de vices ordonne de gourmander les autres, non par haine, mais pour apporter remède. Il ajoutera ce que voici : « Votre manière de voir me touche, non pour moi, mais pour vous : haïr et harceler la vertu, c'est abjurer tout espoir de salut. Vous ne me faites aucun tort, pas plus que n'en font aux dieux ces gens qui renversent les autels ; mais la coupable intention est manifeste, et le projet est coupable, alors même qu'il n'a pu nuire. Vos extravagantes fantaisies, je les supporte, comme le grand Jupiter souffre les sottises des poètes : l'un d'eux lui a donné des ailes, et l'autre des cornes ; tel autre, sur la scène, l'a montré adultère, et prolongeant la nuit [14]. Ils en ont fait, celui-ci, un maître terrible pour les dieux, celui-là, un juge inique pour les hommes ; cet autre, un corrupteur de jeunes gens bien nés qu'il a ravis, et même de ses parens [45] ; cet autre encore, un

reat, sequi clamant. Et ipsam ut deos et professores ejus ut antistites colite, et quoties mentio sacra litterarum intervenerit, favete linguis!» Hoc verbum non, ut plerique existimant, a favore trahitur; sed imperatur silentium, ut rite peragi possit sacrum, nulla voce mala obstrepente.

XXVII. Quod multo magis necessarium est imperari vobis, ut, quoties aliquid ex illo proferetur oraculo, intenti et compressa voce audiatis. Quum sistrum aliquis concutiens ex imperio mentitur; quum aliquis secandi lacertos suos artifex, brachia atque humeros suspensa manu cruentat; quum aliquis genibus per viam repens ululat; laurumque linteatus senex, et medio lucernam die præferens, conclamat, iratum aliquem deorum; concurritis et auditis, et divinum esse eum, invicem mutuum alentes stuporem, affirmatis. Ecce Socrates ex illo carcere, quem intrando purgavit, omnique honestiorem curia reddidit! Proclamat : « Quis iste furor ?

parricide et l'usurpateur du trône de son roi, de son père. Tout cela n'a rien produit : seulement, la pudeur qui empêche de mal faire était enlevée aux hommes, s'ils avaient cru que tels fussent les dieux. Mais, quoique vos propos ne me blessent en rien, c'est pour vous-mêmes cependant, que je vous avertis. Levez les yeux sur la vertu; croyez ceux qui, après l'avoir suivie long-temps, déclarent à haute voix, qu'ils suivent quelque chose qui, de jour en jour, paraît plus grand encore. Rendez honneur, à elle, comme aux dieux, à ceux qui la professent, comme aux ministres d'un culte; et chaque fois qu'il sera fait mention solennelle des livres sacrés : « Soyez attentifs. » Cette formule ne signifie pas, comme la plupart des gens le pensent, que l'on réclame la faveur; mais on commande le silence, afin que la cérémonie religieuse puisse être achevée régulièrement, sans que le bruit d'aucune mauvaise parole vienne l'interrompre [46].

XXVII. Il est encore bien plus nécessaire de vous le commander, à vous, afin que chaque fois qu'on prononcera quelque parole venant de cet oracle, vous écoutiez attentivement, et sans dire un mot. Lorsqu'un de ces hommes qui agitent le cistre [47] ment par ordre supérieur, lorsqu'un de ceux qui ont l'art de se faire des entailles dans les muscles, ensanglante ses bras et ses épaules, d'une main qui n'appuie guère [48], lorsqu'un autre, se traînant sur les genoux à travers la voie publique, pousse des hurlemens, et lorsqu'un vieillard en robe de lin, portant devant lui une branche de laurier, avec une lanterne en plein midi [49], vient crier à tue-tête, que quelqu'un des dieux est irrité, vous accourez en foule, vous écoutez, et nourrissant, avec un zèle réciproque,

quæ ista inimica diis hominibusque natura est? infamare virtutes, et malignis sermonibus sancta violare? Si potestis, bonos laudate : si minus, transite. Quod si vobis exercere tetram istam licentiam placet, alter in alterum incursitate ; nam quum in cœlum insanitis, non dico sacrilegium facitis, sed operam perditis. Præbui ego aliquando Aristophani materiam jocorum : tota illa mimicorum poetarum manus in me venenatos sales suos effudit. Illustrata est virtus mea, per ea ipsa, per quæ petebatur; produci enim illi et tentari expedit; nec ulli magis intelligunt quanta sit, quam qui vires ejus lacessendo senserunt. Duritia silicis nulli magis, quam ferientibus, nota est. Præbeo me non aliter, quam rupes aliqua in vadoso mari destituta, quam fluctus non desinunt, undecunque moti sunt, verberare : nec ideo aut loco eam movent, aut per tot ætates crebro incursu suo consumunt. Assilite, facite impetum : ferendo vos vincam. In ea, quæ firma et insuperabilia sunt, quidquid incurrit, malo suo vim suam exercet. Proinde quærite aliquam mollem cedentemque materiam, in quam tela vestra figantur. Vobis autem vacat aliena scrutari mala, et sententias ferre de quoquam? Quare hic philosophus laxius habitat, quare hic lautius cœnat? Papulas observatis alienas, ipsi obsiti plurimis ulceribus. Hoc tale est, quale si quis pulcherrimum corporum nævos aut verrucas derideat, quem fœda scabies de-

le stupide étonnement dont vous faites échange, vous affirmez que c'est un être divin. Voici que Socrate vous apparaît, du fond de cette prison qu'en y entrant il purifia, et qu'il rendit plus honnête que pas un sénat. Il vous crie d'une voix forte : « Quelle est cette frénésie ? quelle est cette nature ennemie des dieux et des hommes ? Eh quoi ! diffamer les vertus ! et par de méchans discours violer les choses saintes ! Si vous le pouvez, louez les gens de bien ; sinon, passez votre chemin. Que s'il vous plaît de donner carrière à cette infâme licence, ruez-vous les uns sur les autres : car, lorsque c'est contre le ciel, que se déchaînent vos fureurs, je dis, non pas que vous commettez un sacrilège, mais que vous perdez votre peine. Moi, je fus jadis, pour Aristophane, un sujet de raillerie : toute cette poignée de poètes burlesques [50] répandit sur moi ses sarcasmes empoisonnés [51]. Ma vertu fut illustrée par les moyens même, que l'on employait pour l'assaillir : c'est que le grand jour et les épreuves lui conviennent ; nul ne comprend mieux combien elle est grande, que ceux qui ont senti ses forces en la provoquant. La dureté du caillou n'est mieux connue de personne, que de ceux qui le frappent. Je me présente comme un rocher, qui dans une mer semée d'écueils est laissé à découvert : les flots, de quelque côté qu'ils soient mis en mouvement, ne cessent de le battre ; mais cela ne fait pas qu'ils le déplacent, ou que par leurs attaques répétées pendant tant de siècles ils le détruisent. Donnez l'assaut, hâtez le choc : en vous supportant, je serai vainqueur. Contre les choses qui sont fermes et insurmontables, tout ce qui vient s'y attaquer n'emploie sa force, qu'à son détriment. Ainsi donc, cherchez quelque

pascitur. Objicite Platoni quod petierit pecuniam; Aristoteli quod acceperit; Democrito, quod neglexerit; Epicuro, quod consumserit; mihi ipsi Alcibiadem et Phædrum objectate. O vos usu maxime felices, quum primum vobis imitari vitia nostra contigerit! Quin potius mala vestra circumspicitis, quæ vos ab omni parte confodiunt, alia grassantia extrinsecus, alia in visceribus ipsis ardentia? Non eo loco res humanæ sunt, etiamsi statum vestrum parum nostis, ut vobis tantum otii supersit, ut in probra meliorum agitare linguam vacet.

XXVIII. « Hoc vos non intelligitis, et alienum fortunæ vestræ vultum geritis : sicut plurimi quibus in circo aut in theatro desidentibus, jam funesta domus est, nec annuntiatum malum. At ego ex alto prospiciens, video quæ tempestates aut immineant vobis, paulo tardius rupturæ nimbum suum, aut jam vicinæ vos ac vestra rapturæ, propius accesserint. Quid porro? nonne

matière molle et de nature à céder, dans laquelle vos traits puissent insérer leur pointe. Mais, avez-vous bien le temps de fouiller dans les misères d'autrui, et de porter des jugemens sur qui que ce soit? Pourquoi ce philosophe est-il logé au large? pourquoi soupe-t-il magnifiquement? Vous remarquez des rougeurs sur la peau des autres[52], étant vous-mêmes tout couverts d'ulcères. C'est comme si quelqu'un plaisantait sur les taches et les verrues des corps les plus beaux, tandis qu'une hideuse lèpre le dévore. Reprochez à Platon d'avoir recherché l'argent, à Aristote d'en avoir reçu[53], à Démocrite d'en avoir fait peu de cas, à Épicure de l'avoir dissipé; à moi-même, reprochez-moi sans cesse Alcibiade et Phèdre. O vous, en vérité, vous serez au comble du bonheur, dès qu'il vous aura été donné d'imiter nos vices! Que ne jetez-vous plutôt les yeux autour de vous, sur vos propres maux, qui de tous côtés vous transpercent, les uns en faisant des progrès par dehors, les autres en se déchaînant dans vos entrailles mêmes qu'ils embrasent? Non, les choses humaines, bien que vous connaissiez peu votre situation, n'en sont pas à ce point, qu'il vous reste tant de loisir, et que pour blâmer les torts de gens meilleurs que vous, vous ayez le temps d'agiter votre langue.

XXVIII. « Voilà ce que vous ne comprenez pas, et vous affectez des airs qui ne vont pas avec votre fortune. Ainsi voit-on beaucoup de gens s'arrêter nonchalamment dans le cirque, ou bien au théâtre, lorsque déjà leur maison est en deuil, sans qu'ils aient reçu la nouvelle du malheur. Pour moi, qui d'en haut porte mes regards au loin, je vois quels orages, suspendus sur vos têtes, doivent un peu plus tard crever la nuée

nunc quoque (etiamsi parum sentitis) turbo quidam animos vestros rotat, et involvit, fugientes petentesque eadem, et nunc in sublime allevatos, nunc in infima allisos rapit? » ***

(Desunt quædam.)

qui les recèle ; quels orages, déjà voisins, et réunis pour vous emporter vous et votre avoir, approchent plus près encore. Et quoi, d'ailleurs ? n'est-ce pas dès à présent, quoique vous le sentiez peu, un tourbillon, qui fait pirouetter vos âmes, et qui les enveloppe, occupées qu'elles sont à fuir et à rechercher les mêmes choses ; un tourbillon, qui tantôt les élevant sur de hautes cimes, tantôt les brisant sur de bas écueils, les emporte avec rapidité ? ». . . . . . .

(Lacune 54.)

NOTES

DE LA VIE HEUREUSE[*].

I. 1. *Mon frère Gallion.* M. Annæus Novatus, frère ainé de Sénèque, prit plus tard le nom de Junius Gallion, ayant été adopté par un célèbre avocat de ce nom. Novatus fut proconsul d'Achaïe; il était revêtu de la dignité de sénateur. Il fut accusé d'avoir trempé dans la conjuration de Pison contre Néron; mais le sénat imposa silence à Salienus Clemens, son accusateur. C'est à lui que Sénèque a également dédié son traité *de la Colère.*

2. *Autour de l'assemblée.* La même idée se trouve développée par Cicéron dans son discours *pro Murena* (cap. XVII).

II. 3. *La preuve du pire, c'est la foule.* Cet axiome de Sénèque a été celui de tous les philosophes. La Fontaine l'a heureusement mis en action dans la fable intitulée *Démocrite et les Abdéritains,* où il démontre que bien souvent *le peuple est juge irécusable.*

4. *Et les personnages couronnés.* Juste-Lipse voulait ici, au lieu de *coronatos,* lire *coloratos;* mais quelqu'érudition qu'il ait déployée pour justifier sa conjecture, il vaut mieux s'en tenir au sens tout simple et très-satisfaisant que présente le mot français *couronné* mis sur le mot latin *coronatos. Chlamydati* veut dire les étrangers, les esclaves qui, n'étant pas citoyens, portaient la *chlamyde* et n'avaient pas le droit de revêtir la *toge.*

III. 5. *A tel ou tel prince des stoïciens.* Sénèque dit ailleurs : « Je ne m'asservis à personne ; je ne porte l'attache d'aucun maître, et je respecte les opinions des grands hommes, sans renoncer aux miennes. » (*Lettre* XLV.)

6. *Qu'il divise.* C'est ce que, dans nos assemblées délibérantes, nous appelons *la division,* c'est-à-dire la séparation des divers points d'une question mise en délibération. Sénèque d'ailleurs,

[*] Ces notes sont de M. Du Rozoir, éditeur.

dans sa *Lettre* xxv, explique lui-même cette allusion d'une manière très-claire. « Si quelqu'un dans le sénat, dit-il, ouvre un avis dont une partie me convienne, je l'invite à la détacher du reste, et j'y donne mon adhésion. » Un passage du discours *pro Milone* (cap. vi) de Cicéron a trait à cet usage : Divisa *sententia est, postulante nescio quo.*

7. *Ce que je pense de plus.* Cicéron, en sa xiiie *Philippique* (ch. xxi), nous indique encore cette formule usitée dans les délibérations : *Quæ quum ita sint de mandatis litterisque M. Lepidi, viri clarissimi,* Servilio assentior, et hoc amplius censeo, *magnum Pompeium, etc.* Sénèque emploie une seconde fois cette tournure dans ses *Questions naturelles* (liv. iii, ch. 15). *Voyez* aussi sa *Lettre* xxi.

8. *Qui s'accorde avec sa nature.* Cicéron développe le même principe dans son traité *De Finibus bon. et mal.* (lib. ii, cap. xi). Un axiôme de Chrysippe consistait à dire : Τὸ τέλος εἶναι ἀκολούθως τῇ φύσει ζῆν.

9. *Sans être ébloui d'aucune....* Sénèque a dit encore : « *Beatum esse cui omne bonum in animo est, erectum, excelsum, mirabilia calcantem.* » (Epist. xlv.)

10. *Une continuelle tranquillité.* — « *Quid est beata vita? Securitas et perpetua tranquillitas.* » (Epist. xcii.)

11. *Provient de faiblesse.* Sénèque exprime la même idée dans le traité *de la Colère* (liv. i, ch. 16).

VII. 12. *La présence de l'édile.* Les édiles avaient dans leurs attributions la police de Rome : les cabarets, les maisons de jeu et de prostitution étaient sous leur surveillance.

VIII. 13. *A l'une et à l'autre fortune.* Ici Sénèque a imité Virgile (*Enéid.*, liv. ii, v. 61).

XI. 14. *Nomentanus*, fameux débauché dont Horace parle dans ses Satires (liv. i, sat. 8, v. 11) : *Nomentanoque nepoti.* Il s'appelait L. Cassius Nomentanus. — *Et Apicius.* Il y a eu plusieurs gourmands célèbres de ce nom : celui dont il est question ici, contemporain de Nomentanus, vivait sous Auguste. Pline le Naturaliste en parle (liv. IX, ch. 17 et liv. x, ch. 48); Sénèque, qui revient encore sur Apicius, dans *la Consolation à Helvia* (ch. x).

XIII. 15. *Un tambourin*. Les Galles, ou prêtres de Cybèle, étaient très-décriés pour leurs infâmes débauches; ils formaient, au son de petits tambours qu'ils frappaient en cadence, des danses molles et efféminées. Plaute appelle *tympanotribam* un homme amolli par l'oisiveté et par les plaisirs.

> Mœchum malacum, cincinnatum, umbraticolam TYMPANOTRIBAM
> Amas?.....
> (*Truculent.*, act. II, scen. VII, vers. 49 et 50.)

Dans le *Pœnulus*, le soldat Anthemonides répond au neveu d'Hannon :

> Cur non adhibuisti, dum histæc loquereris, TYMPANUM?
> Nam te cinædum esse arbitror magis quam virum.
> (*Pœnul.*, act. V, scen. V, vers. 38 et 39.)

(Note de LA GRANGE.)

XIV. 16. *La mer des Syrtes*. Les *Syrtes*, deux golfes situés dans la partie septentrionale de l'Afrique, entre Cyrène et Carthage. Salluste en fait une belle description dans la *Guerre de Jugurtha* (ch. LXXVIII). La *grande Syrte* (aujourd'hui *golfe de Sidra*) était la plus voisine de Cyrène; la *petite Syrte* (aujourd'hui *golfe de Cabès*) était près de Carthage.

17. *Ont fini par les prendre.* Un poète latin a dit :

...... Captaque Græcia cepit.

18. *Les vastes forêts*. Les expressions en italique dans le texte latin sont empruntées à Virgile (*Géorg.*, liv. I, v. 139 et 140).

XV. 19. *Le général pour lequel il succombera.* On connaît cette formule héroïque des gladiateurs : *Ave, Cæsar, morituri te salutant.* A ce propos, M. Bouillet, dans son édition de Sénèque, cite, d'après l'*Histoire de la grande armée* de M Ph. de Ségur, ces soldats de Napoléon qui, en se noyant dans la Vilia, élevaient leurs têtes au dessus des eaux et criaient *Vive l'empereur!*

20. *Suis Dieu*. Boëce donne ce précepte à Pythagore; mais Plutarque et Cicéron l'attribuent à l'un des sept sages. (*Voyez*

Boece, *De consolat. Philos.*, lib. i; et Cicer., *De Finibus bonorum et malorum*, lib. iii, cap. 22.)

XVI. 21. *De représenter dieu.* Sénèque, dans le chap. viii *de la Constance du sage*, exprime encore ces sentimens d'un vrai stoïcien.

XVII. 22. *Un mobilier plus brillant.* Allusion aux accusations de Suilius contre Sénèque (*Voyez* Tacite, *Annales*, liv. xiii, ch. 42; liv. xiv, ch. 53; Dion Cassius, liv. lxi, ch. 12), où se trouvent répétées toutes les imputations qu'ici Sénèque atteste avoir été portées contre lui.

23. *A ne donner que de l'ombre.* Tels que les lauriers, les platanes, les cyprès. Comment ne pas s'étonner, dit à ce sujet Pline, que l'on fasse venir des climats éloignés, et, pour ainsi dire, d'un autre monde, des arbres, dont toute l'utilité se borne à nous prêter leur ombre : *quis non jure miretur arborem umbræ gratia tantum ex alieno petitam orbe? platanus hæc est*, etc. (Plin., *Hist. Nat.*, lib. xii, cap. 1.)   La Grange.

24. *Tes jeunes esclaves.* Il y a dans le texte *pædagogium*, c'est-à-dire, la partie de la maison où les jeunes esclaves recevaient leur éducation. (*Voyez* le traité de *la Tranquillité de l'âme*. ch. 1.)

25. *Meilleur que les méchans.*—*Optimus malorum*, dit Martial, lib. xii, epigr. 12.
..... Optimus ille
Qui minimis urgetur *(vitiis)*.
(Horat., lib. i, sat. iii, v. 68.)

XVIII. 26. *Et tu vis d'une autre.* Il est évident que dans tout ce chapitre Sénèque cherche à prévenir les objections qu'il avait à redouter pour lui-même. « On entrevoit, dit le sénateur Vernier, que notre philosophe cherche, sinon à justifier, du moins à pallier ses propres faiblesses; mais il est toujours vrai de dire que ses conseils sont sages, qu'ils doivent être suivis. Cependant, on ne peut dissimuler qu'ils ont toujours plus de force quand celui qui les donne les confirme par son exemple. »

27. *Ni Rutilius.* P. Rutilius Rufus, un des citoyens les plus vertueux de Rome, fut condamné par les chevaliers romains, alors en possession de la judicature, parce qu'étant questeur il avait protégé

les habitans de l'Asie contre les vexations des publicains de Rome, qui, comme on sait, appartenaient à l'ordre des chevaliers. Il se fixa dans Smyrne et ne voulut pas revenir à Rome, bien que Sylla eût prononcé son rappel. Salluste et Cicéron parlent souvent avec éloge de Rutilius. (*Voyez* encore Sénèque, *Consolation à Marcia*, ch. XXII.)

28. *Demetrius le Cynique.* Philosophe contemporain de Sénèque; aussi, dans le traité *de la Providence*, notre auteur dit-il *noster*, en parlant de lui (ch. III).

XIX. 29. *Diodore, philosophe épicurien.* Sénèque est le seul auteur qui en fasse ici mention.

30. *Je l'ai achevée.* Vers que prononce Didon avant de se donner la mort. (VIRGIL., *Æneid.*, lib. IV, v. 653.)

XX. 31. *Ni à sa retraite.* Cette belle pensée de Sénèque rappelle ce passage d'Horace:

> Laudo manentem (*fortunam*): si celeres quatit
> Pennas, resigno quæ dedit, et mea
> Virtute me involvo....

32. *Doux et facile pour mes ennemis.* Sénèque, dans le traité *De otio sapientis*, dit encore plus: *Opem ferre etiam inimicis miti manu*; précepte vraiment digne du christianisme.

33. *Ma patrie, c'est le monde.* Comparez ce passage avec celui de Cicéron: *De Finibus bon. et malor.*, lib. III, cap. 19.

XXI. 34. *Un grand essor.* Les expressions dont se sert ici Sénèque sont empruntées à Ovide (*Métam.*, liv. II, vers 328).

35. *Que vous ne les imprimerez.* Ceci rappelle la fable du *Serpent et la Lime*, que La Fontaine a imitée d'Ésope:

> Croyez-vous que vos dents impriment leurs outrages
>   Sur tant de beaux ouvrages?
> Ils sont pour vous d'airain, d'acier, de diamant.

36. *M. Caton.* Caton d'Utique, comme la suite le fait voir.

37. *Quelques petites lames d'argent.* Allusion au trait du censeur Fabricius, qui expulsa du sénat Cornelius Rufinus, qui avait été deux fois consul, parce qu'il possédait dix livres de vaisselle d'argent. Ce Cornelius Rufinus fut un des aïeux du dictateur Sylla.

38. *Quarante millions de sesterces*, environ 8,151,664 francs.

XXIV. 39. *Que lorsque je donne.* Dans le traité *des Bienfaits*, liv. VI, ch. 3, Sénèque reproduit les mêmes pensées lorsqu'il rapporte qu'Antoine disait : « J'ai tout ce que j'ai donné. » Et Martial :

> Extra fortunam, est quidquid donatur amicis :
> Quas dederis, solas semper habebis opes.
> (*Epigram.*, lib. V, 42.)

40. *Selon les formes juridiques.* Il y avait chez les Romains deux sortes de liberté : l'une, appelée *libertas justa*, et l'autre *libertas injusta* ou *minus justa*. Ceux à qui on accordait la première étaient pleinement et absolument libres, et ne pouvaient plus redevenir esclaves. Ceux, au contraire, qui n'étaient libres que de la seconde espèce de liberté, pouvaient être soumis de nouveau au joug de la servitude. « Nos pères, dit Tacite, inventèrent deux manières d'affranchir, afin de laisser au patron le pouvoir de reprendre son bienfait, ou d'y en ajouter un nouveau. Quiconque n'a point été déclaré libre avec les formalités requises, reste comme engagé dans les liens de l'esclavage. » (*Annal.*, liv. XIII, ch. 27.)

On obtenait la liberté absolue (*libertatem justam*) de trois manières différentes : *censu* (par l'inscription de l'esclave sur le rôle des censeurs), *vindicta* (par l'apposition de la baguette du licteur sur la tête de l'esclave, en présence du préteur, à qui le maître déclarait : *je veux que cet homme soit libre*), *testamento* (par testament).

Il y avait encore deux autres espèces d'affranchis : *liberti latini et dedititii*. Les premiers se faisaient de même de trois manières, par lettres, au milieu de plusieurs amis, ou dans un festin (*per epistolam, per mensam, inter amicos*). Les lettres qui accordaient l'affranchissement devaient être souscrites et signées de cinq personnes.

L'affranchissement qu'on donnait au milieu de plusieurs amis (*inter amicos*) se faisait de la manière suivante : le maître disait en présence de ses amis que son esclave était libre. C'est de cette espèce d'affranchissement dont Sénèque parle dans le passage qui fait le sujet de cette note, et on en trouve encore un exemple dans les lettres de Pline le Jeune. « Si vous avez envie, dit-il à Fabatus, d'affranchir avec les cérémonies ordinaires les esclaves à qui ces jours passés vous avez déjà, en présence de vos amis, donné la liberté, » etc. *Si voles vindicta liberare quos proxime inter amicos manumisisti* (lib. VII, epist. 16). La cérémonie de cet affranchissement devait se faire de même en présence de cinq témoins.

L'affranchissement appelé *manumissio per mensam, sive convivii adhibitione*, était à peu près aussi simple. Le maître admettait à sa table son esclave, et déclarait qu'il le faisait ainsi boire et manger avec lui pour lui donner la liberté : *Cum libertatis dandæ gratia servum convivio adhibebant.*   La Grange.

XXV. 41. *Au pont Sublicius.* Pont qu'Ancus Martius avait fait construire sur le Tibre pour établir une communication entre Rome et le mont Janicule. Denys d'Halicarnasse nous apprend qu'il n'entra que du bois dans sa construction, sans aucun emploi de cuivre ni de fer. Le soin de le réparer était confié aux pontifes.

42. *Sur la bourre qui, des matelas du cirque....* —Tomentum circense est un matelas fait avec le duvet des roseaux (*arundinis panniculus*), ou, comme nous dirions aujourd'hui, un matelas de bourre. C'était le lit ordinaire du peuple et des pauvres, comme on le voit par ce passage d'un ancien jurisconsulte (lib. III, *de legatis*). *Tomentum cognominabatur circense ex arundinibus concisis factum, idque stramentum habebatur plebeiorum.*

A l'égard de l'épithète *circense*, Turnèbe pense qu'on appelait ainsi ces matelas, parce qu'autrefois, dans les jeux du cirque, les pauvres avaient coutume de se coucher dessus. (*Adversar.*, lib. IX, cap. 24.)   La Grange.

XXVI. 43. *Les travaux des assiégeans.* César rapporte dans ses *Commentaires* que les Nerviens restaient tranquilles spectateurs et se moquaient même des travaux qu'il fit exécuter pour construire les machines destinées à battre les murailles de leur ville; mais dès que ces terribles engins furent dressés et qu'il les mit en jeu, ils furent tellement effrayés, qu'ils lui députèrent sur-le-champ des ambassadeurs pour lui demander la paix. (*De Bell. Gallic.*, lib. II, cap. 30.)

44. *Et prolongeant la nuit.* Sénèque aime à revenir sur cette pensée dans ses ouvrages. (Voy. *de la Brièveté de la vie*, ch. XVI et

note 73; *de la Constance du sage*, ch. vi; *des Bienfaits*, liv. vii, ch. 7.) — *L'un d'eux lui a donné des ailes*: allusion au cygne de Léda; — *l'autre des cornes*...... au taureau qui enleva Europe; — *tel autre sur la scène l'a montré adultère et prolongeant la nuit*: allusion à l'*Amphytrion* de Plaute, si heureusement reproduit par Molière.

45. *Et même de ses parens.* Ganymède, fils de Tros, et descendant de Dardanus, qui était du sang de Jupiter.

46. *D'aucune mauvaise parole.* Des commentateurs ont prétendu que toute cette dernière phrase était une glose ajoutée par une main inconnue. Juste-Lipse réfute cette assertion; et d'ailleurs il suffit de lire le chapitre pour s'apercevoir que le sens ne serait pas complet si l'auteur s'était arrêté à ces mots, *favete linguis*.

XXVII. 47. *Le sistre.* Cet instrument était d'airain, d'argent ou d'or, et rendait un son aigu; les prêtres d'Isis l'agitaient bruyamment dans la célébration des mystères de cette déesse. (*Voyez* Apulée, *Métam.*, liv. xi; Martial, liv. xii, épigr. 29.)

48. *D'une main qui n'appuie guère.* Ces jongleurs avaient grand soin d'éviter de se faire mal. On en voit la preuve dans ce passage de Lampride, où l'empereur Commode, qui se plaisait à voir couler le sang, ordonna aux prêtres de Bellone de se déchiqueter réellement les bras: Vere *exsecare brachium.* (*Vie de Commode*, ch. ix.)

49. *Avec une lumière en plein midi.* Juste-Lipse croit que les prêtres égyptiens dont Sénèque veut parler ici, espéraient, par cet appareil imposant, se rendre plus augustes et plus respectables aux yeux du peuple ignorant et superstitieux: *Sed et sacrificuli ac vates præferebant lucernam ac laurum: credo, ut augustiores se facerent ornatu illo festo et quasi sacro.* (*Elector.*, lib. i, cap 3.) Il y avait de même chez les Grecs des prêtres porte-feu (*igniferi*) dont la fonction consistait à allumer du feu sur les autels. Ces prêtres étaient respectés des vainqueurs même. (*Voyez* Suidas, *voce* Πυρφόρος, tom. iii, pag. 247, édit. Kuster. *Cantabrig.* 1705.)

La Grange.

50. *Poètes burlesques.* Des éditeurs ont préféré *comicorum*, d'au-

tres *inimicorum :* le terme de dédain *mimicorum* convient beaucoup mieux.

51. *Ses sarcasmes empoisonnés.*

> ..... Sed in vitium libertas excidit et vim
> Dignam lege regi : lex est accepta, chorusque
> Turpiter obticuit, sublato jure nocendi.
> (Horat., *Ars poet.*, v. 282.)

> Aux accès insolens d'une bouffonne joie,
> La sagesse, l'honneur, l'esprit furent en proie.
> (Boileau, *Art poét.*, liv. iii.)

52. *Des rougeurs sur la peau des autres.* Cette pensée se retrouve dans Horace, et rappelle une parabole de l'Évangile.

53. *A Aristote d'en avoir reçu.* Sur ce passage se sont fondés les critiques qui ont prétendu que Sénèque parle ici lui-même et non pas Socrate; mais tout ce qui précède et tout ce qui suit prouve que c'est Socrate. En effet, quel autre que Socrate pourrait dire : *mihi ipsi Alcibiadem et Phædrum objectate?* Il est vrai que dans l'édition *princeps* on trouve à la place ces mots inintelligibles : *mihi ipsi alibi, et se et pedium objectate.* Ceux qui sont curieux de ces sortes de discussions, peuvent lire les remarques de Juste-Lipse à ce sujet : quant à nous, d'après notre version, nous trouvons que Sénèque a mis dans la bouche de Socrate un anachronisme au sujet d'Aristote; mais la faute est bien excusable, et n'empêche pas que tout ce discours ne soit brillant de dialectique, de force et d'esprit.

XXVIII. 54. *Lacune.* Juste-Lipse prétend que cette lacune est considérable. La Grange ne croit pas le mal aussi grand que le suppose ce docte commentateur, et que peut-être même la liaison avec le traité suivant (*De Otio sapientis*) ne dépend que d'une seule phrase. (*Voyez* ci-après, la note 17 de ce dernier traité.)

DU
REPOS DU SAGE

TRADUCTION NOUVELLE

PAR M. HÉRON DE VILLEFOSSE

INSPECTEUR DIVISIONNAIRE DES MINES, MEMBRE DE L'ACADÉMIE DES SCIENCES

PUBLIÉE ET ANNOTÉE

PAR M. CH. DU ROZOIR.

ARGUMENT.

Le traité du *Repos ou de la Retraite du sage* forme-t-il un ouvrage séparé dont les vingt-sept premiers chapitres ont été perdus ? Doit-il, à cause de la conformité du titre, être placé à la suite du traité de *la Constance du sage ?* Cette opinion est soutenue par des autorités dont le poids égale le nombre : ce ne sont rien moins que les Muret, les Juste-Lipse, les Fabricius, les Ernesti ; puis, après eux, Ruhkopf et M. Bouillet, jeune et savant éditeur de Sénèque, qui fait partie de la collection des *Classiques Latins* de M. Lemaire. Toutefois, je l'avoue ici franchement, après avoir pesé les argumens, leur opinion me paraît peut-être moins probable que l'avis de ceux qui regardent *le Repos du sage* comme un complément de *la Vie heureuse*. Si pour l'opinion contraire se trouve la conformité du titre, on peut alléguer, à l'appui de l'autre, l'exact rapport des chiffres de chapitres ; mais je suis loin de prétendre que cette raison soit bien concluante. Seulement, sans entrer dans une discussion qui ne conduirait qu'à des doutes, et dont la solution me semble indifférente[1], j'ai cru devoir suivre l'ordre des plus anciennes éditions de Sénèque. Il a été adopté par tous les traducteurs depuis Chalvet jusqu'à La Grange ; et Diderot n'hésite pas à dire : « On ne peut guère douter que ce petit « traité ne soit la continuation de celui qui précède » (le traité de *la Vie heureuse*). Enfin, si quelque chose pouvait me donner confiance en l'opinion à laquelle je me suis arrêté, c'est qu'elle se trouve d'accord avec le sentiment du docte académicien qui s'est chargé de traduire les traités de *la Vie heureuse* et du *Repos du sage*.

Dans ce dernier livre, Sénèque débute par cet axiôme : « Les « cirques, par un grand assentiment, nous recommandent les

[1] *Voyez* à la fin des notes sur ce traité une remarque curieuse à ce sujet tirée de La Grange.

« vices. Quand même nous ne voudrions qu'essayer d'un préserva-
« tif, la retraite nous assurera par elle-même un profit : isolés nous
« serons meilleurs. » Le repos, qui nous rend à nous-mêmes en
nous séparant de la foule qui dérange notre vie, restitue à notre
marche son égalité. Mais c'est là, objectera-t-on, prêcher dans l'é-
cole de Zénon la doctrine d'Épicure (ch. xxviii). Pour prouver qu'il
ne s'écarte pas de la morale des stoïciens, l'auteur divise sa thèse en
deux points : 1° On peut, dès l'âge le plus tendre, se livrer tout
entier à la contemplation, se faire un plan de retraite, et s'exercer en secret à la vertu; 2° on est encore plus en droit de le faire
lorsque, parvenu à la vieillesse, on a payé sa dette à l'état (xxix).
Les deux sectes de Zénon et d'Épicure mènent l'une et l'autre au
repos, mais par des routes différentes. Épicure dit que *le sage
n'approchera point des affaires publiques, à moins d'y être
obligé;* et Zénon, qu'*il y prendra part, à moins que d'en être
empêché.* Le repos est le but principal chez le premier; il n'est
qu'une conséquence chez le second. Mais l'énumération des obstacles est fort étendue : c'est d'abord la corruption de l'état, dont
l'administration est livrée aux méchans, puis, de la part du sage,
le défaut d'autorité, de force, de santé, etc. Pourquoi irait-il s'em-
barquer sur un navire fracassé (xxx)? Il existe deux sortes de républiques; l'une, immense, et c'est le monde; l'autre où le hasard
nous a jetés : ce sera la république de Carthage ou celle d'Athènes.
Le sage peut se borner à servir la grande république, et peut-
être n'est-ce que dans la retraite qu'il peut la servir utilement.
Toutefois, la nature nous a également formés pour la contemplation et pour la vie active (xxxi). L'homme est né pour la contemplation : la passion qu'il a d'apprendre ce qu'il ignore en est
la preuve : cette passion est écrite dans la forme que la nature a
imprimée à l'homme, en lui donnant une tête élevée, et qui se
meut facilement sur un cou flexible. Je vis donc suivant la nature si
je me consacre entièrement à la contemplation. Mais il faut qu'elle
ait un but utile; il faut que le sage dans la retraite se rende utile
à l'humanité par les résultats de ses méditations solitaires. A ce
titre, Cléanthe, Zénon et Chrysippe n'ont-ils pas rendu plus de
services que s'ils avaient commandé des armées et administré
l'état. Ici Sénèque, s'exhortant « à l'examen des choses sans par-
« tialité, sans cette haine implacable que sa secte a vouée à toutes

« les autres, » distingue trois genres de vie, vie active, vie contemplative, vie voluptueuse; et, avec sa subtilité habituelle, il essaie de prouver que tous trois participent réciproquement l'une de l'autre : de même qu'on ne contemple point sans se livrer à une action, de même l'action est dirigée par la contemplation : enfin la volupté, qui n'est jamais sans but, admet aussi action et contemplation. Notre philosophe en conclut que la contemplation est admise dans tous les systèmes : elle est le but de plusieurs : pour nous elle est une station et non pas un port. Au surplus, qu'importe par quels motifs le sage embrasse la retraite, si c'est lui qui manque à l'état ou si c'est l'état qui lui manque? Passant alors en revue tous les gouvernemens, Sénèque n'en trouve pas un seul auquel le sage puisse convenir, et qui puisse convenir au sage (XXXII).

Tout ce que ce traité peut présenter de paradoxal en faveur de l'abus d'une vie contemplative, se trouve corrigé par Sénèque lui-même dans le traité *de la Tranquillité de l'âme* (III); et l'on peut le voir, dans ses lettres, dire de lui-même qu'il dédaignerait d'étudier et d'apprendre s'il devait conserver pour lui seul tout ce qu'il aurait appris, et s'il ne pouvait communiquer sa science aux autres. Laissons donc ce qu'il peut y avoir d'un peu trop subtil dans les chapitres que nous possédons sur le *Repos du sage*, et méditons avec fruit les incontestables vérités qui s'y trouvent.

Ce traité a été traduit par Chalvet, les Fargues, La Grange; en partie par La Beaumelle : Diderot et le sénateur Vernier en ont fait l'un et l'autre une analyse intéressante.

C. D.

DE OTIO

AUT

SECESSU SAPIENTIS.

XXVIII..... Circi nobis magno consensu vitia commendant. Licet nihil aliud quam quod sit salutare tentemus, proderit tamen per se ipsum secedere; meliores erimus singuli. Quid, quod secedere ad optimos viros, et aliquod exemplum eligere, ad quod vitam dirigamus, licet? quod nisi in otio non fit. Tunc potest obtinere quod semel placuit, ubi nemo intervenit, qui judicium adhuc imbecillum, populo adjutore, detorqueat: tunc potest vita aequali et uno tenore procedere, quam propositis diversissimis scindimus. Nam inter cetera mala illud pessimum est, quod vitia ipsa mutamus; sic ne hoc quidem nobis contingit, permanere in malo jam familiari. Aliud ex alio placet: vexatque nos hoc quoque, quod judicia nostra non tantum prava, sed etiam levia sunt. Fluctuamus, aliudque ex alio comprehendimus: petita relinquimus, relicta repetimus: alternae inter

DU REPOS

OU

DE LA RETRAITE DU SAGE.

XXVIII.... Les cirques par un grand assentiment nous recommandent les vices[1]. Quand même nous ne voudrions qu'essayer d'un préservatif, la retraite nous assurera par elle-même un profit; isolés, nous serons meilleurs. Dira-t-on qu'il est permis de se retirer auprès des hommes les plus vertueux, et de choisir un modèle, sur lequel on règle sa vie? Cela ne se fait, qu'au sein du repos. Alors, on peut obtenir ce qu'on a une fois trouvé bon, du moment qu'il n'intervient personne, qui influant sur le jugement encore faible, avec l'assistance de la multitude, le détourne de son but; alors, peut s'avancer d'un pas égal et soutenu cette vie, que par les projets les plus divergens nous coupons en morceaux. Certes, de tous nos maux le plus grand, c'est que nous changeons, même de vices; de cette manière, nous n'avons seulement pas l'avantage de persister dans un mal déjà familier. Un mal vient après l'autre nous séduire, et pour surcroît de torture, nos jugemens sont tout à la fois dépravés et

cupiditatem nostram et pœnitentiam vices sunt. Pendemus enim toti ex alienis judiciis, et id optimum nobis videtur, quod petitores laudatoresque multos habet, non id, quod laudandum petendumque est. Nec viam bonam ac malam per se æstimamus, sed turba vestigiorum, in quibus nulla sunt redeuntium.

Dices mihi : « Quid agis Seneca ? deseris partes. Certe Stoici vestri dicunt : Usque ad ultimum vitæ finem in actu erimus, non desinemus communi bono operam dare, adjuvare singulos, opem ferre etiam inimicis miti manu. Non sumus, qui nullis annis vacationem damus, et, quod ait ille vir disertissimus :

« Canitiem galea premimus. »

Nos sumus, apud quos usque eo nihil ante mortem otiosum est, ut, si res patitur, non sit ipsa mors otiosa. Quid nobis Epicuri præcepta in ipsis Zenonis principiis loqueris? Quin tu bene naviter, si partium piget, transfugis potius, quam prodis ! » Hoc tibi in præsentia respondebo : Numquid vis amplius, quam ut me similem ducibus meis præstem? Quid ergo est? non quo miserint me illi, sed quo duxerint, ibo.

capricieux. Jouets des flots, nous embrassons les objets, en les saisissant l'un après l'autre : ce que nous avons cherché, nous l'abandonnons; ce que nous avons abandonné, nous le cherchons de nouveau : chez nous, se succèdent alternativement les désirs et le repentir. Nous dépendons, en effet, tout entiers des jugemens d'autrui, et ce qui nous semble être le meilleur, c'est ce qui est recherché, ce qui est vanté, par beaucoup de personnes, non pas ce qu'il faut vanter et rechercher. A nos yeux, une route est bonne ou mauvaise, non par elle-même, mais d'après la multitude des traces, parmi lesquelles il n'en est aucune de gens qui reviennent ².

Vous me direz : « Que fais-tu, Sénèque? tu désertes ton parti. Assurément, les stoïciens de votre école disent : Jusqu'au dernier terme de la vie, nous serons en action, nous ne cesserons de travailler au bien public, d'assister chacun en particulier, de porter secours, même à nos ennemis, d'une main obligeante ²*. C'est nous, qui pour aucun âge ne donnons d'exemption de service, et qui, suivant l'expression de ce guerrier si disert, « pressons nos cheveux blancs sous le casque³. » C'est pour nous, que, loin qu'il y ait rien d'oisif avant la mort, bien au contraire, si la chose le comporte, la mort elle-même n'est pas oisive. Que viens-tu nous parler des commandemens d'Épicure, dans le camp même de Zénon⁴? Que n'as-tu le courage, si tu renonces à ton parti, de te faire transfuge, plutôt que traître? » Voici, pour le moment, ce que je vous répondrai : Est-ce que vous me demandez quelque chose de plus, que de me rendre semblable à mes chefs? Eh bien! ce sera, non pas où ils m'auront envoyé, mais où ils m'auront conduit, que j'irai.

XXIX. Nunc probabo tibi, nec desciscere me a præceptis Stoicorum : nam ne ipsi quidem a suis desciverunt : et tamen excusatissimus essem, etiamsi non præcepta illorum sequerer, sed exempla. Hoc quod dico, in duas dividam partes. Primum, ut possit aliquis, vel a prima ætate, contemplationi veritatis totum se tradere, rationem vivendi quærere, atque exercere, secreto. Deinde, ut possit hoc aliquis emeritis jam stipendiis, profligatæ ætatis, jure optimo facere, et ad alios actus animum referre : virginum Vestalium more, quæ, annis inter officia divisis, discunt facere sacra, et quum didicerunt, docent.

XXX. Hæc Stoicis quoque placere ostendam : non quia legem dixerim mihi, nihil contra dictum Zenonis Chrysippive committere : sed quia res ipsa patitur me ire in illorum sententiam : quam si quis semper unius sequitur, non id curiæ, sed jam factionis est. Utinam quidem jam tenerentur omnia, et inoperta ac confessa veritas esset ! nihil ex decretis mutaremus : nunc veritatem, cum iis ipsis qui docent, quærimus.

Duæ maximæ in hac re dissident sectæ, Epicureorum et Stoicorum : sed utraque ad otium diversa via mittit. Epicurus ait : « Non accedet ad rempublicam sapiens, nisi si quid intervenerit. » Zenon ait : « Accedet

XXIX. Maintenant, je vous prouverai que je ne déserte pas la doctrine des stoïciens : car eux-mêmes ils n'ont pas déserté celle qu'ils professent; et cependant, je serais très-excusable, quand je suivrais, non pas leurs préceptes, mais leurs exemples. Ce que j'ai à vous dire, je le diviserai en deux parties. D'abord, j'établirai que l'on peut, même dès le bas âge, se livrer tout entier à la contemplation de la vérité, chercher une manière de vivre, et la mettre en pratique, en se tenant à l'écart. Ensuite, j'établirai qu'après avoir achevé son temps de service, dans un âge avancé, on est, plus que jamais, en droit d'agir ainsi, et de reporter son âme vers d'autres œuvres : on fait alors comme les vierges de Vesta, qui, partageant leurs années entre les diverses fonctions, apprennent à célébrer les cérémonies sacrées, et quand elles l'ont appris, l'enseignent aux autres.

XXX. Telle est aussi l'opinion des stoïciens, je le démontrerai. Ce n'est pas que je me sois fait une loi de ne rien hasarder contre le dire de Zénon[5] ou de Chrysippe; mais, la nature même de la chose comporte que je me range de leur avis : suivre toujours l'opinion d'un seul, c'est le propre, non pas d'un sénat, mais d'une faction[6]. Plût à Dieu, j'en conviens, que déjà l'on connût tout, et que la vérité, sans voile, fût généralement avouée! Dans les décrets nous ne ferions nul changement : aujourd'hui, nous cherchons la vérité, avec ceux mêmes qui l'enseignent.

Deux sectes principales sont en discord sur ce point, celle des épicuriens, et celle des stoïciens; mais, l'une et l'autre, elles envoient au repos, par des chemins différens. Épicure dit : « Le sage n'approchera point des affaires publiques, à moins d'y avoir été poussé par quelque

ad rempublicam, nisi si quid impedierit.» Alter otium ex proposito petit, alter ex causa. Causa autem illa late patet : si respublica corruptior est, quam ut adjuvari possit ; si occupata est malis, non nitetur sapiens in supervacuum, nec se nihil profuturus impendet, si parum habebit auctoritatis aut virium : nec illum erit admissura respublica, si valetudo illum impediet. Quomodo navem quassam non deduceret in mare, quomodo nomen in militiam non daret debilis : sic ad vitam, quam inhabilem sciet, non accedet. Potest ergo et ille, cui omnia adhuc in integro sunt, antequam ullas experiatur tempestates, in tuto subsistere, et protinus commendare se novis artibus : et illud beatum otium exigere, virtutum cultor, quæ exerceri etiam a quietissimis possunt. Hoc nempe ab homine exigitur, ut prosit hominibus, si fieri potest, multis ; si minus, paucis ; si minus, proximis ; si minus, sibi. Nam quum se utilem ceteris efficit, commune agit negotium. Quomodo qui se deteriorem facit, non sibi tantummodo nocet, sed etiam omnibus iis, quibus melior factus prodesse potuisset : sic si quis bene de se meretur, hoc ipso aliis prodest, quod illis profuturum parat.

circonstance. » Zénon dit : « Le sage approchera des affaires publiques, à moins d'en avoir été empêché [7]. » Le premier fait résulter le repos, d'une résolution prise d'avance ; le second le déduit d'une cause accidentelle. Or, cette cause embrasse une grande étendue : si l'état est trop corrompu pour que l'on puisse le secourir, s'il est envahi par les méchans, le sage ne fera point des efforts qui seraient superflus ; il n'ira pas non plus, sans pouvoir servir à rien, se consumer, s'il n'a que peu d'autorité ou de forces ; d'un autre côté, l'état ne devra point l'admettre au maniement des affaires, s'il est d'une santé qui s'y oppose. Comme le sage ne lancerait pas à la mer un vaisseau fracassé, comme il ne s'enrôlerait pas pour la guerre, étant débile, de même, s'il est question d'une vie qu'il saura ne pas lui convenir, il n'en approchera point. Ainsi donc, celui pour lequel toutes choses sont encore entières peut aussi, avant de subir l'épreuve d'aucune tempête, se tenir en un lieu de relâche, et de prime abord, se confier à un nouvel apprentissage; il peut couler tous ses jours dans ce repos heureux, en cultivant les vertus, qui sont susceptibles d'être pratiquées, même par les gens les plus tranquilles. Voici, en effet, ce qui est exigé de l'homme : c'est qu'il soit utile aux hommes [8] ; s'il se peut, à beaucoup ; s'il se peut moins, à quelques-uns ; si moins, aux plus proches ; si moins encore, à lui-même. Oui, lorsqu'il se met en état de servir les autres, c'est de l'affaire commune, qu'il s'occupe. Comme celui qui se rend plus vicieux, ne se nuit pas à lui seul, mais nuit encore à tous ceux que, devenu meilleur, il aurait pu servir, de même, si quelqu'un mérite bien de sa propre personne, en cela il sert les autres, parce qu'il prépare un homme qui les servira.

XXXI. Duas respublicas animo complectamur, alteram magnam, et vere publicam, qua dii atque homines continentur, in qua non ad hunc angulum respicimus, aut ad illum, sed terminos civitatis nostræ cum sole metimur : alteram, cui nos adscripsit conditio nascendi. Hæc aut Atheniensium erit, aut Carthaginiensium, aut alterius alicujus urbis, quæ non ad omnes pertineat homines, sed ad certos. Quidam eodem tempore utrique reipublicæ dant operam, majori minorique : quidam tantum minori : quidam tantum majori.

Huic majori reipublicæ et in otio deservire possumus : immo vero nescio, an in otio melius, ut quæramus, quid sit virtus, una pluresve sint? natura an ars bonos viros faciat? unum sit hoc quod maria terrasque, et mari ac terris inserta complectitur, an multa ejusmodi corpora Deus sparserit? continua sit omnis et plena materia, ex qua cuncta gignuntur, an diducta, et solidis inane permixtum sit? Deus sedens opus suum spectet, an tractet? utrumne extrinsecus illi circumfusus sit, an toti inditus? immortalis sit mundus, an inter caduca, et ad tempus nata, numerandus?

Hæc qui contemplatur, quid Deo præstat? ne tanta

XXXI. Embrassons par la pensée deux républiques [9] : l'une est grande et vraiment chose publique ; elle renferme les dieux et les hommes; là, ce n'est pas à tel ou tel coin de la terre, que nous avons égard, c'est par le cours entier du soleil, que nous mesurons les confins de notre cité ; l'autre est la république à laquelle nous attacha le sort de notre naissance. Cette dernière sera celle, ou d'Athènes, ou de Carthage, ou de quelque autre ville qui n'ait pas rapport à tous les hommes, mais qui n'en concerne qu'un certain nombre. Quelques-uns travaillent en même temps pour l'une et pour l'autre république, pour la grande et pour la petite ; d'autres, seulement pour la petite ; d'autres, seulement pour la grande.

Cette grande république, nous pouvons la servir tout aussi bien au sein du repos, je ne sais même si ce n'est mieux, en examinant les questions que voici : Qu'est-ce que la vertu ? en est-il une seule, ou plusieurs ? Est-ce la nature, ou l'art, qui fait les gens de bien ? Est-il unique, ce corps qui embrasse les mers et les terres, et les êtres accessoirement unis, soit à la mer, soit à la terre, ou bien, Dieu a-t-il semé dans l'espace beaucoup de semblables corps? Est-ce un tout continu et plein, que la matière de laquelle sont formés tous les êtres en naissant, ou bien, est-elle distribuée çà et là, et le vide a-t-il été incorporé aux solides ? Dieu, restant assis devant son ouvrage, le considère-t-il, ou bien, le met-il en action [10]? Dieu est-il répandu au dehors et tout autour, ou bien, intimement lié à l'ensemble? Le monde est-il immortel, ou bien, est-ce parmi les choses périssables, et nées pour un temps, qu'il faut le compter?

Celui qui se livre à de telles contemplations, quel mé-

ejus opera sine teste sint. Solemus dicere, summum bonum esse, secundum naturam vivere: natura nos ad utrumque genuit, et contemplationi rerum, et actioni.

XXXII. Nunc probemus, quod prius diximus. Quid porro? hoc non erit probatum, si se unusquisque consuluerit, quantam cupiditatem habeat ignota noscendi, quam ad omnes fabulas excitetur? Navigant quidam, et labores peregrinationis longissimæ una mercede perpetiuntur, cognoscendi aliquid abditum remotumque. Hæc res ad spectacula populos contrahit, hæc cogit præclusa rimari, secretiora exquirere, antiquitates evolvere, mores barbararum audire gentium. Curiosum nobis natura ingenium dedit: et artis sibi ac pulchritudinis suæ conscia, spectatores nos tantis rerum spectaculis genuit, perditura fructum sui, si tam magna, tam clara, tam subtiliter ducta, tam nitida, et non uno genere formosa, solitudini ostenderet. Ut scias illam spectari voluisse, non tantum aspici, vide quem nobis locum dederit. In media nos sui parte constituit, et circumspectum omnium nobis dedit: nec erexit tantummodo hominem, sed etiam ad contemplationem factum, ut ab ortu sidera in occasum labentia prosequi posset, et vultum suum circumferre cum toto, sublime fecit illi caput, et collo flexibili imposuit. Deinde sena per diem, sena per noctem signa produxit, nullam non partem

rite a-t-il envers Dieu? le mérite d'empêcher que ses œuvres si grandes ne restent sans témoins. Nous avons coutume de dire que le souverain bien est de vivre selon la nature : cela posé, la nature nous a engendrés pour l'un et pour l'autre objet, pour la contemplation des choses, et pour l'action.

XXXII. Maintenant, prouvons ce que nous avons dit en premier lieu. Eh bien! ne sera-ce pas prouvé, si chaque homme se consulte lui-même, pour vérifier quel vif désir il a de connaître ce qu'il ne connaît pas, quel intérêt tout récit éveille en lui? Il est des gens qui naviguent et qui endurent les fatigues des voyages les plus longs, pour le seul avantage de connaître quelque chose de caché et d'éloigné. Voilà ce qui attire les peuples en foule vers les spectacles; voilà ce qui fait percer des voies dans les espaces fermés, fouiller dans les réduits secrets, dérouler les antiquités, étudier les mœurs des nations barbares. C'est un esprit curieux, que la nature nous a donné : pleine du sentiment de son industrie et de sa beauté, elle nous a engendrés pour être spectateurs de si grands spectacles; elle perdait le fruit d'elle-même, si des ouvrages si grands, si éclatans, si artistement conduits, si achevés, des ouvrages toujours divers et toujours beaux, elle ne les montrait qu'à la solitude. Pour que vous sachiez bien qu'elle veut des spectateurs, et non pas un simple coup d'œil, voyez quel poste elle nous assigna. C'est au milieu d'elle-même, qu'elle nous a établis, et elle nous a donné de voir tous les êtres autour de nous. Elle ne s'est pas bornée à poser l'homme tout droit [11]; mais, comme elle le destinait encore à la contemplation, voulant qu'il eût la faculté de suivre les astres dans leur cours, de-

sui explicuit : ut per hæc quæ obtulerat ejus oculis, cupiditatem faceret etiam ceterorum ; nec enim omnia, nec tanta visimus, quanta sunt; sed acies nostra aperit sibi investigando viam, et fundamenta veri jacit, ut inquisitio transeat ex apertis in obscura, et aliquid ipso mundo inveniat antiquius.

Unde ista sidera exierint ? quis fuerit universi status, antequam singula in partes discederent? quæ ratio mersa et confusa diduxerit ? quis loca rebus assignaverit ? suapte natura gravia descenderint, evolaverint levia ; an præter nisum pondusque corporum altior aliqua vis legem singulis dixerit? an illud verum sit, quo maxime probatur hominem divini spiritus esse, partem ac veluti scintillas quasdam sacrorum in terras desiluisse, atque alieno loco hæsisse ?

Cogitatio nostra cœli munimenta perrumpit, nec contenta est id quod ostenditur scire. Illud, inquit, scrutor, quod ultra mundum jacet : utrumne profunda vastitas sit, an et hoc ipsum terminis suis cludatur? qualis sit

puis le lever jusqu'au coucher, et de tourner le visage à mesure que tourne l'univers, elle lui a fait une tête haute, qu'elle a placée sur un cou flexible. Ensuite, elle a produit sur la scène les signes, au nombre de six pendant le jour, de six pendant la nuit. Point de partie d'elle-même, qu'elle n'ait déployée. C'est que, par le moyen des objets qu'elle avait offerts à la vue, elle voulait encore faire désirer les autres. En effet, nous ne voyons pas tous les objets, nous ne les voyons pas aussi grands qu'ils le sont ; mais notre regard se fraie le chemin en suivant des traces, et jette les fondemens de la vérité, afin que la recherche passe de ce qui est découvert à ce qui reste obscur, et trouve quelque chose de plus ancien que le monde lui-même.

D'où ces astres sont-ils sortis [12] ? quel fut l'état de l'univers, avant que les êtres allassent, chacun de leur côté, constituer des parties diverses ? quelle raison sépara les choses plongées dans la confusion ? qui leur assigna des places ? est-ce d'eux-mêmes et naturellement, que les corps pesans sont descendus, que les corps légers ont pris l'essor pour s'envoler ? ou bien, malgré la tendance et le poids des corps, quelque force plus relevée leur a-t-elle fait la loi ? ou bien, est-il vrai, ce qui prouve le mieux que l'homme est animé d'un esprit divin, est-il vrai qu'une partie et comme quelques étincelles du feu sacré aient jailli pour tomber sur la terre, et se soient fixées en un lieu étranger ?

Notre pensée force les remparts du ciel [13] et ne se contente pas de savoir ce qui lui est montré. Ce que je scrute, dit-elle, c'est ce qui se trouve au delà du monde ? Est-ce une étendue infinie, ou bien, cela même est-il enfermé dans ses bornes ? Quel aspect ont

habitus exclusis : informia et confusa sint, an in omnem partem tantumdem loci obtinentia, an et illa in aliquem cultum descripta sint? huic cohæreant mundo, an longe ab hoc secesserint, et in vacuo volutentur? individua sint, per quæ struitur omne id quod natum futurumque est, an continua eorum materia sit, et per totum mutabilis? utrum contraria inter se elementa sint, an non pugnent, sed per diversa conspirent. Ad hæc quærenda natus, æstima, quam non multum acceperit temporis, etiam si illud totum sibi vindicet. Cui licet nihil facilitate eripi, nihil negligentia patiatur excidere, licet horas avarissime servet, et usque in ultimæ ætatis humanæ terminos procedat, nec quidquam illi ex eo quod natura constituit, fortuna concutiat; tamen homo ad immortalium cognitionem nimis mortalis est.

Ergo secundum naturam vivo, si totum me illi dedi, si illius admirator cultorque sum. Natura autem utrumque facere me voluit, et agere, et contemplationi vacare. Utrumque facio : quoniam ne contemplatio quidem sine actione est. « Sed refert, inquis, an ad hanc voluptatis causa accesserit, nihil aliud ex illa petens, quam assiduam contemplationem, sine exitu : est enim dulcis, et habet illecebras suas. » Adversus

les choses du dehors? sont-elles informes, confuses, ou bien, occupent-elles un même espace dans toutes leurs dimensions, ou bien, sont-elles aussi disposées symétriquement pour une certaine élégance? tiennent-elles à ce monde, ou bien, en sont-elles séparées par un long intervalle, et roulent-elles dans le vide? est-ce par le moyen de molécules indivisibles, que s'opère la structure de tout ce qui est né, de tout ce qui sera, ou bien, la matière des corps est-elle continue, et sujette à changer dans sa totalité? les élémens sont-ils opposés entre eux, ou bien, sans se combattre, concourent-ils aux mêmes effets par des voies différentes? L'homme étant né pour de telles recherches, jugez combien c'est peu de chose, que le temps qui lui est donné, lors même qu'il se le réserve tout entier. Admettons que la complaisance n'en laisse rien dérober, ni la négligence rien perdre, qu'il ménage les heures avec une extrême avarice, qu'il s'avance jusqu'aux dernières limites de la vie humaine, que rien de ce que la nature lui a constitué ne soit bouleversé par la fortune; malgré cela, homme qu'il est, pour la connaissance des choses immortelles il est trop mortel.

Ainsi donc, c'est selon la nature, que je vis, si je me suis donné à elle tout entier, si je suis son admirateur et son adorateur. Or, la nature a voulu que je remplisse les deux fonctions, celle d'agir, et celle de vaquer à la contemplation. Je remplis l'une et l'autre: car, la contemplation même n'existe pas sans l'action. Mais il faut savoir, dites-vous, si l'on s'est porté vers la première à cause du plaisir, pour ne chercher en elle, qu'une assidue contemplation, sans résultat; celle-ci, en effet, est douce, elle a ses attraits. A cela, je vous répondrai : il faut éga-

hoc tibi respondeo; æque refert, quo animo civilem agas vitam : an ut semper inquietus sis, nec unquam sumas ullum tempus, quo ab humanis ad divina respicias. Quomodo res appetere, sine ullo virtutum amore, et sine cultu ingenii, ac nudas edere operas, minime probabile est: (misceri enim inter se ista, et conseri debent :) sic imperfectum ac languidum bonum est, in otium sine actu projecta virtus, nunquam id quod didicit ostendens. Quis negat, illam debere profectus suos in opere tentare, nec tantum, quid faciendum sit, cogitare, sed etiam aliquando manum exercere, et ea quæ meditata sunt, ad verum perducere? Quid? si per ipsum sapientem non est mora, si non actor deest, sed agenda desunt : ecquid illi secum esse permittes? Quo animo ad otium sapiens secedit? ut sciat secum quoque ea acturum, per quæ posteris prosit. Nos certe sumus, qui dicimus, et Zenonem et Chrysippum majora egisse quam si duxissent exercitus, gessissent honores, leges tulissent; quas non uni civitati, sed toti humano generi tulerunt. Quid ergo est, quare tale otium non conveniat bono viro, per quod futura secula ordinet, nec apud paucos concionetur, sed apud omnes omnium gentium homines, quique sunt, quique erunt? Ad summam quæro, an ex præceptis suis vixerint Cleanthes, et Chrysippus, et Zenon? Non dubie respondebis, sic illos vixisse, quemadmodum dixerant esse viven-

lement savoir, avec quelle intention vous menez la vie de citoyen : est-ce pour vivre toujours agité, sans jamais prendre le temps de reporter vos regards, des choses humaines vers les choses divines ? Former des désirs sans aucun amour des vertus, sans culture de l'esprit, et faire des œuvres toutes nues [14], ce n'est aucunement digne d'approbation ; car, de telles semences doivent être mêlées et répandues ensemble : de même, c'est un bien imparfait et languissant, qu'une vertu qui s'est jetée dans le repos, sans aucun acte, sans jamais montrer ce qu'elle a appris. Qui songe à nier qu'elle doive en pratiquant essayer ses progrès, non-seulement penser à ce qu'il faut faire, mais encore mettre quelquefois la main à l'œuvre, et les projets qu'elle a médités, les réaliser par l'exécution ? Eh bien ! si ce n'est pas le sage lui-même, qui soit cause du retard, si ce qui manque n'est pas l'homme capable d'action, mais l'occasion d'agir, permettrez-vous au sage de se concentrer en lui-même? Dans quelle intention se consacre-t-il au repos ? c'est comme sachant bien que, seul avec lui-même, il fera encore des actes par lesquels il se rende utile à la postérité. Oui, nous le disons avec assurance, les Zénon, les Chrysippe, ont fait de plus grandes choses, que s'ils eussent conduit des armées [15], occupé des postes éminens, établi des lois; et des lois, ce n'est pas pour une cité seule, c'est pour le genre humain tout entier, qu'ils en ont établi. Quel motif y a-t-il donc, pour qu'il ne convienne pas à l'homme de bien de jouir d'un tel repos, d'un repos qui lui permette de gouverner les siècles futurs, et de porter la parole, non pas devant un petit nombre d'auditeurs, mais devant tous les hommes de toutes les nations,

dum. Atqui nemo illorum rempublicam administravit. « Non fuit illis, inquis, aut fortuna, aut dignitas, quæ admitti ad publicarum rerum tractationem solet. » Sed iidem nihilominus non segnem egere vitam : invenerunt, quemadmodum plus quies illorum hominibus prodesset, quam aliorum discursus et sudor. Ergo nihilominus hi multum egisse visi sunt, quamvis nihil publice agerent.

Præterea tria genera sunt vitæ, inter quæ, quod sit optimum, quæri solet : unum voluptati vacat, alterum contemplationi, tertium actioni. Primum, deposita contentione depositoque odio quod implacabile diversa sequentibus indiximus, videamus, an hæc omnia ad idem sub alio titulo perveniant. Nec ille, qui voluptatem probat, sine contemplatione est; nec ille, qui contemplationi inservit, sine voluptate est ; nec ille, cujus vita actioni destinata est, sine contemplatione est.

« Plurimum, inquis, discriminis est, utrum aliqua res propositum, an propositi alterius accessio sit. » Sane grande discrimen : tamen alterum sine altero non est. Nec ille sine actione contemplatur, nec hic sine contemplatione agit. Nec ille tertius, de quo male existi-

quels qu'ils soient, quels qu'ils puissent être un jour? En un mot, je le demande, est-ce d'après leurs préceptes, que vécurent Cléanthe, et Chrysippe, et Zénon? Sans contredit, vous répondrez qu'ils ont vécu comme ils avaient dit que l'on doit vivre. Or, aucun d'eux n'administra la république. « C'est qu'ils n'eurent pas, dites-vous, soit la fortune, soit le rang, que l'on a coutume d'admettre au maniement des affaires. » Mais, ces mêmes sages néanmoins ne menèrent pas une vie paresseuse ; ils trouvèrent moyen de rendre leur tranquillité plus utile aux hommes, que ne le sont les courses et les sueurs des autres. Aussi, n'en ont-ils pas moins passé pour avoir beaucoup agi, bien qu'à l'égard des affaires publiques ils fussent dans l'inaction.

De plus, il est trois genres de vie, entre lesquels on a coutume de chercher quel est le meilleur : l'un vaque au plaisir, l'autre à la contemplation, le troisième à l'action. D'abord, mettant de côté le débat, et cette haine implacable que nous avons jurée aux partisans des autres doctrines, voyons si tout cela n'arrive pas au même point, sous des titres différens. Ni celui qui approuve le plaisir n'est étranger à la contemplation, ni celui qui se livre à la contemplation n'est étranger au plaisir, ni celui dont la vie a été destinée à l'action n'est étranger à la contemplation.

« Il est bien différent, dites-vous, qu'une chose soit l'objet que l'on s'est proposé, ou qu'elle soit l'accessoire d'un autre objet. » Sans doute, grande est la différence : cependant, l'un des objets n'existe pas sans l'autre. Cet homme ne contemple pas sans action, pas plus que cet autre n'agit sans contemplation; et quant au troisième, que nous mésestimons d'un commun accord, ce n'est

mare consensimus, voluptatem inertem probat, sed eam quam ratione efficit firmam sibi.

« Ita et hæc ipsa voluptaria secta in actu est ! » Quidni in actu sit, quum ipse dicat Epicurus, aliquando se recessurum a voluptate, dolorem etiam appetiturum, si aut voluptati imminebit pœnitentia, aut dolor minor pro graviore sumetur? « Quo pertinet hoc dicere? » ut appareat, contemplationem placere omnibus. Alii petunt illam : nobis hæc statio est, non portus. Adjice nunc huc, quod e lege Chrysippi vivere otioso licet : non dico, ut otium patiatur, sed ut eligat. Negant nostri sapientem ad quamlibet rempublicam accessurum. Quid autem interest, quomodo sapiens ad otium veniat : utrum quia respublica illi deest, an quia ipse reipublicæ? Si omnibus defutura respublica est (semper autem deerit fastidiose quærentibus), interrogo ad quam rempublicam sapiens accessurus sit? ad Atheniensium? in qua Socrates damnatur, Aristoteles, ne damnaretur, fugit; in qua opprimit invidia virtutes. Negabis mihi accessurum ad hanc rempublicam sapientem. Ad Carthaginiensium ergo rempublicam sapiens accedet ? in qua assidua seditio, et optimo cuique infesta libertas est, summa æqui ac boni vilitas, adversus hostes inhumana crudelitas, etiam adversus suos hostilis. Et hanc fugiet. Si percensere singulas voluero, nullam inveniam, quæ sapientem, aut quam sapiens pati possit. Quod si non invenitur illa

pas un plaisir inerte, qu'il approuve ; c'est celui que, par le moyen de la raison, il rend stable pour son individu.

« Ainsi donc, s'écrie-t-on, cette secte même de voluptueux est en action ! » Et pourquoi ne serait-elle pas en action, puisque Épicure lui-même dit que parfois il se détachera du plaisir, qu'il ira jusqu'à désirer la douleur, si au dessus du plaisir doit planer le repentir, ou s'il s'agit de prendre une douleur moindre, au lieu d'une douleur plus grave. « A quoi tend ce discours ? » A faire voir que la contemplation plaît à tous les hommes. Pour d'autres c'est le but; pour nous, c'est un lieu de relâche, et non pas un port. Joignez à cela, que d'après la loi de Chrysippe, il est permis de vivre au sein du repos, je ne dis point par résignation, mais par choix. Ceux de notre école nient que le sage doive approcher des affaires d'aucune république. Mais qu'importe comment le sage arrive au repos, que ce soit, ou parce que la république lui manque, ou parce que lui-même il manque à la république ? Si la république doit manquer à tous, et elle manquera toujours à ceux qui la chercheront avec dédain, je demande dans quelle république le sage approchera des affaires. Sera-ce dans celle d'Athènes ? Là, Socrate est condamné ; Aristote, pour ne pas l'être, a fui ; là, l'envie opprime les vertus. Vous me nierez que le sage doive approcher des affaires de cette république. En ce cas, sera-ce dans la république de Carthage, que le sage approchera des affaires ? Là, ce n'est que sédition ; tout homme de bien a pour adversaire la liberté ; il y règne, contre ceux d'un autre parti, une cruauté étrangère à tout sentiment humain, et les concitoyens mêmes y sont traités en ennemis. Cette ré-

respublica, quam nobis fingimus, incipit omnibus esse otium necessarium, qui, quod unum præferri poterat otio, nusquam est.

Si quis dicit optimum esse navigare, deinde negat navigandum in eo mari, in quo naufragia fieri soleant, et frequenter subitæ tempestates sint, quæ rectorem in contrarium rapiant, puto, hic me vetat navem solvere, quamquam laudat navigationem.

publique, le sage la fuira encore. Si je veux les passer toutes en revue, je n'en trouverai aucune qui puisse tolérer le sage, ou que le sage puisse tolérer [16]. Si l'on ne la trouve pas, cette république, telle que nous l'imaginons, dès-lors le repos devient un besoin pour tous, puisque la seule chose qu'il fût possible de préférer au repos n'existe nulle part.

Qu'un homme dise qu'on fait très-bien de naviguer, qu'ensuite il nie qu'il faille naviguer sur une mer où des naufrages aient lieu ordinairement, où il s'élève souvent des tempêtes subites et capables d'emporter le pilote dans une direction contraire, cet homme-là, je crois, me défend de mettre à la voile, bien qu'il vante la navigation [17].

NOTES

DU TRAITÉ SUR LE REPOS DU SAGE.

XXVIII. 1. *Les cirques... nous recommandent les vices.* « Rien ne serait moins vrai que cette assertion (en faveur de la solitude) s'il fallait s'attacher rigoureusement à la lettre : car on a dit avec raison : *Malheur à celui qui est seul...* L'on peut dire en général que, dans toutes les positions, il faut assez de société pour goûter les charmes de la solitude, et assez de solitude pour goûter les agrémens de la société. » (VERNIER, *Abrégé analytique de la vie et des œuvres de Sénèque*, pag. 321 et 322.)

2. *De gens qui reviennent.*

>Des pas empreints sur la poussière,
>Tous, sans exception, regardent sa tanière,
>Pas un ne marque de retour.
>
>(LA FONTAINE, *le Lion malade et le Renard*.)

2*. *D'une main obligeante.* (*Voyez* le chap. XIX et la note 32 du traité qui précède.)

3. *Pressons nos cheveux blancs sous le casque.*

>Jusqu'ici la fortune et la victoire mêmes
>Cachaient mes cheveux blancs sous trente diadèmes.
>
>(RACINE, *Mithridate*.)

>Qu'il est beau de couvrir les cheveux blancs d'un père
>Des lauriers de son fils.
>
>(LE BRUN, *Odes*.)

4. *Dans le camp même de Zénon. Principia* était la partie du camp où se trouvait la tente du général.

XXIX. 5. *Contre le dire de Zénon.* Conférez ici ce que Sénèque a dit ci-dessus dans le traité *de la Vie heureuse*, chap. III. Rien ne prouve mieux qu'il n'adoptait pas aveuglément les principes du Portique : il examinait tout, et suivait ce qui lui paraissait conforme à la raison. Ses réflexions à ce sujet sont d'un excellent esprit; elles annoncent un philosophe qui cherche sincèrement la vérité, et qui a pris pour règle de sa conduite cette devise de tous les sages : *amicus Socrates, amicus Plato, sed magis amica veritas.* La Grange.

XXX. 6. *Non pas d'un sénat, mais d'une faction.* « Quum boni coeunt, quum pii et casti congregantur, non est factio dicenda, sed curia. (Tertullien, *Apolog.* XXXIX.)

7. *A moins d'en avoir été empêché.* Cicéron développe cette pensée de Zénon dans son traité *de la Fin des biens et des maux*, liv. III, chap. 20; mais il attribue seulement cette doctrine à Chrysippe. — Πολιτεύεσθαι φασι τον σοφόν, ἂν μή τι κωλύη, ὥς φησι Χρυσιππος. (Diogène-Laerce, liv. VII.)

8. *Utile aux hommes.* Le sénateur Vernier a observé une contradiction entre ce passage et ce que Sénèque vient de dire un peu plus haut; et, à ce propos, il demande comment l'homme pourra être utile à ses semblables « s'il se livre uniquement à une contemplation stérile, fût-ce même des plus grandes et des plus sublimes vérités..... Celui qui, dans la retraite, travaille à se rendre utile aux autres, n'est plus l'homme inactif dont Sénèque a d'abord voulu parler : ainsi, c'est déjà travailler pour la société que de s'occuper à se rendre utile aux hommes. Le loisir du sage n'est pas de languir dans une molle et honteuse oisiveté, mais de tendre constamment à acquérir pour répandre. En général, la retraite n'est permise qu'après avoir rempli les devoirs de la société. » (*Ibid.*, pag. 325.)

Il n'est pas sans intérêt non plus de lire comment, sans oser critiquer ce philosophe, pour lequel il professait tant d'enthousiasme, Diderot rectifie implicitement ce qu'il peut y avoir de contradiction dans les raisonnemens de Sénèque.

« En effet, dit-il, au milieu des brigues et des cabales de l'ambition, parmi cette foule de calomniateurs qui empoisonnent les meilleures actions; entouré d'envieux qui font échouer les projets les plus utiles, tantôt pour vous en ravir l'honneur, tantôt pour se ménager de petits avantages; de ces politiques ombrageux qui épient les progrès que vous faites dans la faveur du souverain et du peuple, pour saisir le moment où il convient de vous desservir et de vous renverser; de cette nuée de méchans subalternes qui ont intérêt à la durée des maux, et qui pressentent la tendance de vos opérations; qu'a-t-on de mieux à faire qu'à renoncer aux fonctions d'état? N'est-on utile qu'en produisant des candidats, en secourant les peuples, en défendant les accusés, en récompensant les hommes industrieux, en opinant pour la paix ou pour la guerre ?... Non: mais je ne mettrai pas sur la même ligne celui qui médite et celui qui agit. Sans doute la vie retirée est plus douce, mais la vie occupée est plus utile et plus honorable; il ne faut passer de l'une à l'autre qu'avec circonspection ; c'est même l'avis de Sénèque. »

XXXI. 9. *Deux républiques.* Cette même distinction entre la république où le sort vous fait naître et la grande république du genre humain, se retrouve dans *la Consolation à Marcia,* chapitre XVIII; dans l'épître LXVIII, et dans maints autres endroits de Sénèque.

10. *Où le met-il en action. Voyez* le traité *des Bienfaits,* liv. IV, chap. 19.

XXXII. 11. *L'homme tout droit....*

> Os homini sublime dedit, cœlumque tueri
> Jussit, et erectos ad sidera tollere vultus.
>
> (OVIDE, *Metam.*, lib. I, v. 85.)

12. *D'où ces astres sont-ils sortis ?* Dans *les Époques de la nature,* Buffon s'est fait les mêmes questions : les solutions qu'il a données, comme l'observe M. Bouillet, ne sont plus aujourd'hui admises par les savans. Seulement il s'est montré éloquent comme l'est ici Sénèque.

Il est évident que La Fontaine, dans sa fable intitulée *Songe d'un habitant du Mogol,* a été inspiré par ce beau passage de notre philosophe. Tout cet apologue, au reste, est un éloge de la solitude.

> Si j'osais ajouter au mot de l'interprète,
> J'inspirerais ici l'amour de la retraite;
> Elle offre à ses amans des biens sans embarras,
> Biens purs, présens du ciel, qui naissent sous les pas.
> Solitude où je trouve une douceur secrète,

> Lieux que j'aimai toujours, ne pourrai-je jamais
> Loin du monde et du bruit goûter l'ombre et le frais?
> Oh! qui m'arrêtera sous vos sombres asiles!
> Quand pourront les neuf sœurs, loin des cours et des villes,
> M'occuper tout entier, et m'apprendre des cieux
> Les divers mouvemens inconnus à nos yeux,
> Les noms et les vertus de ces clartés errantes
> Par qui sur nos destins et nos mœurs différentes, etc.

Ailleurs notre fabuliste dit encore en parlant des astres :

> Aurait-il imprimé sur le front des étoiles
> Ce que la nuit des temps nous couvre de ses voiles, etc.
>
> *(L'Astrologue qui se laisse tomber dans un puits.)*

13. *Notre pensée force les remparts du ciel.* Cœlum ipsum petemus stultitia, a dit Horace dans une acception bien différente.

14. *Faire des œuvres toutes nues. Nudas edere operas.* Cette expression de Sénèque a quelque chose de la simplicité de l'Évangile.

15. *Que s'ils eussent conduit des armées.* « Vaut-il mieux avoir éclairé le genre humain, qui durera toujours, que d'avoir ou sauvé, ou bien ordonné une patrie qui doit finir? Faut-il être l'homme de tous les temps, ou l'homme de son siècle? C'est un problème difficile à résoudre. »   DIDEROT.

16. *Puisse tolérer.* « En passant en revue tous les gouvernemens, Sénèque n'en trouvait pas un seul auquel le sage pût convenir, et qui pût convenir au sage.

« En passant en revue plusieurs de nos gouvernemens, le sage serait encore de l'avis de Sénèque. »   *(Le même.)*

17. *La navigation.* Juste-Lipse pense qu'il manque ici quelque chose, et que ce traité n'est pas achevé : mais ces sortes de conjectures sont souvent si incertaines, que les commentateurs devraient s'y livrer avec moins de complaisance et de facilité. Ces assertions hardies : *desunt multa; desunt pauca; desiderantur nonnulla*, si fréquentes dans les éditions qu'ils ont publiées des auteurs anciens, me paraissent toutes hasardées et peu philosophiques; car il est très-difficile de savoir si tel ou tel traité, tel ou tel dialogue, telle ou telle oraison, sont plus ou moins complets. Parmi les ouvrages anciens ou modernes que nous supposons entièrement terminés, et qui le sont en effet, quel est celui

auquel on ne pourrait pas ajouter encore une infinité de choses
utiles, curieuses, instructives, nécessaires même, et dont on ne
pourrait pas également retrancher un assez grand nombre de
faits, de réflexions, de détails, de développemens, de discussions,
sans nuire à l'ensemble de l'ouvrage, sans le mutiler dans ses principales parties, sans diminuer l'évidence et la force des raisonnemens, et sans rien omettre d'absolument essentiel au but de l'auteur? J'en dis autant du traité *des Bienfaits*, de celui *de la
Colère*, etc. Malgré le défaut de liaison, réel ou apparent, que les
commentateurs ont cru apercevoir dans plusieurs endroits de ces
ouvrages, personne n'est en droit d'affirmer qu'ils ne sont pas
parvenus entiers jusqu'à nous. Les écrivains qui pensent beaucoup, sont ennemis de toute espèce de méthode, et s'y assujétissent difficilement. Les vérités, après s'être accumulées, pour ainsi
dire, dans leur tête, par une méditation forte et continue, en sortent en foule et avec précipitation....*velut agmine facto, qua data
porta, ruunt.* Ils laissent leurs idées se succéder sous leur plume
dans l'ordre où elles se présentent à leur esprit, sans se mettre en
peine si elles naissent immédiatement du fond du sujet, ou si elles
n'y sont liées et unies que par quelques-uns de ces rapports très-fins, très-déliés, qui, ne pouvant être aperçus que par des lecteurs d'une sagacité peu commune, sont perdus pour des esprits
vulgaires. Montaigne est plein de ces défauts aimables ; mais il justifie le prétendu désordre de son livre, par une observation également fine et profonde. « C'est l'indigent lecteur, dit-il, qui perd
mon sujet, non pas moi : mes fantaisies se suivent; mais par fois
c'est de loin, et se regardent, mais d'une vue oblique. » On pourrait dire la même chose de Sénèque. Mais sans recourir à cette solution, supposons qu'il y ait en effet dans plusieurs de ses traités
des omissions réelles, et quelquefois même de la confusion; est-ce
une raison suffisante pour les croire incomplets, et pour y soupçonner souvent des lacunes plus ou moins considérables ? Lorsqu'on écrit sur une matière quelconque, ne l'envisage-t-on pas
sous le point de vue le plus analogue au caractère et à la tournure
particulière de son esprit, au genre d'études et de connaissances
dont on s'est occupé avec le plus de succès; en un mot, par les
côtés les plus favorables à l'emploi de toutes ses forces? n'en
écarte-t-on pas alors nécessairement une foule de questions que

des hommes différemment organisés et avec des talens divers, regardent comme les plus importantes? dit-on même sur celles dont on s'est proposé l'examen, tout ce qu'on devrait dire? suit-on toujours rigoureusement le plan qu'on s'était fait? Des réflexions ultérieures, des vues nouvelles, des idées neuves, ou des rapports nouveaux et très-fins, aperçus entre des vérités déjà connues, ne forcent-ils pas quelquefois de l'étendre, de le circonscrire, de le changer même dans une infinité de points, et de remuer certaines pierres, auxquelles on n'avait pas cru auparavant devoir toucher? Enfin, ne quitte-t-on jamais le ton froid, méthodique et sec d'un dissertateur; et ne se permet-on pas souvent de ces écarts, de ces excursions qui ressemblent tout-à-fait à une conversation, qui donnent à un ouvrage un air facile et original, qui sèment de quelques fleurs une route longue, pénible et escarpée, et qui font dire d'un auteur ce qu'on a dit de Montaigne, *qu'il causait avec son lecteur?* Rien n'est donc plus téméraire, et, j'ose le dire, plus ridicule, que toutes ces formules répandues dans les notes des critiques : *il y a ici une grande lacune ; il manque là quelque chose :* car deux lignes suffisent quelquefois pour détruire totalement, ou pour rétablir l'ordre et la liaison entre les différentes parties d'un ouvrage, etc.

La Grange.

FIN DU TOME TROISIÈME.

TABLE

DES MATIÈRES DU TOME TROISIÈME.

	Pages.
DE LA CONSTANCE DU SAGE, trad. nouv. par M. J. Baillard.	1
Argument, par M. Ch. Du Rozoir, éditeur.	2
Texte et traduction.	4
Notes du traducteur et de l'éditeur.	60
DE LA CLÉMENCE, trad. nouv. par M. Vatimesnil.	69
Sommaire.	71
Livre Ier. Texte et traduction.	78
Notes du traducteur et de l'éditeur.	154
Livre II. Texte et traduction.	170
Notes du traducteur et de l'éditeur.	188
DE LA BRIÈVETÉ DE LA VIE, traduction nouvelle par M. Ch. Du Rozoir.	191
Argument.	193
Texte et traduction.	198
Notes.	268
DE LA VIE HEUREUSE, traduction nouvelle par M. Héron de Villefosse.	289
Argument, par M. Ch. Du Rozoir.	290
Texte et traduction.	294
Notes par l'éditeur.	
DU REPOS DU SAGE, traduction nouvelle par M. Héron de Villefosse.	389
Argument, par M. Ch. Du Rozoir	391
Texte et traduction.	394
Notes par l'éditeur.	418

www.ingramcontent.com/pod-product-compliance
Lightning Source LLC
Chambersburg PA
CBHW050910230426
43666CB00010B/2097